滇西边境山区民族村寨社区

参与旅游扶贫的

空间效应研究

董培海 ◎ 著

中国旅游出版社

前　言

　　本书梳理了国内外旅游扶贫和社区参与旅游研究的相关成果，剖析了民族村寨社区参与旅游扶贫的作用机制，从空间生产、空间关联和空间正义的重构与消解的维度，构建了民族村寨社区参与旅游扶贫空间效应分析的框架，并对国内早期民族村寨社区参与旅游扶贫的实践经验进行归纳和反思。在此基础上，本书以滇西边境山区社区旅游发展处于不同阶段的 3 个"直过民族"村寨为案例地，通过问卷调查和访谈收集资料，综合借鉴民族志、参与式农村评估、空间分析和产业链分析等方法，探讨民族村寨社区参与旅游扶贫的空间效应及其优化机制。

　　研究认为，民族村寨社区参与旅游扶贫的动力同时来自"利益驱动"和"认同驱动"，"地方感"构成了贫困地区民族村寨社区参与旅游发展的无形感召力。就民族村寨社区参与旅游扶贫空间效应的表现来看：一方面，社区旅游扶贫开发推动了民族村寨社区旅游空间尤其是吸引物空间的生产和扩展，在此过程中，社区居民空间感知被重塑，在与"他者"的互动中形成专属于自己的民族意识和地方感，并由此彰显出旅游扶贫开发的空间生产效应。另一方面，社区参与旅游扶贫空间关联效应的实现是旅游资源开发、旅游政策扶持、旅游企业投资和社区居民参与共同互动的结果，旅游者在不同社区及社区间的空间集聚和流动，推动旅游发展相关要素和效应的集散，由此打破民族村寨社区的封闭状态，引发社区及其背景区域的相互作用，提升了民族村寨社区参与旅游扶贫的空间影响力。与此同时，借助于旅游开发的契机，贫困民族地区的各种地理资本、文化资本和社会资本被激活，并从原生的困境中脱嵌出来转化为经济效益，从根本上改变了不同区域尺度下核心与边缘的社会、经济和文化地理位置，为贫困地区和贫困人口带来了发展契机，建构了一种新的"空间正义"秩序。但是,在民族村寨社区内部交通、区位、资本等因素的影响下,社区内部也会出现"空间正义"缺失的问题。

通过雨崩村、郎德苗寨以及滇西边境山区3个"直过民族"村寨社区参与旅游扶贫的案例实践研究发现:国内民族村寨社区参与旅游扶贫的过程主要指向"农户"而非"社区"整体的参与。在此过程中暴露出诸多问题和局限,包括:社区参与方式单一、区域带动作用不显著、公共产品供给不足、社区内部同质竞争、"空间正义"缺失,以及社区旅游发展的经济效益获得了提升,但社会文化和环境效益出现负向漏损等。民族村寨社区参与旅游扶贫既要强调贫困人口在社区旅游发展中的收益,也要关注社区及其背景区域旅游发展整体规模的壮大。对此,本研究从构建民族村寨社区参与旅游扶贫的嵌入机制、多元利益主体共生机制、区域联动机制和要素协同机制4个方面着手,提出了滇西边境社区民族村寨社区参与旅游扶贫空间效应优化的具体措施和策略。

研究聚焦"社区"的空间意义及其演变特征,强调了"社区参与旅游"不同阶段和社区居民内部群体的差异性,结合地理学尺度—结构分析模式,探讨旅游介入背景下,民族村寨社区与其背景区域间的互动关系,通过对存在于不同地理类型单元之间的相互作用关系研究,将旅游扶贫的微观和宏观效应分析结合在一起,并特别关注了民族村寨社区参与旅游扶贫的社会文化和环境影响。本研究基于"社区"尺度的旅游扶贫空间效应分析,可以为构建具有本土化特色的中国旅游扶贫理论体系提供支撑,拓宽地理学对贫困问题研究的视野,并为广大连片特困民族地区旅游扶贫工作提供参考,对于新时期脱贫攻坚成果的巩固和乡村振兴战略实施背景下社区旅游发展具有现实意义。

学术研究是一种知识生产活动,而所谓的"知识"指向的应该是现有研究积累中还不能回答或难以回答的问题,其根源于理论与经验之间的张力。从这个层面上看,没有调查就没有发言权,没有阅读同样没有发言权。为完成本书的写作,前期进行了两年多的民族村寨调研和广泛的文献阅读,但书中还有诸多不足之处,敬请读者批评指正!

董培海

2023 年 3 月

目 录

第1章 绪 论

一、研究背景及意义

（一）研究背景

　　贫困问题是世界性的难题，连片特困地区是新时期我国扶贫攻坚的主战场，我国14个连片特困区中有11个是少数民族聚居区，连片特困民族地区的贫困问题交织着经济、生态、文化、民族等多种因素，其治理需要采取特殊的手段。由于连片特困民族地区大多保存了原始的自然、生态风貌和独具特色的民族文化风情，为旅游产业发展提供了重要前提，加之，民族贫困地区与生态环境脆弱区在空间分布上高度耦合，对生态环境影响相对较小的旅游业成为民族地区反贫困的重要手段。滇西边境山区是云南省四大集中连片特困区之一，也是我国最具代表性意义的集中连片特困民族聚居区。该区的扶贫开发肩负着民族团结、生态屏障和边疆安全等多种功能。与此同时，滇西边境山区汇聚了丽江、大理、西双版纳、瑞丽等多个热点民族旅游地，是云南省旅游扶贫开发最具典型意义的案例区。旅游扶贫有效性的关键在于对旅游扶贫效应进行科学分析，发现其存在的一般性问题，才能有效指导区域旅游产业发展及扶贫路径。近年来，旅游扶贫在政治、经济、社会文化和资源环境等方面的积极效应越来越得到广泛认同和高度重视。但是，旅游发展的效应并不能等同于扶贫效应，鉴于旅游产业本身的综合性和关联性，旅游与扶贫之间的关系往往较为复杂。借鉴多学科的理论与方法，分析旅游扶贫的综合效应，并剖析其效应的形成过程及机理，进而探讨效应提升的有效措施是十分必要且迫切的。

1. 民族地区是我国脱贫攻坚的主战场

我国中央政府一直重视民族地区的扶贫工作，1986 年第六届全国人大四次会议就把扶持老少边穷地区尽快摆脱经济文化落后状况作为一项重要内容，列入"七五"计划。同年，在确定国家重点贫困县时对少数民族地区予以特殊照顾，将少数民族自治县列为重点贫困县的标准从当时全国统一的人均收入 150 元放宽到 200 元，对牧区和民族地区的一些困难县放宽到 300 元。通过放宽标准，有 51 个少数民族自治地区被列为国家重点扶持的贫困县。1989年 9 月，江泽民在全国少数民族地区扶贫工作会议上指出："进一步做好扶贫工作，尽快使这些地区脱贫致富，不仅是个经济问题，而且是个政治问题。"国家民委也在 2000 年 7 月专门组织了相关部门和科研院所的专家学者对 22 个人口较少民族的社会经济发展进行调查，形成《中国人口较少民族经济和社会发展调研报告》[1]，并在 2001 年向国务院建议将人口较少民族地区的扶贫工作列入国家"十五"计划。进入 21 世纪，《中国农村扶贫开发纲要（2001—2010 年）》明确提出："将西部少数民族地区、革命老区、边疆地区和特困地区作为扶贫开发的重点"。在 2010 年出台的《中国农村扶贫开发纲要（2011—2020 年）》中再次提出把"集中连片特困地区"作为中国农村扶贫开发的主战场，14 个集中连片特困地区基本覆盖了我国绝大部分贫困地区和深度贫困群体，而民族地区的扶贫工作开展情况将直接影响到连片特困地区的扶贫成效，更决定着我国脱贫攻坚工作的成败。

2. 旅游发展是连片特困民族地区产业扶贫的重要手段

旅游扶贫开发对于滇西边境山区乃至全国 14 个集中连片特困区均具有重要意义。我国 14 个连片特困区集边疆、民族、生态脆弱和深度贫困等多元特征于一体，在扶贫路径选择方面也表现出了诸多特殊性。例如，它们大多位于边境地区或远离城镇中心，一方面，深处一线的贫困边民不属于易地搬迁的范围，无法享受国家易地扶贫搬迁的政策。另一方面，由于远离城镇，交通基础设施建设极度落后，产业发展的先天条件不足，由于文化的差异，远离现代文明，缺乏市场意识和金融意识。此外，大部分少数民族聚居在我国西北荒漠、西南喀斯特地区，地质条件复杂且自然生态环境脆弱，不具备工业发展的可行性条件。连片特困民族地区相对封闭的自然地理环境和落后的社会经济发展状态又使得原始的自然、文化生态风貌得以保存，形成旅游资源富集区与贫困地区在地理空间上的高度耦合状态，为旅游产业的发展提供了重要前提。发展旅游成为该类区域重要的一种"造血式"的扶贫举措。旅游业的广泛带动性为社区提供了大量的就业岗位，有效转移了农村剩余劳动力，增加农户收益、缩小城乡差距。在旅游相关配套设施的建设过程中，农户以土地入股或退耕还林，失地农民得以迅速加入旅游产业中，实现产业的替代，游客的示范效应也会带来对地方观念的影响[2]。旅游业的发展还可以打破贫困地区的封闭状态，促进人流、物流、信息流和资金流向贫困地区集中，有效促进贫困地区农产品的市场转化。与此同时，旅游发展往往能够为文化传承和自然环境保护提供内在动力，为贫困地区的可持续发展创造条件。更为重要的是，由于民族旅游的特殊性，旅游产品开发所依托的地方性知识往往掌握在女性和老一辈民族文化人手中，这使得他们在参与地方旅游发展的过程中具有一定比较优势，真正彰显旅游扶贫、扶弱的特征[3]。鉴于旅游发展在民族地区和乡村地区强大的带动效应，原国家旅游局和国务院原扶贫办携手提出发展愿景：到 2020 年，要扶持约 6000 个贫困村开展乡村旅游，在全国形成 15 万个乡村旅游特色村，300 万家乡村旅游经营户，带动贫困地区约 1200 万贫困人口脱贫，脱贫人口数占到所有贫困人口的 17%。

3. 旅游扶贫效应是旅游扶贫研究的核心问题

效应分析是判定旅游扶贫工作成效、改进旅游扶贫工作措施的基础和前提，没有科学严谨的效应分析过程则无从辨别旅游扶贫模式的优劣，从旅游发展的减贫效应及机制来看，其不仅涉及直接效应，即通过旅游者的消费增加地方收入、创造就业机会，进而改善贫困人口和贫困地区的福利，实现减贫效应。也涉及对贫困的间接效应和诱导效应，前者指向支持旅游企业再生产向其他企业购买投入品所产生的影响，而后者则涉及旅游企业主和员工消费他们的收入所产生的影响[4]。现实中，旅游业对贫困减缓存在着复杂的传导渠道和作用机制，不仅与贫困人口的个体能力有关，更与区域旅游产业发展的模式选择与所处阶段、贫困地区旅游经济系统的完整性等紧密联系，只有深入旅游业减贫的次级和动态效应内部，客观揭示旅游减贫的作用机理，才能全面揭示旅游业影响贫困减缓的"黑箱"[5]。20世纪80年代以来地理学研究中的"文化转向"（culture turn）和社会学研究的"空间转向"极大地推动了人文地理学研究理论和方法的发展。研究者们强调：人文地理学研究不仅应当关注宏观空间现象，同时也应当转向更为微观的社会文化过程。从社会关系与权力层面，重新解读人地关系这一地理学的中心问题[6]。在此背景下，地理学理论与方法的介入不仅可以扩展旅游扶贫效应研究的视角和深度，也可以深入揭示旅游扶贫空间效应形成的内在过程与机理，完善旅游扶贫问题研究的理论体系。

4. 国内社区参与旅游扶贫的理论和实践研究还存在局限

整体来看，国内旅游扶贫研究主要指向政府和企业主导的旅游扶贫模式探讨，专门针对社区参与的旅游扶贫研究积累并不多，相关探讨散落于社区参与旅游和包容性旅游发展的研究之中。然而，传统的政府主导和企业主导的单一旅游扶贫模式在民族地区的反贫困实践中表现出了不同程度的局限性。表现为：一方面，在政府主导下的"自上而下"的扶贫模式中，地方政府强调扶贫的规模效应和速成性，旅游发展往往脱离贫困人口的实际需求，形成旅游扶贫的"孤岛"。另一方面，企业主导下的以市场化、产业化和规模化为导向的旅游扶贫模式，又在一定程度上造成了贫困地区和贫困人口旅游发展中的"效益漏损"问题。

基层群众自治制度是我国基本的政治制度之一，社区同时构成旅游发展和反贫困治理的基本单位，从社区角度来思考旅游扶贫开发问题具有重要的实践意义。但是，"社区"本身是社会学的概念，由于土地所有制、民主意识、行政管理体制以及旅游发展背景的不同，作为一种"舶来品"，西方的社区参与和中国本土化实践经验存在显著差别。自2000年PPT（Pro-Poor Tourism）理念引入国内以来，学界研究更多着眼于贫困人口受益的问题。在国内"社区参与旅游"的相关研究中，作为研究对象的"社区"大多指向"社区居民"，社区内部的社会网络和情感联系以及社区的空间地域属性特征往往被忽略，导致社区参与旅游扶贫研究的视角单一。加之，由于民族社区的地方文化旅游资源产权难以界定、资产价值难以评估，在实际的旅游扶贫开发过程中，作为民族文化的创造者和享有者的贫困人口往往受益较少，甚至出现"越扶越贫"和"景区内的贫困"现象[7]。对于广大的民族地区而言，只有把当地人的发展积极性调动起来，通过社区参与旅游扶贫实现内源式发展，才能有效规避相关问题，提升旅游扶贫的绩效。

5. 地理学在旅游扶贫问题研究中的知识溢出尚不显著

作为旅游扶贫问题研究的核心，效应分析是归纳旅游扶贫的特征和影响因素，探讨旅游扶贫作用机理及策略选择的前提和关键。但是，当下国内对旅游扶贫效应的研究大多被简化为旅游扶贫绩效的评价，研究者们对旅游扶贫的经济效应关注有余，而对旅游扶贫在社会和文化方面的影响和作用研究却不够深入。大部分涉及旅游扶贫效应分析的成果也明显受到旅游扶贫经济绩效评价研究范式的影响。旅游扶贫的综合效应被纳入同一套指标体系，并采用同样的方法来予以描述，极大地制约了旅游扶贫效应研究的深度。中国地理学发展的基本经验是服务于国家的战略需求，学科服务社会是我国地理学科的重要特征[8]。系统性思维和时空演变思维是地理学研究的特长，在揭示旅游扶贫内在的影响因素及其作用机理方面，具有重要的解释力。然而，就现有研究积累来看，地理学科对于旅游扶贫效应的研究主要还是囿于 20 世纪 60 年代计量地理学研究范式的影响，研究者们大多倾向于采用"选择一个研究区域—确定一种技术和方法—刻画旅游扶贫效应的时空差异—解释差异的原因或提出对策"的研究路径，研究范式选择主要以经济地理学的理论和方法为主，研究案例地及其空间范围大多指向县域和省域的宏观区域尺度①，而较少关注社区。作为一种描述性的研究，对于旅游扶贫在微观区域尺度的效应表现，包括旅游扶贫的内在作用机理研究还比较匮乏。

（二）研究意义

在国内，民族地区是最早开展旅游扶贫实践的，"旅游扶贫"的口号和第

---

① 冯敏和罗盛锋梳理了 1997—2017 年国内外与旅游扶贫效应相关的文献发现，从研究地域的等级来看，研究较多关注省区（29%）、县域（19%）、全国（16%）、地区（12%）、市州（10%）层面，对景区（10%）、村镇（4%）等微观层面的研究较薄弱。具体可参见：冯敏，罗盛锋. 国内外旅游扶贫效应研究动态及展望 [J]. 四川旅游学院学报，2019（4）：86-91.

一个"国家级旅游扶贫试验区"也来自民族地区①。在近30年的国内旅游扶贫实践和理论研究中，诸多成功的模式和经验均扎根于民族地区，民族地区是我国旅游扶贫实践的先行者和成就者。因此，考察滇西边境山区贫困呈现出来的多元图景，剖析其贫困和旅游发展的特质性，从地理学视角分析社区参与旅游扶贫的作用机理，探讨民族村寨社区参与旅游扶贫的空间效应，以准确把握滇西边境山区社区参与旅游扶贫开发面临的挑战，寻求民族村寨和少数民族贫困人口旅游发展的脱贫对策，研究对于新时期脱贫攻坚成果巩固和乡村振兴战略实施背景下社区旅游发展均具有现实意义。

1. 理论意义

（1）为深化并完善贫困和反贫困理论研究提供思路。

贫困问题治理是世界各国普遍面临的一个问题，人类社会对贫困实质的认识经历了从经济贫困、社会贫困、文化贫困、能力贫困再到多维贫困逐渐深入的过程。在多维贫困的视角下，贫困问题会变得更加复杂，并以不同的面目表现出来，经济收入、营养和健康、能力和权利的缺失等不仅是贫困的表现，更是贫困形成的重要机制，单一的扶贫策略并不能解决多维贫困问题[9]，反贫困问题研究亟待寻求综合集成的理论与方法。从目前世界各国反贫困计划和具体措施来看，虽然有所差别，但主要从3个方面入手：一是促进经济发展，提高社会的整体经济水平，摆脱绝对贫困。二是通过制度设计促进收入再分配，减少社会的两极分化，减少相对贫困。三是促进可持续发展能力的提升，让贫困人口、贫困地区获得创造收入的机会和能力，阻止返贫[10]。旅游扶贫兼具上述3种属性和功能。在培育贫困地区社会经济发展的内生动力、打破贫困人口陈旧的思想文化观念、实现农村剩余劳动力的在地就业等方面，旅游扶贫具有明显的比较优势，且天然切合贫困民族地区的经济、社会、文化和生态特征。因此，相关探索能够有效地丰富当下贫困和反贫困问题的理论研究。

---

① 1991年贵州省在旅游局长工作会议上率先提出了"旅游扶贫"的口号，2000年8月国家旅游局和国务院扶贫办、国家计委、国家财政部在宁夏回族自治区西海固地区创立了全国第一个旅游扶贫实验区——六盘山旅游扶贫试验区。

（2）为构建具有本土化特色的旅游扶贫理论提供支撑。

就中外旅游扶贫问题研究现状来看，国内研究并不落后于西方。中外旅游发展遵从不同逻辑，立足发展中国家的现实基础，早期国内旅游发展以入境旅游为导向，并特别强调旅游发展对地方经济的带动效应，政府在旅游发展过程中发挥着重要作用。欧美发达国家的旅游开发实践则更多地依托于社区，旅游发展语境的不同决定了中外旅游扶贫模式和路径选择存在诸多的差异，国内旅游扶贫特别强调政府的主导作用，而国外研究则更多关注社区的功能和旅游发展面向贫困人口的反贫困作用。具体到社区参与旅游发展中，国外社区参与决策、参与经营、参与规划的理论前提预设并不完全符合国内民族村寨旅游扶贫的实践特征和规律。中国多个少数民族多元并存的格局，以及国内旅游市场的繁荣都为旅游扶贫的理论研究和实践发展提供了丰富素材。从产业经济发展的业态形式来看，我国少数民族地区长期存在自给自足的生产方式，市场意识薄弱，市场份额少，劳动力转移困难，生产率低下，且分工不明显，三大产业中农业占比高，第二、三产业从业人员比例较低，农业生产投入与产出失衡等[11]，这些特征均影响该类区域旅游扶贫模式及路径选择。作为世界上贫困和旅游发展规模最大的发展中国家之一，中国的旅游扶贫研究无疑能够为世界贡献独有的样式和经验。

但是，长期以来，国内旅游扶贫研究主要还是囿于西方 PPT（Pro-Poor Tourism）的理论经验，大多强调旅游发展对贫困人口的微观减贫效应，而少数民族地区旅游扶贫的效应分析和策略探讨又多围绕县、州（市）、省域宏观层面展开。旅游扶贫的现象认知与理论研究之间存在脱节的情况。对于民族村寨社区参与旅游扶贫的经验和效应缺少必要的总结和理论探讨。本研究立足滇西边境山区 3 个"直过民族"村寨社区参与旅游扶贫的现实素材，分析社区参与旅游扶贫的空间效应，找到效应的制约因素、制约过程和制约机理，进而探讨效应提升的策略。奉行从个案到一般、从经验到理论的逻辑，为构建具有本土化特色的中国旅游扶贫理论提供支撑。

（3）扩展地理学对旅游扶贫问题研究的视野和深度。

在旅游扶贫中，旅游是手段而扶贫是目的，但旅游与扶贫天然嵌合在一起，旅游扶贫研究同时立足于旅游发展和反贫困的语境（context）。就贫困问题本身来看，其既涉及个体的因素，也涉及社会制度的安排，贫困是经济、政治、社会等诸多领域交互作用产生的综合性问题，是一个随着时空与意识形态变化而变化的概念，单纯的规范或实证分析方法均难以对贫困地区复杂化、特殊性的贫困现象做出周全解释[12]。从旅游发展来看，旅游的综合性和关联性特征，使得其影响遍及社会、经济、文化、生态等各个方面，要从诸多的影响因素和相关关系中单独剥离出旅游发展对贫困的影响，这对任何一门学科和任何一种研究方法而言都是一种挑战。

地理学是研究地区和地方的差异以及空间上关联的科学。任何自然或人文现象在地理学中的重要性，其范围和程度取决于它与同一地方的其他现象的关联性[13]。传统意义上，地理学在关注旅游扶贫的效应和影响时，更多是立足于旅游扶贫效应在地理空间上的分异特征，以及不同时期旅游扶贫效应的演化轨迹和规律，对于旅游扶贫效应演变的内在过程和机理揭示并不够，"关联性"研究仍显薄弱。加之，基于研究数据的可及性考虑，关注的空间尺度大多指向县、州（市）和省域层面，由于关注的空间尺度较大和旅游现象本身的涵容性特征，很难将旅游发展对贫困问题改变的影响单独剥离出来，极大地制约了地理学对旅游扶贫问题研究的系统性和深度。在研究技术层面，主要借助于 GIS 手段和图式语言对旅游扶贫效应的时空分异进行描述，诸多研究成果局限于同一种方法在不同案例地的重复，理论研究的实践指导意义也大打折扣。如果地理学要增进对于科学知识的贡献，则地理学和其他科学都必须发展更加建设性的伙伴关系，把解决问题的独特视角和方法结合起来[14]。

自第二次世界大战结束以来，地理学研究经历了一系列"变革"，从 20世纪 60 年代的"计量革命"和"理论革命"，70 年代的"行为革命"，80 年代的"生态思潮"再到 90 年代的"信息革命"，地理学逻辑实证主义、结构主义、人本主义、激进的马克思主义多种方法论并存，其处于一个新的范式还未确立而旧的范式被打破的时代[15]。与此同时，人文地理学的研究也正经历着转向，从 20 世纪 70 年代起，以段义孚等为代表的人文主义地理学派质疑科学主义地理学，将"地方"与"空间"（space）区分开来，认为"空间"被赋予意义的过程就转化为"地方"，并提出"恋地情结"（topophilia）概念。

由此，人文地理学对文化的空间研究转变到对空间的文化研究，空间不再被视为密闭的容器，而是承载着各种要素和功能的有机体，这为社区参与旅游扶贫问题的地理学研究带来了诸多的机遇。本书基于"空间生产""空间关联"和"空间正义的重构与消解"3个维度构建民族村寨社区参与旅游扶贫空间效应分析的框架。通过研究"社区"在参与旅游扶贫过程中的空间属性和特征，结合地理学空间尺度和时间演化的思维范式，剖析社区参与旅游扶贫空间效应的形成机理，从人地关系互动出发，探讨滇西边境山区社区参与旅游扶贫的特质性，审视社区参与旅游发展不同阶段社区与背景区域间的空间互动关系，关注旅游介入背景下滇西边境山区民族村寨人地关系的演化，以及民族村寨社区的"地方"重塑与再造过程，实现地理学对旅游扶贫问题研究视野和深度的拓展。

2. 实践意义

（1）为滇西边境山区旅游扶贫政策的制定和调整提供理论依据。

滇西边境山区地处横断山区南部和滇南山间盆地，处于澜沧江、怒江、金沙江和元江流域以及高黎贡山、怒江、无量山、哀牢山等山脉交接地带，是我国西南边疆政治、经济、文化和生态的"敏感地带"，从热带雨林到雪山草甸，自然生态景观差异显著。辖区内25个民族交错杂居，多元民族文化和谐共生，为当地的旅游扶贫开发提供了重要的资源条件。滇西边境山区范围内的宁蒗县、沧源县、勐海县、勐腊县、芒市等也是云南省旅游发展的热点区域。但是，在以往的旅游扶贫开发实践中，其也面临较为普遍的困境，集中表现为：由于对生态环境和少数民族民俗文化保护不够，产品雷同、质量差，旅游发展的负面效应日益显现。旅游扶贫绩效整体不高，贫困人口参与度低，未能真正从旅游开发中受益。由于自然地理条件限制，滇西边境山区旅游基础设施建设前期投入较大。加之，旅游资源替代性特征显著，且高度依赖外部客源市场，不仅旅游投资面临诸多风险，各旅游地间的同质竞争问题也十分显著，地方落后的社会经济发展水平更是极大地制约了社区参与旅游扶贫的能力和水平。诸多因素限制下当地优越的旅游资源优势未能转化为旅游扶贫开发的效益。

据文化和旅游部公布的统计数据显示，2019年，我国乡村旅游已达30.9

亿人次，收入 1.8 万亿元，占国内旅游总人数一半以上，2020 年 1 到 8 月，我国乡村旅游总人数为 12.07 亿人次，总收入 5925 亿元，乡村旅游从业人数达 1061 万人[①]。乡村旅游的蓬勃发展，为民族地区的社区参与旅游提供了历史性机遇。以民族村寨为基本单元的"旅游扶贫"，是滇西边境山区反贫困实践的重要模式选择，而民族村寨的旅游发展高度依托于社区的力量。目前，滇西边境山区大部分具有一定旅游发展基础的民族村寨都存在不同程度的社区参与，其在一定程度上增加了社区居民的收入和就业机会。但整体来看，社区虽然是"主体"，却是以"散户"和"弱势群体"的姿态出现在当地的旅游扶贫开发过程中，且民族村寨社区单一主导下的旅游扶贫开发模式也暴露出诸多问题有待破解。本书对滇西边境山区 3 个典型"直过民族"村寨社区参与旅游扶贫空间效应的分析，以及效应提升机制的微观探讨，对于拓展民族村寨社区参与旅游的深度和广度，指导滇西边境山区旅游扶贫政策的制定和调整无疑是具有现实意义的。

（2）为连片特困民族地区的社区参与旅游发展提供参考。

截至 2017 年年底，我国还有农村贫困人口 3046 万人，并呈现向民族地区、革命老区和沿边地区集中和过度的特征[16]，这些区域脱贫难度大且返贫风险较高。14 个集中连片特困区不仅是我国脱贫攻坚的主战场，也是脱贫攻坚成果巩固和乡村振兴战略有效衔接的关键地带。滇西边境山区集边疆、民族、山区、贫困于一体，该区的贫困人口主要分布于横断山高寒贫困类型区、哀牢山类型区、边境民族贫困类型区、三江干热河谷贫困类型区和革命老区，涉及云南省 10 个州市的 56 个县区，具有极强的集中连片性。滇西边境山区也是云南省最早开展民族村寨旅游开发的典型区域，是云南省旅游扶贫发展历程的缩影。民族村寨旅游是中西部省区极具代表性的一种旅游扶贫开发模式，以滇西边境山区为对象，通过对典型案例地的跟踪研究，探讨民族村寨社区参与旅游扶贫的空间效应，发现民族村寨社区参与旅游扶贫中存在的不足，揭示社区参与在这一特殊类型区域的作用机制，并提出针对性的措施，能够为广大连片特困民族地区的社区参与旅游提供重要参考。

---

① 新华网.文化和旅游部：1 至 8 月全国乡村旅游总人数 12.07 亿人次，http://www.cntour2.com/viewnews /2020/09/14/RFbyvGyXFsk6YEfReugA0.shtml.

（3）为脱贫攻坚成果巩固和乡村振兴战略的实施提供实践指导。

中国是一个统一的多民族国家，少数民族人口占全国总人口的 8.5%，民族自治地方面积占国土总面积的 64%。2020 年是我国决战脱贫攻坚的决胜之年，但是，据国务院原扶贫办统计数据显示，目前全国已经脱贫的 9300 多万建档立卡贫困人口中，近 200 万人存在返贫风险。在边缘贫困人口中，有近 300 万人存在致贫风险。党的十九大报告提出"实施乡村振兴战略"，并明确了"产业兴旺、生态宜居、乡风文明、治理有效、生活富裕"的总体建设要求。我国扶贫开发的主要任务也由此发生了重要变化，已经由解决贫困地区的温饱问题向缩小地区差异、增强区域长期发展能力、改善生态环境转变，越来越注重地区经济、社会、文化、生态的可持续发展[17]。旅游开发是贫困民族地区产业扶贫最重要的策略选择之一，因旅游的关联性、综合性和生态性特征，其扶贫意义不仅指向绝对贫困问题，更指向欠发达地区的产业和居民生计可持续，是经济欠发达地区实现产业重构和经济增长的重要手段。本书通过滇西边境山区典型村寨社区参与旅游扶贫空间效应的分析，找到其制约因素、制约过程和结果，总结效应提升的策略，相关探讨不仅可以拓展旅游扶贫开发影响的研究，也可以深化对社区参与旅游过程及其作用机理的认识，对于新时期脱贫攻坚成果巩固和乡村振兴战略实施背景下社区旅游发展具有现实意义。

二、研究综述

中外学界对于旅游扶贫问题的讨论，同时立足于反贫困和旅游发展的背景和经验之中。自 1978 年以来，我国的反贫困事业虽然经历了体制减贫、大规模开发式减贫、扶贫攻坚、扶贫新开发、精准扶贫和全面建成小康社会 5 个不同阶段[18]，但在各个阶段均一致强调了政府在扶贫过程中的主导作用。由于旅游产业发展背景的差异和反贫困措施选择的不同，中外旅游扶贫的实践和理论研究表现出了一定的不同。

在国外，旅游扶贫的理论基础来源于早期旅游业对接待地经济影响的研究，包括就业、经济增长、税收等，以 20 世纪六七十年代的旅游乘数效应研究为代表，贫困作为一个影响旅游经济作用发挥和旅游乘数效应的因素出现在相关文献中。进入 20 世纪八九十年代后，随着对旅游发展消极影响研究的增加，旅游扶贫与社区参与旅游、志愿者旅游、包容性旅游发展等问题的研究交织在一起。1999 年，英国国际发展局（DFID）在联合国可持续发展委员会第七次会议上发表了题为《可持续旅游与脱贫——国际发展局报告》的报告，报告中明确提出了"有利于贫困人口发展的旅游（Pro-Poor Tourism，简称 PPT）"的全新概念，把旅游和扶贫（贫困人口）真正联系在一起。同年，Deloitte 和 Touche 对旅游与贫困问题进行了回顾[19]，随后，国际环境和发展协会（IIED）、国际可持续旅游中心（CRT）和 ODI①的研究人员对亚洲、拉美及南非 6 个实施 PPT 策略的案例区进行分析总结。2001 年 4 月，由 Asheley、Roe 和 Goodwin 共同署名提交了一份《有利于贫困人口的扶贫旅游战略》（*Pro-Poor Tourism Strategies: Making Tourism Working for the Poor*）报告，对 6 个案例区的扶贫旅游实践进行了深入探讨，并重点对贫困人口获得发展机会和利益的机制予以总结[20]。2000 年世界旅游组织（UNWTO）又提出了 ST-EP（Sustainable Tourism as An Effective Tool for Eliminating Poverty），即"消除贫困的可持续旅游"的概念。PPT 和 ST-EP 的概念均强调了贫困人口在旅游发展中获益这一核心命题。

在国内，旅游扶贫开发实践始于 20 世纪 80 年代，从 1982 年到 1984 年，贵州省在黔东南州选取了 8 个少数民族村寨开展旅游扶贫开发试点。1991 年，贵州省旅游局代表在全国旅游局长会议上首次提出了"旅游扶贫"的口号。1996 年，在国家旅游局组织的全国旅游会议上，"旅游扶贫"成为一项重要的会议议题。在学术研究方面：通过 CNKI 检索，1994 年 5 月发表的《贵州加快发展旅游业》一文是最早提及"旅游扶贫"的文献，而第一篇专门论述"旅游扶贫"问题的文章，是 1995 年王芳礼等发表的《略论布依族地区旅游扶贫开发问题》[21]。1994 年桂林工学院蔡雄教授主持的项目"旅游扶贫老少边穷地区乘数效应大"（编号：94BJB030）获国家社会科学基金资助，课题组对河北、新疆、广西等 7 省（区）进行深入调查，系统提出了开展旅游扶贫

---

① ODI 是由英国领导的独立的关于国际发展和人道问题的综合研究机构，总部设在伦敦，其使命是"启发和告知有助于发展中国家消除贫困、减轻痛苦及实现可持续生计的政策和实践"。

的4个条件、6大功能和7项具体措施，并公开呼吁将"旅游扶贫"列入国家八七扶贫攻坚计划。该研究引发了国内学者对于旅游扶贫概念、旅游扶贫的条件及意义、旅游扶贫开发对策等的系统讨论，真正拉开了国内旅游扶贫问题研究的帷幕。由于旅游发展背景的特殊性，早期国内学者对旅游扶贫的讨论主要指向"经济欠发达地区的旅游开发"，贫困地区旅游发展的影响因素及策略成为研究的重点[22]。进入21世纪，伴随着国内扶贫攻坚战略措施的调整，尤其是"精准扶贫"概念的提出，国外"PPT"和"ST-EP"理念对国内学术研究产生了显著影响，研究者们对于旅游扶贫问题的研究逐渐从宏观的区域（国家、省、市、县等）扩展至微观的贫困人口层面，在相关问题的探讨中，重新审视旅游扶贫的功能，并不断强化贫困人口在旅游扶贫中的地位和作用[23]。梳理国内外旅游扶贫问题研究发展的历史脉络，可以对涉及本研究的相关成果予以系统归纳。

（一）旅游扶贫效应及机制研究

旅游扶贫效应体现为旅游扶贫开发对地区经济、社会、文化和环境的综合影响，这种影响由于区域旅游发展背景、旅游发展阶段、旅游发展模式选择等的不同而表现出较大的差异性。分析、描述并评价旅游扶贫的综合效应一直是国内外学者关注的焦点。

1. 旅游扶贫效应的认识

国内外学界对于旅游扶贫效应的认识，在不同的案例研究中是存在一定分歧的。部分学者认为，由于旅游漏损、信息不对称的存在，旅游发展的经济效应在不同利益群体间的分配存在显著差异，发展旅游不一定能让穷人受益，而富人有可能获得更多收益，从而加大贫困地区的贫富差距。贫困人口因知识、技能、话语权等方面的弱势地位，常常被排除在旅游发展之外。这方面代表性的研究如：Ashley（2001）[24]通过对PPT案例区的跟踪研究发现，在许多欠发达地区，旅游开发权益往往被地方精英分子所掌握，富人的收益远远高于贫困人口，旅游开发扩大了贫富差距。在对库克岛（Cook Islands）的旅游扶贫开发案例跟踪研究中，Taylor（2001）[25]发现小岛屿发展中国家和地区社会经济发展对旅游业有高度依赖性，而这些国家和地区的旅游业却被国际垄断组织所控制，贫困人口获得的经济利益十分有限。Deller（2010）[26]通过对1990年到2000年美国农村贫困率变化的研究，也认为旅游在降低贫困率方面的作用非常有限，由于社区被排除在旅游发展之外，贫困人口在经济、社会和文化等方面的权利被进一步剥夺，陷入愈加贫困的生存境地，尤其是飞地旅游的发展模式，会使当地社区完全隔绝。此外，Manyara（2007）等对肯尼亚、Sharply（2009）对冈比亚以及Ferguson（2010）对洪都拉斯旅游扶贫的相关研究，均一致强调了当地社区居民并未从旅游发展中获益，由于缺乏话语权，旅游开发成为新殖民主义的工具。通过旅游发展实现贫困人口脱贫是非常不现实的。

国内也有部分学者坚持"旅游发展不一定能扶贫"的立场。杨建春等（2011）[27]对贵州省旅游扶贫效应的案例研究发现，由于对外部的过度依赖，贵州多个旅游扶贫地区成了"旅游飞地"，贫困人口并未从旅游发展中获益。刘筱筱（2006）[28]和邓小海（2015）[29]分析指出，旅游业的季节性波动和薄弱的基础设施，无形中增加了贫困人口参与旅游发展的机会成本，使得他们很难获益。王英（2016）[30]和郭鲁芳（2016）[31]采用门限面板模型检验了中国旅游发展与贫困减缓的非线性减贫效应，认为旅游发展的减贫效应体现出双门限的非线性特征，当旅游发展达到门限值后旅游减贫效应才会凸显。也有部分学者指出，旅游业的漏损是可以控制的，漏损的大小与当地的经济结构和旅游产品的类型有关（Incera，2015），发展小微企业能有效减少漏损，将旅游发展的收益留在当地，使贫困人口获得更多收益（Zhao，2009）。李刚（2006）[32]和张海燕（2006）[33]认为旅游扶贫涉及旅游目的地的地方政府、旅游企业、社区居民、民间组织和游客等不同利益主体，它们之间的关系是影响旅游扶贫效应的重要因素。孙九霞（2005）[34]和李佳（2009）[35]指出在旅游扶贫的过程中，社区参与、政府政策、资金支持以及企业的社会责任等是十分必要的。

相较而言，大多数学者认为旅游发展能有效缓解贫困。Croes（2008）对尼加拉瓜的研究表明，贫困地区的收入每增加1%，贫困指数将下降1.23%。Banerjee（2015）对海地南部地区的实证研究结果显示，区域旅游投资的增长使其失业率由26%下降至23%，贫困率也下降了1.6%。Vanegas（2014）

运用计量经济模型，检验了哥斯达黎加的旅游发展水平与贫困水平之间的关系，得出了旅游发展对贫困有显著的负向影响。旅游业的综合性和关联性特征，可以通过乘数效应的发挥为当地居民尤其是妇女和年轻人提供就业机会，提高贫困人口的收入水平，改善其生活水平。Leslie（1992）[36]通过对欧洲多个国家的实证研究，发现旅游活动能促使财富在富裕和贫困国家、地区间的流动，缩小它们之间的差距，是促进区域经济均衡发展的一种手段。Eugenio-Martin 等（2004）[37]利用动态面板模型，追踪了拉美地区国家旅游和经济收入数据的变化过程，认为旅游发展能促进中等收入或低收入国家的经济增长，实现国家经济的均衡发展。

整体来看，国内学者更加倾向于强调旅游扶贫开发的积极效应。他们认为：旅游消费能为贫困地区带来直接或间接的旅游收入[38]，旅游业属于劳动密集型产业，可进入性强，能为当地贫困人口提供大量就业机会[39]，带动贫困地区剩余劳动力的就地转化，避免乡村空心化[40]。旅游发展还可以有效促进贫困地区基础设施的投资与建设[41]，旅游业的快速发展能为贫困地区居民开设餐馆、旅店，售卖土特产、旅游纪念品等提供机遇[42]，并实现旅游产业的融合发展与转型升级[43]。

综上，梳理国内外不同时期研究者们的观点，可以发现：学界对于旅游扶贫效应的认识经历了一个不断深化的过程，表现为从早期的经济效应扩展至社会和文化等诸多方面。从简单的效应表现分析走向了效应过程及其形成机理的探讨。研究者们认识到，旅游发展与贫困减缓之间并非简单的一元线性关系，旅游发展要素及条件组合、旅游资源开发的模式选择、旅游扶贫多元利益主体间的互动，以及旅游社区与背景区域间的作用关系等都是影响旅游扶贫效应的重要因素。由于研究主体、立场以及关注侧重点的不同，旅游扶贫效应分析的结论会存在明显差异。从地理学视角出发，空间尺度也成为影响旅游扶贫效应分析结论的重要因素，当研究区域指向国家、地区乃至省、市、县时，国内外大部分研究得出了旅游开发具有良好扶贫经济效应的结论，旅游发展不失为促进贫困国家和地区旅游发展和要素流动、改变发达与不发达地区间"核心—边缘"结构的一种重要手段。但是，在大量基于村寨和社区微观区域尺度的案例研究中，旅游扶贫效应分析的结论则大相径庭。

2. 旅游扶贫绩效评价

经济效应分析一直是旅游扶贫影响研究的核心内容，因此，绩效评价也就构成了旅游扶贫效应研究最重要的内容之一。旅游扶贫绩效评价是论证旅游扶贫方式有效性的前提，通过评估旅游扶贫的绩效，能够为特定区域探索和细化反贫困政策提供理论参考，为旅游扶贫实施路径的优化提供科学依据。旅游扶贫绩效评价研究与早期旅游经济发展的影响分析有着千丝万缕的联系，其主要指向区域宏观经济效应分析，分别涉及拉动就业、GDP 增长、招商引资、产业结构调整等方面[19]，研究方法也偏向定量分析。其中，Mayer（2010）[44]运用乘数效应理论测度了德国 6 个国家公园的旅游消费对区域经济结构和规模的影响。Wattanakuljarus（2006）[45]运用可计算的一般均衡模型（CGE）对泰国旅游业发展在贫困问题减缓过程中的作用予以检验。Habibov（2010）[46]结合数据包络分析（DEA）的方法，对加拿大各省社会福利计划的减贫绩效予以比较。Mitchell（2012）[47]将价值分析的方法运用于 12 个不同发展中国家旅游发展对目的地影响的测度研究。Blake 等（2008）[48]运用可计算的一般均衡理论（CGE）从旅游业对整个经济体及其内部特定部门的影响出发，分析旅游业对贫困减少的经济作用。此外，Njoya 等（2018）[49]通过旅游扶贫指数分析方法，定量评价了肯尼亚旅游产业发展的减贫效应。Kim 等（2016）[50]综合采用面板数据和回归分析方法，对 60 多个发展中国家旅游经济发展和贫困减缓之间的关系进行研究。Truong 等（2014）[51]结合观察法和半结构访谈搜集研究数据，对越南沙巴地区贫困人口在旅游扶贫开发中的感知效应予以分析。在吸收和借鉴国外成熟模型和方法的基础上，国内学者也进行了大量的探索和创新，以专家咨询法、问卷调查法和访谈法等定性方法为辅助，通过投入—产出模型、地理回归加权、层次分析法（AHP）、灰色关联分析、脱钩分析等方法对旅游扶贫的宏观与微观效应、经济效应、社会文化和生态环境效应等进行定量评价。前人研究涉及的主要方法如表 1–1 所示：

表 1-1 国内外旅游扶贫绩效研究的主要方法

绩效研究方法	方法说明	代表人物
旅游乘数效应分析	结合经济学研究中的一般理论模型，如消费函数、需求弹性等描述旅游发展对贫困的影响	Mayer（2010）[44]
可计算一般均衡模型（CGE）	将经济系统看作一个整体，用一组方程来描述经济系统中的供给、需求以及市场关系，通过对要素变化过程的跟踪来剖析旅游业对区域经济的影响和作用	Blake（2008）[48]、黎洁等（2009）[52]
地理加权回归模型（GWR）	是一种以线性回归模型为基础的局部参数估计模型，其实质是利用基于距离加权的局部样本估计出每个样本点各自独立的参数	Deller（2010）[44]、李定珍等（2018）[53]
灰色关联分析	结合旅游扶贫实施效果的相关指标，对旅游扶贫系统演化趋势进行定量描述和定性比较，以明确系统中各要素之间的关联关系，发现影响旅游扶贫绩效的主要因子	马颖等（2019）[54]、邓小海等（2015）[55]
条件价值法（VCA）	利用问卷调查方式，考察受访者在假设性市场里的经济行为，得到消费支付意愿（WTP）或忍受环境损失的受偿意愿（WAC）来对商品或服务的价值进行推导	向延平等（2010；2011）[56-57]
数据包络分析法（DEA）	以 DEA 模型为基础，通过投入和产出要素分析，描述旅游业要素配置与利用情况，但是不能反映旅游扶贫效率在时间维度上的变化，需要引入 Malmquist 指数模型进行完善	龙祖坤等（2015）[58]、曹妍雪等（2017）[59]、黄渊基（2017）[60]、冯斐等（2020）[61]
旅游扶贫指数分析法	包括多维贫困指数、变异系数、Gini 系数、Theil 指数分析等	李佳（2017）[62]、王小林（2017）[63]、刘志明（2017）[64]
产业链分析法	通过问卷调查和访谈获取信息，描述每一个贫困地区的旅游产业链结构，对旅游者在目的地消费的每一元钱的去向进行跟踪，追踪旅游者的全部支出中流入贫困家庭的情况	Mitchell（2012）[47]、郭舒（2015）[65]、王琦等（2019）[66]
层次分析法（AHP）	根据系统的具体性质和要求，将要识别的复杂问题划分为若干层次，建立层次模型，通过专家咨询法对相关指标进行比较，确定评价因子权重，借助矩阵模型确定下层指标对上层指标的贡献程度，得到各指标层的排列结果	李东（2020）[67]、陈龙（2019）[68]、向延平（2012）[69]
投入产出法	研究经济体系内部投入与产出间的依存关系，通过综合经济、社会、文化、环境等影响旅游扶贫绩效的指标因子，构建定量评估体系	赵小芸（2004）[70]、王凯等（2019）[71]
脱钩分析法	结合旅游扶贫绩效相关影响因子的分析，借助脱钩模型描述旅游扶贫与相关影响因子间的作用关系	何静等（2019）[72]、王凯等（2020）[73]

综上，国内外目前涉及旅游扶贫绩效评价的定量研究方法已有10余种，这些评价方法主要围绕以下3个方面的核心问题展开：一是从旅游业发展的规模入手评价旅游扶贫绩效，代表性的方法如投入产出分析、旅游乘数效应分析、DEA分析等；二是从旅游业发展对贫困人口的影响入手评价旅游扶贫绩效，代表性的方法如回归分析、可计算一般均衡模型、条件价值法（VCA）等；三是从旅游业发展对其他产业的效应入手，代表性的研究方法如产业链分析、层次分析、脱钩分析等。整体来看，国内外旅游扶贫绩效评价的方法正日益走向经济学、地理学、社会学、管理学等多学科的综合交叉。

从时空演化的特征和规律入手，地理学的介入很好地克服了旅游扶贫绩效评价中不能反映空间分异和时间变化过程的问题。这方面代表性的研究成果有：陈艳红等（2019）[74]选取人均地区生产总值、全域旅游发展现状评分、恩格尔系数等16项指标，构建旅游扶贫绩效指标体系，采用熵权法确定指标权重，并运用线性加权综合法对张家界旅游扶贫绩效进行动态评价。罗盛锋和黄燕玲（2015）[75]运用改进的熵权法和TOPSIS模型对3个处于滇桂黔石漠化集中连片特困区的生态旅游景区扶贫的客观绩效、感知绩效和潜力绩效进行动态评价。与此同时，旅游扶贫绩效评价的重心也逐步从贫困地区向贫困人口转移，借助于问卷调查法搜集一手资料，对贫困人口的感知绩效予以评价成为国内旅游扶贫绩效评价研究的重要内容。在这一方面代表性的研究如向延平（2009）[76]以德夯苗寨为对象，从社会、经济、环境等方面对案例地旅游扶贫绩效感知进行了细致分析和调查研究。谢双玉等（2020）[77]对恩施州22个旅游扶贫重点村的贫困农户进行问卷调查，基于农户视角探讨旅游扶贫政策绩效的感知，并尝试对贫困户与非贫困户的感知差异进行比较研究。

整体来看，从绩效评价模型的建构到指标因子的选择，国内外旅游扶贫绩效评价的方法正日益走向多学科的综合，研究数据的搜集也越来越多地重视"一手"与"二手"资料的结合。相较而言，地理学的介入很好地弥补了传统旅游扶贫绩效评价研究动态性的不足，但目前研究的深度还比较有限，主要关注旅游扶贫的经济效应层面，研究数据仍高度依赖于大区域尺度的历史性统计资料，对于不同类型和空间尺度下旅游扶贫效应评价方法的选择辨识度不够，涉及同一类型区域或案例地缺少多种方法间的比较和验证。

3. 旅游扶贫机制研究

旅游扶贫效应分析的目的在于发现问题，并调控和指导具体实践。因此，通过绩效评价结果的分析，以判别旅游扶贫效应的相关影响因子及其作用关系，进而提出针对性的措施和建议无疑是十分必要的。对于旅游扶贫的机制，国内学者也进行了大量的分析和概括，相关探讨分别涉及不同主体主导、不同类型区域、不同旅游资源开发模式以及贫困人口受益的旅游扶贫机制探讨，代表性的观点具体梳理如表 1-2 所示：

表 1-2　国内旅游扶贫机制研究代表性观点

研究切入点	核心观点	代表人物
旅游精准扶贫机制	旅游精准扶贫的驱动机制主要由贫困人口行为驱动和扶贫主体行为驱动构成，旅游扶贫机制选择应从上述两个方面入手	耿宝江等（2016）[78]
	旅游精准扶贫机制涉及启动激励机制、目标导向机制、参与共享机制和监测调控机制。要推动政府、旅游企业、科研院所以及社会组织等多个主体参与旅游精准扶贫	李佳等（2017）[43]
	以 ST-EP 模式为前提，结合政府、企业、社区、贫困人口多方扶贫主体共同驱动旅游精准扶贫	何星等（2017）[79]
乡村旅游精准扶贫机制	吸收多元主体参与帮扶、调查摸底、精准识别、移民搬迁、技能培训、延长产业链、打造创意旅游等	张春美等（2016）[80]
	构建"政府—村民—市场"的三元主体联动机制，激发乡村旅游扶贫的内生动力	罗章等（2018）[81]
	从空间作用机制、动力机制、受益机制 3 个方面提出景区带动型乡村旅游精准扶贫的五大机制	宋慧娟等（2018）[82]
贫困人口受益机制	发挥各级政府部门的作用，增加基础教育投入和旅游技能培训，并重视社会组织的参与，构建良好的贫困人口受益机制	王永莉（2007）[83]
	贫困人口参与机制、利益表达机制、利益分配机制和监督控制机制	李莉（2015）[84]

续表

研究切入点	核心观点	代表人物
旅游扶贫机制调适	针对我国旅游扶贫机制存在管理不规范、信息传递渠道单一、整合协调缺乏、参与不完整和监督评价缺乏等问题，从规范管理机制、建立多维信息传递机制、创新旅游扶贫整合协调机制、完善旅游扶贫参与机制和健全旅游扶贫监督评价机制等方面提出调适对策	邓小海等（2015）[85]
	从旅游精准识别信息体系、旅游精准帮扶激励体系、旅游精准管理协调体系、旅游脱贫考核激励体系、旅游脱贫监督保障体系对旅游精准扶贫机制进行调控	吴忠军等（2017）[86]
民族地区旅游扶贫机制	强化扶贫部门在民族村寨旅游扶贫战略中的地位，形成"扶贫—民宗—旅游"部门为轴心的民族村寨旅游扶贫联动制度	辛纪元等（2015）[87]
	形成以资源要素系统为吸引力、经济要素系统为动力、社会要素系统为提升力、技术要素系统为催化力的民族地区旅游扶贫可持续发展 REST 驱动机制	张群等（2019）[88]

综上，国内旅游扶贫机制研究的视野开阔，其分别指向了不同主体主导和不同旅游开发模式的探讨。但从研究的切入点选择来看，却显得十分宽泛和零散。在实际研究中，旅游扶贫效应和机制的讨论往往相互交织，并与旅游扶贫的影响及策略研究联系在一起。旅游扶贫机制研究分别涉及了模式、机制、体制、机理、路径和策略等不同层面的内容，就研究的机制类型来看，也涉及了旅游扶贫中的贫困人口受益、社区发展、利益保障、多元主体协同、产业融合、区域协作等不同层面。由于缺少问题的聚焦，制约了研究深度。由于对旅游扶贫效应相关影响因素间的作用过程及关系揭示不够，涉及机制研究的相关措施和建议很难落到具体实处。

（二）社区参与旅游问题研究

1. 社区参与旅游

在国外旅游学术研究中，社区参与一直被视为影响旅游目的地可持续发展的重要因素。1975 年，Doxey 提出了"愤怒指数理论"（Index of

Irritation)①，从当地居民的视角关注了旅游发展过程中社区居民对旅游发展影响的响应。针对早期旅游目的地规划主要由政府和相关专家主导所带来的不良影响。从 20 世纪 70 年代末开始，加拿大的一些国家公园游憩规划中已经开始重视社区参与的问题。1979 年 Gunn 出版了《旅游规划原理》(*Tourism Planning*) 一书，明确提出社区的整合是旅游规划的四大目标之一②。1980 年，Butler 提出了 "旅游目的地生命周期理论"（Destination Life-Cycle Model）试图从旅游对社区的社会影响视角，构建一个反映旅游目的地演化的一般性理论[89]。总体来看，20 世纪 60—80 年代中后期旅游领域关于社区参与的探讨主要在旅游规划的背景下展开。1985 年墨菲（Murphy）在旅游研究中首次使用 "社区参与" 概念，他认为社区居民是社区参与的主体、社区参与体现了居民对社区发展的责任分担和对社区发展成果的分享[90]。随后，社区参与旅游很快成为旅游研究的热门话题，从 1995 年到 1996 年，旅游研究权威杂志 *Tourism Management* 连续刊发多篇社区参与旅游的重要研究成果③。在 1997 年世界旅游组织颁发的《关于旅游业的 21 世纪议程——实现与环境相适应的可持续发展》中，也明确提出 "社区参与是旅游可持续发展的重要内容和环节"。此后，在西方旅游学者的研究中，旅游可持续发展的概念始终与 "社区参与" 联系在一起[91]。

　　相较而言，国内学者对 "社区参与旅游" 问题的研究起步较晚。唐顺铁（1998）最早对旅游社区的特征予以概括，并探讨了旅游社区与旅游业之间的动态关系，他认为旅游社区必须以当地居民为主体和基础，没有当地人的参与，旅游社区就不存在。社区参与是旅游社区与一般旅游目的地的根本区

---

　　① Doxey 指出旅游社会影响具有阶段性，随着游客数量的增加，当地居民与旅游者之间要经历欣喜（Euphoria）、冷漠（Apathy）、恼怒（Irritation）和对抗（Antagonism）四个发展阶段。参见：Doxey G V. A Causation Theory of Visitor-Resident Irritants, Methodology and Research Inferences [C]. Sixth Annual Conference Proceedings of the Travel Research Association, San Diego: The Impact of Tourism, 1975: 195-198.

　　② Gunn 认为旅游规划的四大目标是提高游客满意度、更好的业务经营、对资源的可持续利用及社区的整合。具体参见其著作：Gunn C A. Tourism Planning [M].New York: Crane Rusak, 1979: 2-3.

　　③ 代表性的如：[1] Taylor G. The Community Approach: Does it really Work? [J]. Tourism Management, 1995, 16（7）: 487-489. [2] Marion J. Sustainable Community Tourism Development Revisited [J].Tourism Management, 1996（17）: 475-379. [3] Baum T. Tourist and the Host Community: A Cautionary Tale [J]. Tourism Management, 1996, 17（2）: 149-150.

别[92]。周玉翠（1999）认为开展社区旅游是欠发达地区实现区域可持续发展的有效途径，欠发达地区的旅游开发要特别注意从社会互动、社区进化和社区结构优化的角度完善旅游目的地的社区功能[93]。刘纬华（2000）具体探讨了社区参与旅游的内在机理，并针对我国实施社区参与旅游发展存在的问题提出了具体建议[94]。吴晓萍等（2000）介绍了贵州省民族旅游给地方社会发展带来的影响，指出民族旅游的健康持续发展，必须建立在当地社区的根本利益基础上[95]。进入 21 世纪后，以中山大学保继刚、孙九霞（2006）[96]、左冰等（2008）[97]为代表的学者对国外社区参与旅游发展的研究成果进行了系统的梳理和介绍，极大地推动了国内社区参与旅游研究的热潮。

梳理前人关于社区参与旅游的相关研究成果发现，由于旅游发展主体构成复杂，不同主体有不同的动机和目标，由此导致影响结果存在多种可能性和不确定性，进而带来了空间与旅游、社会文化影响关系的多元性。因此，社区参与旅游和社区参与旅游扶贫的影响因素一直是中外学者关注的焦点，相关探讨也成为社区参与旅游扶贫策略及机制研究的前提，这一方面的研究在国内外均有一定积累。在国外：Blank 很早就将社区参与旅游发展的障碍因子总结为区位、旅游发展意识、旅游容量、土地政策、环境保护的压力等[98]。Hamzah 和 Mohamad 通过对马来西亚 20 多个社区旅游项目的跟踪，发现影响社区参与旅游成功的因素包括：社区居民对旅游资源的管理、决策和控制能力、社区旅游发展初期能否获得外部支持（尤其是政府和非政府组织的援助）以及私营企业的介入水平[99]。在国内：王兆峰等基于 MOA 模型［动机（Motivation）—机会（Opportunity）—能力（Ability）］以武陵山少数民族聚居区为案例地，从参与机会（政策支持、就业支持、渠道支持）、参与能力（知识、技能）和参与动机（参与意愿与参与影响）3 个方面对民族地区社区参与旅游扶贫的影响因素予以剖析[100]。卞显红和孙九霞等将影响国内社区参与旅游发展的障碍因子归纳为：社区居民民主意识淡薄、参与能力弱、参与机制不健全、参与渠道不畅通，以及旅游决策中的精英主义和旅游资源产权不清等[101-102]。漆明亮从社区内部和外部两个方面对社区参与旅游的影响因素予以概括，认为内部因素包括：社区政治经济文化发展水平、社区旅游资源、旅游目的地规模大小、社区居民的参与意识等，而社区外部包括：旅游市场状况、国家及区域旅游扶贫政策法规等[103]。梳理国内学者的相关研究可以发现，社区参与旅游的影响因素分析往往与社区参与旅游的具体内容和形式联系在一起，而就影响因素本身来看，又分别涉及社区和社区居民本身以及外部环境和条件的制约。国内学者的主要观点如表1-3所示：

表 1-3　国内社区参与旅游的内容及影响因素

社区参与旅游的内容		社区参与旅游的影响因素	
刘纬华 (2000)[94]	参与决策、利益分配、旅游教育培训	刘纬华 (2000)[94]	文化传统、经济发展水平、居民对参与的理解、旅游管理部门人员的观念和知识水平
黄芳 (2002)[104]	参与旅游开发决策、旅游利益分配或补偿、景区管理和维护	潘秋玲等 (2002)[105]	社区经济发展水平、体制、政策、居民价值观念
孙九霞等 (2004)[106]	参与经营（农家乐、旅游商品销售等）、务工性参与、土地出租	杨兴柱等 (2005)[107]	农户对社区旅游开发的认知、旅游地归属感、旅游开发影响感知、农户参与能力
王浪 (2008)[108]	参与发展决策、规划开发、经营管理、利益分配、环境保护和传统文化维护、培训和教育	邱云美等 (2005)[109]	民主意识、参与机制、参与能力、社区整体素质
保继刚等 (2008)[110]	参与食宿接待、参与旅游服务（向导）、参与环境卫生管理	罗永常 (2006)[111]	社区居民参与旅游的利益保障机制
杜宗斌等 (2011)[112]	社区自主管理、社区居民参与决策、社区居民与投资者实现利益共享	陈飙 (2008)[113]	产业发展水平、外来势力的介入、旅游供求关系
孙云超 (2015)[114]	参与利益分配、环境保护、旅游经营、旅游规划、开发决策	刘静艳等 (2008)[115]	社区主人翁意识、公共福利、经济收益、教育培训机会
曾瑜皙 (2015)[116]	参与决策、经营、利益分配、资源与环境保护、旅游培训、旅游文化传播、旅游发展监督	张春丽等 (2009)[117]	旅游认知程度、旅游投资能力、旅游资源情况、地方政府的态度、农户参与的可行性
王姝杰 (2016)[118]	参与游规划与决策、旅游经营管理、资源环境保护与宣传教育、旅游收益分配	侯国林等 (2010)[119]	景区经营管理模式、旅游地社会经济发展水平、社区旅游制度和政策、旅游资源属性
张耀一 (2017)[120]	农户自主经营、参与旅游合作社经营、村办旅游企业等	路幸福等 (2011)[121]	文化归属感、利益分配、效益认同、政策支持、参与能力

2. 社区参与旅游扶贫

1999 年 4 月，英国国际发展局（DFID）提出了 PPT（Pro-Poor Tourism）的概念，将旅游发展与反贫困联系在一起。在国际环境和发展协会（IIED）、海外发展协会（ODI）和国际可持续旅游中心（CRT）3 个国际组织的支持下，全球范围内遴选了 6 个案例区进行 PPT 的实践探索，由于 6 个案例区的扶贫旅游大多以社区为单元，社区参与旅游扶贫的问题也成为关注焦点，并取得了一系列的研究成果[①]。随后，研究者们对社区参与旅游扶贫的障碍予以广泛讨论。Pratiwi（2000）考察了社区参与生态旅游的情况，通过对 3 个非政府组织提供的 73 个案例的比较，研究发现大多数生态旅游项目的目标是赋予社区权力。然而，在大多数案例中，在外来者的驱动下，当地社区很少参与，参与者主要是那些"精英人物"（Elite）[122]。Dehra Dun（1995）在对印度 Badrinath 旅游区的研究中发现：在当地朝圣旅游发展的早期，社区居民较多地参与到旅游发展中，但是，随着旅游基础设施的不断完善，社区居民却逐渐丧失了参与经营的机会[123]。Wilkinson（1995）对爪哇岛传统渔村帕加达拉（Pangandaran）的研究也支持同样的结论，在当地旅游发展的初期，贫困的社区居民能从旅游中获取较大利润，但随着政府的介入，大量外来资本被引入，社区的公共资源被不断占用，居民失去了原先的以自然资源为基础的收入来源，旅游发展的收益受损[124]。Spenceley（2007）等分析了南非保护区内旅游企业的减贫效应，比较企业和社区成员对旅游发展的态度，从就业、性别平等、企业社会责任、对旅游业的依赖和市场准入等方面评价旅游发展的影响。研究表明私人企业对社区内部少数直接受益的人产生了重大影响，但对居住在人口稠密的农村社区几乎没有实质性的影响[125]。Zapata 等（2011）通过尼加拉瓜的案例，探讨了社区主导的旅游发展模式（Community-Based Tourism）在促进社会经济发展和扶贫中的作用，研究发现传统的自上而下的 CBT 模式对社区经济发展的积极影响远不及自下而上的 CBT 模式[126]。Scheyvens 对南非 Matatiele 社区的旅游扶贫开发研究发现，社区协会、当地居民、当地政府、非政府组织和旅游企业形成了很好的协作关系，社区旅游协

---

① 相关成果以论文集的形式出版，具体可参见：Caroline Ashley，Dilys Roe，Harold Goodwin. Pro-Poor Tourism Strategies：Making Tourism Work for the Poor［Z］.ODI，IIED，and CRT，2001.

会主要负责监督资金的运营与使用、项目实施的进度与质量、社区旅游的管理等，最大限度地保障了当地居民的利益，保护了当地社区的旅游环境，在旅游扶贫过程中成效十分显著[4]。

在国内早期社区参与旅游的相关研究成果中，并未直接提及"扶贫"问题。继 1999 年 PPT 战略提出后，2002 年周歆红在《旅游学刊》发表了《关注旅游扶贫的核心问题》一文，强调贫困人口受益应该是旅游扶贫问题研究的核心，该观点在国内迅速得到响应，社区参与作为贫困人口直接受益的一种重要旅游扶贫模式，也开始受到关注。2004 年丁焕峰在梳理国内旅游扶贫问题研究的相关理论成果及主要模式时，呼吁要加强贫困社区参与旅游扶贫的研究[127]。同年，邱云美（2004）基于贫困人口受益的视角，明确提出社区参与旅游是实现旅游扶贫目标的有效途径，并对社区参与旅游扶贫的可行性和具体措施予以讨论[128]。此后，社区参与旅游扶贫问题研究开始引起国内学者的广泛关注。梳理国内学者关于社区参与旅游扶贫研究的成果，相关探讨主要围绕以下 3 个方面的问题展开：

其一，社区参与旅游扶贫的理论研究。相关探讨主要关注社区参与旅游扶贫的意义、模式、影响因素及机制等。漆明亮（2006）在分析社区参与旅游扶贫的必要性基础上，尝试构建社区参与旅游扶贫的作用机制和一般模式，并具体阐述了社区参与旅游扶贫的内容和途径[103]。饶勇等（2008）强调社区参与是一种可持续发展的旅游扶贫模式，能有效克服欠发达地区单一的市场机制在资源配置中的盲目性和片面性[129]。刘俊清（2017）系统归纳了社区参与旅游扶贫的障碍因素[130]。

其二，关于特定旅游扶贫模式下的社区参与问题研究。代表性的成果有：王华（2004）关注了旅游扶贫试验区建设过程中社区参与问题[131]。陈丽华等（2008）剖析了社区参与乡村旅游扶贫的必要性以及社区参与旅游的障碍及解决方案[132]。曹务坤等（2014）探讨了民族村寨社区参与旅游扶贫法律机制的缺陷及完善措施[133]。

其三，关于社区参与旅游扶贫的案例研究。李菁（2006）以湖北省通山县西泉村为对象，对当地旅游发展过程中社区参与的阶段进行评价，并探讨社区居民参与旅游扶贫存在的问题及对策[134]。何玲姬等（2007）以云南罗平多依河景区为例，分析了旅游发展对当地的影响，提出在旅游开发的不同阶段应采取不同的社区参与模式[135]。杨阿莉等（2012）以甘南藏族自治州为案例地，研究指出民族地区的旅游扶贫要努力构建社区参与的长效机制，实现贫困人口参与旅游规划决策咨询、参与旅游经营与利益分配、参与文化和生态保护等[136]。叶俊（2015）以大别山为例，评价其旅游扶贫效应，并结合大别山区域资源特色提出了农家乐、旅游名村、生态休闲农业、景区带动和文化创意产业园5种社区参与旅游扶贫的开发模式[137]。冯伟林等（2017）以重庆武陵山片区为例，探讨其社区参与旅游扶贫存在的问题，并提出社区参与旅游扶贫的赋权、收益分配、生态环境与民族文化保护、精准帮扶四大机制[138]。何莽等（2019）选取了四川省兴文县石海景区内的顺河村和僰王山景区内的博望村进行对比分析，认为旅游扶贫的关键在于借助制度增权，提高社区弱势群体参与旅游发展的能力[7]。王兆峰等（2019）以雪峰山区社区居民为研究对象，从参与动机、参与机会和参与能力3方面，构建社区参与旅游扶贫的影响因素模型，并运用多重线性回归和结构方程，对当地社区居民参与旅游扶贫的影响因素予以分析[139]。

3. 研究小结

梳理相关研究成果可以发现，事实上，研究者们对于社区参与旅游和社区参与旅游扶贫问题的研究并未进行明显区分。国内对于旅游研究中社区参与问题的关注偏重理论和宏观的层面，深入细致的实证研究积累并不多，且主要局限于西方社区发展和社区参与的理论分析框架，本土化的实践关照明显不够，社区参与的概念被移植到旅游扶贫研究中表现出诸多局限，具体表现为：

其一，社区参与旅游扶贫的理论预设并不切合中国的实践经验。正如保继刚等强调的："国内社区参与的研究仅仅局限于西方理论的分析框架，真正原创性的、得源于中国现实特点的理论探讨相对欠缺"[91]。由于土地所有制、民主意识、行政管理体制以及旅游发展背景的不同，西方的社区参与和中国本土化实践经验之间存在显著差别，"社区参与决策、参与规划"的前提假设对于贫困人口和贫困社区而言形同虚设。在国内，社区参与仅仅体现为社区居民试图影响有关决策的过程，其强调旅游扶贫开发的相关决策应兼顾社区的利益，从西江苗寨、天龙屯堡到西双版纳傣族园，国内诸多民族村寨的实践案例早已表明，社区参与决策和规划与社区受益之间并不存在绝对的一致性。

其二，社区参与被简化为社区贫困人口的参与。"社区"本身是社会学的核心概念，社会学研究更多聚焦于"社区"的人群特征和文化心理素质，而"地域"只是承载社区成员活动的一种"容器"。自 1999 年"Pro-Poor Tourism"概念和 2013 年"精准扶贫"概念提出以来，国内旅游扶贫问题研究特别强调了"贫困人口"在旅游发展中的受益问题，在"社区参与旅游"的相关研究中，作为研究主体的"社区"也大多指向"社区居民"，社区内部的社会网络和情感联系以及社区的空间地域属性特征往往被忽略，制约了研究深度。

其三，社区被视为闭合的系统。虽然国内外学者在社区参与旅游的研究中均一致强调了其阶段性特征，但是在旅游扶贫的相关研究中，社区参与旅游扶贫的阶段性和动态性特征却并未得到应有的重视。一方面，"社区"被视为一种均质的、静态的组织形式，鲜有研究关注到区域旅游发展不同阶段社区参与旅游扶贫的差异性问题。另一方面，"社区"被当作与政府和企业并列的"利益主体"，对于旅游扶贫过程中社区内部的空间属性和差异特征，以及社区与外部区域间的相互作用关系缺乏必要关注，导致社区参与旅游扶贫研究视角单一。

（三）连片特困民族地区的旅游扶贫研究

自 2010 年出台的《中国农村扶贫开发纲要（2011—2020 年）》将集中连片特困地区作为中国农村扶贫开发的主战场，"集中连片特困地区"的旅游发展问题研究引起了国内学者的瞩目。通过 CNKI 分别以"连片特困""连片特困民族地区""旅游""旅游扶贫"等为关键词进行检索，自 2011 年以来截至 2020 年 9 月，有 154 篇文献涉及集中连片特困地区的旅游发展问题研究，其中，期刊论文 102 篇，学位论文 46 篇（博士学位论文 4 篇，硕士学位论文 42 篇），报纸和会议论文 6 篇。在现有研究文献中，特别指向旅游扶贫领域的文献有 60 篇，但是，其中针对"连片特困民族地区"的旅游发展问题研究文献却仅有 18 篇（期刊论文 13 篇，学位论文 2 篇，报纸 1 篇，会议论文 2 篇）。其中，9 篇涉及了旅游扶贫领域。

1. 旅游扶贫效应研究

在连片特困民族地区旅游扶贫的效应研究方面：黄梅芳（2014）用层次分析法的基本原理，结合德尔菲法和定量模型方法，对龙胜各族自治县民族旅游扶贫绩效进行了评价[140]。龙祖坤等（2015）运用数据包络分析（DEA）技术及 MI 指数分析方法对武陵山区 2009—2013 年的旅游扶贫效率及其空间分异特征进行研究[58]。陆军等（2016）以广西被列入全国集中连片特困民族地区的滇桂黔石漠化区的 29 个县作为主要研究对象，通过田野调查方法、问卷调查方法、半结构访谈方法以及专家咨询法，对该区旅游扶贫的效益予以评估[141]。李佳等（2016）以四川藏区的贫困居民为对象，采用问卷调查和统计分析的方法，对旅游发展模式不同的 3 个旅游社区进行实证对比研究，分析了旅游发展中连片特困民族地区居民的实际经济受益情况，研究发现不同旅游社区和旅游经济受益的居民在旅游扶贫态度和政策评价上有显著差异[142]。张海燕等（2016）利用层次分析法，构建了关于民族贫困地区乡村旅游扶贫绩效评价的指标体系，并对湘西土家族苗族自治州乡村旅游扶贫绩效进行了评价[143]。冯伟林等（2017）以重庆武陵山片区为调查对象，依据当地贫困人口抽样调查数据定量分析其旅游扶贫的经济、社会、环境绩效，以评价西南民族地区旅游扶贫开发取得的成效。研究发现，旅游扶贫开发对西南民族地区贫困农户收入增加产生了显著作用，但也出现了旅游地生活成本上升、贫富差距拉大和"飞地"效应等负面问题[144]。王志章等（2018）则从经济、社会、文化和生态效益四个层面评价了云南省文山壮族苗族自治州的旅游扶贫绩效[17]。

2. 旅游扶贫机制研究

在连片特困民族地区旅游扶贫机制研究方面：王超等（2013）通过贵州六盘水山区布依族补雨村的案例考察，系统提出了构建基层政府配套政策和村民基本权利的保障体系，加强村民选举或外聘的精英式人物的模范带头作用，建设村民集体参与的集约化生态农业生产经营模式，形成基于生态农业品牌化的农村旅游经济发展路径，以及加大第四方法律援助和外部社会舆论监督的山地少数民族贫困农村包容性旅游发展模式[145]。李佳等（2017）提出了包容性可持续的旅游精准扶贫思路，构建了包括启动激励、目标导向、参与共享、监测评估的四川藏区旅游精准扶贫机制体系[43]。杨霞（2018）结合贵州乌蒙山片区的案例探讨，分析了少数民族连片特困地区旅游与城镇化协同发展的路径[146]。向从武等（2019）分析了武陵山片区跨省边缘民族特色村镇—重庆市秀山县洪安镇和湖南省花垣县茶峒镇旅游扶贫与协同发展的条件与障碍，并从多元化的旅游扶贫协同机制、共建多层次的社区参与制度体系、完善边城小镇旅游利益分配制度、共享边城旅游品牌与营销网络 4 个方面构建了旅游开发与旅游扶贫的协同机制[147]。张群等（2019）以武陵山片区的永顺县为例，从资源、经济、社会和技术系统的角度，提炼了以资源要素系统为吸引力、经济要素系统为动力、社会要素系统为提升力、技术要素系统为催化力的民族地区旅游扶贫可持续发展 REST 驱动机制[88]。

3. 滇西边境山区旅游扶贫研究

滇西边境山区作为我国 14 个集中连片特困区的典型代表，涉及的旅游扶贫开发研究的成果积累并不多。张力丹（2017）[148]以滇西边境山区 56 个贫困县为样本，从经济、交通、旅游和社会保障四个维度构建指标体系，基于因子分析—熵权的多维贫困测度模型，对滇西边境山区境内旅游交通可达性与贫困的耦合关系进行分析，并提出该片区内旅游扶贫开发交通网络优化和线路设计的对策。冯万荣（2019）[149]分析了滇西边境山区的旅游资源、经济发展状况和交通条件，提出该区的旅游扶贫开发要突出重点、因地制宜，加强区域间的合作、实现优势互补。廖洪亮（2019）[150]基于效率演化的视角，综合运用 DEA-Malmquist 模型、Moran's I 指数、标准差椭圆及重心轨迹等方法，探讨了滇西边境山区旅游减贫效率的时间演进及空间分异规律。穆学青（2020）[151]基于多维贫困理论，结合联合国 MPI 指标体系构建了旅游扶贫效率测度指标体系，对云南省边境 25 个县（涉及滇西边境山区 19 个）2006—2016 年旅游扶贫效率演变的时空分异特征进行描述。在案例研究方面：杨光明（2017）[152]以丽江束河古镇为例，分析了民族村寨旅游精准扶贫过程中存在的现实困境及对策。董银丽（2019）[153]以保山市的 3 个旅游扶贫村为对象，结合问卷调查和访谈，运用对比和单因素方差分析方法对 3 个村的乡村旅游扶贫综合效应予以分析。杨艳（2018）[154]以滇西北独龙族为个案，将独龙族的旅游扶贫置于"一带一路"语境下，探讨了"一带一路"建设对于滇西北边境少数民族旅游产业发展的意义，并提出相应的工作思路和建议。胡志美等（2020）[155]以怒江州下片马村为例，分析了旅游扶贫开发对当地社区的积极和消极影响。整体来看，涉及滇西边境山区旅游扶贫开发研究的成果十分有限，民族村寨社区参与旅游扶贫的问题仅在个别案例研究中有所提及，理论剖析的深度和案例研究的系统性远远不够。

（四）研究述评

综上，前人关于旅游扶贫效应及机制、社区参与旅游以及连片特困民族地区旅游扶贫相关问题的探讨为本书研究提供了充分的理论借鉴。同时，通过文献综述也可以发现现有研究还存在薄弱之处。具体表现在：

在旅游扶贫效应和机制研究方面：就旅游扶贫效应研究的内容来看，国内研究大多围绕经济绩效展开，而对旅游扶贫的社会、文化和环境效应的关注度不够，旅游扶贫空间效应研究的成果积累也比较少。对于旅游扶贫的宏观效应讨论较多，而对基于贫困人口受益的微观效应的评价研究并不多，且对于旅游扶贫的宏观效应与微观效应之间作用关系的研究还比较欠缺；就旅游扶贫效应评价的指标体系构建来看，存在一定的随意性。以旅游扶贫效应评价中应用最为广泛的 DEA 分析方法来看，在不同研究中"投入"和"产出"的指标往往存在较大差异，在针对不同区域和案例地的研究中，不同指标体系之间缺乏比较和科学性论证；就旅游扶贫效应分析的区域范围来看，大多局限于省域或县域层面，基于镇域和村域的小范围空间尺度的旅游扶贫效应评价研究十分薄弱，对于当地社区、贫困人口等利益相关者的考虑较少，没有深入分析影响贫困人口受益的机制；就旅游扶贫效应分析的理念和方法选择来看，现有研究主要依托于经济学的模型和方法（如投入—产出法、价值链分析、DEA 分析等），研究者们倾向于将同一种方法应用于不同案例地的分析，重复性研究较多，且忽略了研究区域的空间尺度差异。围绕同一案例地应用不同方法开展的比较和验证研究基本还未涉及；从效应分析的时间范围来看，主要为特定时间截面或时间段旅游扶贫效应的静态评价，缺少对特定对象旅游扶贫效应的持续跟踪和动态比较。由于旅游扶贫效应研究的不足，难以论判不同模式、不同空间尺度、不同发展阶段旅游地旅游扶贫的具体成效。溯及旅游扶贫的机制研究也表现出了明显的泛化倾向。旅游扶贫机制研究与旅游扶贫模式、旅游扶贫路径和策略的研究混杂在一起。研究者们从不同的立场展开谈论，而很难找到共同的基点，严重制约了旅游扶贫机制研究的深度。

在社区参与旅游扶贫问题研究方面：国内专门针对社区参与旅游扶贫研究的成果积累并不多，在相关研究中，"社区"更多被视为"贫困人口"的范畴，而并未对其空间意义予以考察。虽然国内外学者均一致强调了社区参与旅游的阶段性特征，但是在旅游扶贫的相关研究中却并未得到应有的重视。"社区"被视为一种均质的、静态的组织形式，鲜有研究关注到区域旅游发展不同阶段社区参与旅游扶贫的差异性。对于社区内部的空间属性和差异特征，以及社区与背景区域间的相互作用关系缺乏必要的审视。

在连片特困民族地区的旅游扶贫问题研究方面：一方面，研究的深度和系统性有限。由于对连片特困民族地区旅游扶贫的本底特征研究不够，忽略了民族聚居区的地理、产业、生态和文化的特殊性，导致旅游扶贫效应分析的内容和指标体系沿用传统方法，多以描述性研究为主，旅游扶贫效应分析与扶贫机制研究相互脱节，难以论判旅游扶贫机制的科学性。另一方面，案例研究有待进一步丰富。现有研究主要集中于贵州、四川藏区、武陵山区等少数几个连片特困民族地区，且研究对象选点空间尺度较大，同时涵盖了若干个县区，对于具体县域、村寨和族群的旅游扶贫效应和机制研究不多，由于专项研究数据获取的限制，极大地影响了研究成果的实践应用价值。

当下，国内大众旅游市场蓬勃发展，旅游走向全民化、普及化和生活化。国内旅游市场需求日益旺盛，乡村旅游规模空前壮大，而社区是影响乡村旅游发展的一种变量，在乡村旅游发展过程中扮演重要角色。对于广大的贫困民族地区而言，社区参与成为旅游发展同时也是旅游扶贫的一种重要方式。与此同时，国内旅游扶贫在经历了近30年的发展历程之后，政府和企业主导的旅游扶贫开发模式也日益暴露出了诸如忽视社区集体利益、内生发展动力不足、"飞地"现象突出、旅游扶贫效益漏算严重等诸多局限。在此背景下，社区参与旅游扶贫模式的应用和推广，前景十分令人期待。遗憾的是，目前国内针对社区参与旅游扶贫的研究成果积累并不多，专门指向"民族村寨社区"的研究则更加稀缺，少部分的实证案例研究虽然关注到了个别民族村寨的社区参与旅游扶贫问题，但作为个案研究缺乏必要的理论分析和归纳，对于特定民族村寨所嵌入的区域背景缺乏深度剖析。

鉴于此，本书以滇西边境山区 3 个旅游发展处于不同阶段但均以社区力量为主导的"直过民族"村寨为案例地，结合一手资料的搜集，从地理学视角切入，基于"空间生产""空间关联""空间正义的重构与消解"3 个维度构建社区参与旅游扶贫空间效应的分析框架。通过探讨"社区"在参与旅游扶贫过程中的空间属性和特征，结合地理学空间尺度和时间演化的思维范式，剖析社区参与旅游扶贫空间效应的形成机理，从社区旅游发展不同阶段来审视社区与背景区域间的空间互动关系，进而探讨旅游扶贫空间效应提升的相关机制，以期能够拓展旅游扶贫开发影响的研究，同时深化对社区参与旅游过程及其作用机理的认识。

三、研究内容与技术路线

旅游扶贫的效应同时体现为旅游发展对贫困地区、贫困人口的积极和消极影响。国内研究积累大多从经济、社会、文化和生态的视角来描述旅游扶贫的效应，且主要指向宏观区域尺度的经济绩效评价研究。社区参与旅游是国内外旅游研究中的热点话题，在国内社区参与旅游扶贫的研究中，"社区"更多被视为"贫困人口"的概念，而未对其空间意义加以考察。从地理学视角切入，从空间关系及影响来看，社区参与旅游扶贫的空间效应既涉及旅游发展对社区及社区内部贫困人口的影响，也涉及社区参与旅游扶贫开发后与背景区域间的作用及关系。社区参与旅游扶贫的宏观（区域）效应和微观（贫困人口）效应是同步产生的，有必要进行协同分析。本书坚持规范研究与实证研究相结合，采用多学科的理论及方法，在对滇西边境山区社区参与旅游扶贫空间效应进行理论分析的基础上，以 3 个社区参与旅游扶贫开发处于不同阶段的"直过民族"村寨为调查点，依据现行理论，从地理学视角切入对社区参与旅游扶贫空间效应进行综合分析，结合案例研究发现民族村寨社区参与旅游扶贫开发存在的问题，创新旅游扶贫效应分析的方法，深入探讨适合滇西边境山区乃至整个连片特困民族地区社区参与旅游扶贫空间效应优化的机制。本书研究内容如下：

第一章：绪论。论述本书选题的背景和研究的理论、实践意义，对国内外社区参与旅游扶贫研究的相关成果予以梳理和概括，通过比较发现研究的重点和科学问题，形成本书研究的思路及框架。

第二章：民族村寨社区参与旅游扶贫的理论研究。深入探讨旅游扶贫、民族村寨社区、社区参与旅游、旅游扶贫空间效应等核心概念，对本书研究所借鉴的相关理论予以讨论，并剖析社区参与旅游扶贫的作用机制，借鉴地理学"空间生产""空间关联""空间正义"理论，建构社区参与旅游扶贫空间效应分析的框架，形成研究的理论基础。

第三章：国内民族村寨社区参与旅游扶贫的探索及启示。鉴于中外社区参与旅游发展实践的差异，该部分对国内较早开展民族村寨旅游扶贫的郎德苗寨"工分制"和雨崩藏族社区的"轮换制"模式的实践经验进行概括，并对民族村寨社区参与旅游扶贫的局限性予以反思。

第四章：滇西边境山区民族村寨社区参与旅游扶贫的空间效应分析。通过对滇西边境山区社区参与旅游扶贫的特质性分析，以社区旅游发展处于不同阶段的3个"直过民族"村寨，即施甸县大中布朗族村寨、腾冲市中寨司莫拉佤族村寨和怒江州老姆登怒族村寨为案例地，结合问卷调查和访谈收集一手研究数据，从空间生产效应、空间关联效应以及社区居民感知效应层面具体探讨民族村寨社区参与旅游扶贫的空间效应，并对其存在的问题予以诊断。

第五章：滇西边境山区民族村寨社区参与旅游扶贫空间效应的优化机制。通过理论和案例研究，分析指出在民族村寨的旅游扶贫开发过程中完全强调社区参与（主导）并不可取，存在诸多的局限。集中体现为：社区参与方式单一，经济体量低下，区域带动作用不显著；社区旅游公共产品供给不足，公共资源过度利用和社区内部同质竞争；社区内部贫富差距扩大，空间正义缺少等。在此基础上，从社区嵌入、多元利益主体共生、区域联动和要素协同4个方面提出滇西边境山区民族村寨社区参与旅游扶贫空间效应的优化机制。

第六章：研究结论与展望。从理论和实证两个方面，对本书研究所形成的相关结论进行归纳和总结，提炼本书的创新点、发现研究中存在的不足，对于今后值得进一步研究、探讨的问题进行展望。

本书研究技术路线如图 1-1 所示：

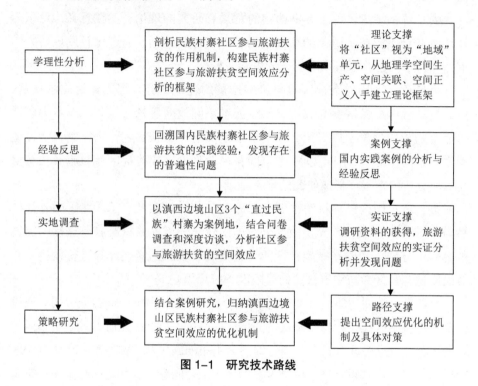

图 1-1　研究技术路线

四、研究思路与方法

（一）研究思路

第一，梳理地理学、社会学、旅游学等学科中效应研究、机制研究、社区发展等问题研究的相关理论与方法，从学科综合中汲取营养，剖析滇西边境山区民族村寨社区参与旅游扶贫的驱动机制，引入地理学"空间生产""空间关联""空间正义"理论，建构民族村寨社区参与旅游扶贫空间效应的理论分析框架。

第二，剖析国内早期民族村寨社区参与旅游扶贫的本土化经验，在总结其面临困境的基础上，建立反思的维度，深化对民族村寨社区参与旅游扶贫现实困境的理论认知。

第三，依托实地调研资料和数据，深入分析、归纳滇西边境山区3个"直过民族"村寨社区参与旅游扶贫开发的具体措施及经验，以民族村寨社区参与旅游扶贫空间效应分析框架为依据，结合问卷调查和访谈搜集的相关数据和资料，采用地理集中指数、旅游经济联系强度分析、产业链分析等方法，描述3个"直过民族"村寨社区参与旅游扶贫的空间生产和空间关联效应，并基于问卷调查结果，探讨不同主体和不同发展阶段民族村寨社区参与旅游扶贫感知效应的差异，通过效应分析，从中提炼当前民族村寨社区参与旅游扶贫过程中面临的普遍问题。

第四，结合案例研究，运用归纳法，从民族村寨社区参与旅游扶贫的嵌入、多元利益主体共生、区域联动和要素协同4个层面，总结滇西边境山区民族村寨社区参与旅游扶贫空间效应的优化机制，为其他连片特困民族地区的旅游扶贫和社区参与旅游实践提供参考。

（二）研究方法

1. 问卷调查及访谈

在云南省科技厅地方高校联合专项研究面上项目"连片特困民族地区旅游扶贫绩效评价及其提升机制研究"（项目号：2018FH001-100）的课题经费支持下，组建了连片特困民族地区旅游扶贫绩效评价研究团队，在咨询专家意见并开展预调查的基础上设计调查问卷。其中，针对社区旅游个体经营户（如客栈、农家乐、土特商品生产销售经营等）和普通社区居民分别设计问卷，并选择3个"直过民族"村寨所在的县文化旅游局负责人、扶贫办工作人员、乡镇文化站工作者、村委会主任、社区党员、建档立卡户户主、驻村工作队员、一般村民等作为访谈对象，通过深度访谈搜集一手研究数据资料。课题组分别于2020年7月22—25日、2020年10月1—4日、2021年1月5—6日对保山市施甸县摆榔彝族布朗族乡摆榔社区大中布朗族村寨，2020

年 7 月 29 日—8 月 1 日（深度访谈）、2020 年 8 月 13—17 日（问卷调查）、2020 年 12 月 10—11 日、2021 年 1 月 9 日对保山市腾冲市清水乡三家村中寨司莫拉佤族村寨，2020 年 9 月 1—5 日对怒江州福贡县匹河乡老姆登怒族村寨开展了实地调研，为本书的研究搜集一手数据和资料。

问卷调查。为进一步了解村寨旅游发展对当地社区贫困人口和家庭的微观影响，深入调查社区居民参与旅游扶贫的效应感知情况，以参与旅游发展的个体经营户和普通社区居民为对象，分别设计调查问卷，搜集、完善一手资料。社区居民问卷调查的基本内容包括：①农户家庭的基本状况（性别、民族、年龄、受教育程度、收入水平、职业、家庭人口数等）；②参与社区旅游发展的意愿及障碍（参与形式、参与障碍、参与意愿）；③参与旅游扶贫开发前后农户的生计方式及资产变化（参与时间、方式、收入结构及比重变化等）；④参与旅游扶贫的效应感知（经济、社会文化和生态环境）。旅游个体经营者的问卷调查内容则包括：①参与旅游扶贫的基本情况（参与时间、接待人数、收入、劳动力雇用情况等）；②参与旅游扶贫的成效及障碍（旅游收益情况、政府政策支持情况、旅游扶贫开发满意度、发展障碍等）；③参与旅游扶贫的效应感知（经济、社会文化和生态环境）。鉴于 3 个"直过民族"村寨语言及文化的特殊性，为保证数据搜集的可靠性，调研过程借鉴"精准扶贫工作成效第三方评估"工作方法及经验，雇用 7 名当地（或周边邻近）村寨的在校大学生参与问卷调查，并在问卷调查及访谈前进行了相应培训。

访谈法。社区居民及旅游个体经营者的调查问卷能够反映当地居民对村寨社区旅游扶贫开发效应的感知及受益情况，其研究以微观的"家庭"为单元，为了深入了解各调研点社区参与旅游扶贫工作的整体情况，进一步对相关村寨旅游扶贫开发的管理人员、村委会主任、非物质文化遗产传承人、旅游致富带头人等进行深度访谈（访谈对象情况见附录 B），访谈内容主要围绕村寨旅游扶贫开发的整体情况感知和社区旅游发展过程中各利益相关者关系的认识展开。

2. 参与式农村评估（PRA）

为探讨民族村寨社区参与旅游扶贫过程中的空间生产效应，本书研究引入"参与式农村评估"（Participatory Rural Appraisal，简称 PRA）方法搜集一手数据及研究资料。PRA 源于"参与发展理论",强调面向农户搜集一手资料,实现农村的可持续发展,是由泰国研究人员最早提出并实践的快速农村评估方法[156]。自 20 世纪 90 年代以来,"参与式农村评估法"在社会学、民族学、旅游学和地理学等不同学科的研究中均被广泛运用。参与式农村评估认为:调研过程不仅是数据搜集过程,也是调研者与社区居民学习、交流的过程。只有社区居民充分参与进来,调研者才能了解到真实、全面的情况。作为一种参与式的方法和途径,PRA 强调在外来者的协助下,鼓励当地人运用地方性知识,分析与他们生产、生活紧密关联的环境与条件。区别于大样本容量的问卷调查和烦琐的定量统计,PRA 主要通过实地观察、访谈、小组研讨和村民绘图等方式获取第一手信息。这种调查方法,克服了以往"自上而下"式的调查活动中存在的不足,增强了社区居民参与意识,增加调研信息的可靠性。

研究借鉴席建超等(2016)[157]、高苹等(2017)[158]在研究乡村聚落景观演化时所采用的 PRA 方法,用于刻画滇西边境山区 3 个"直过民族"村寨社区参与旅游扶贫过程中的空间生产效应及其演变,具体操作如下:(1)对3 个村寨所在县域相关旅游产业发展和扶贫工作开展情况的相关政府报告、政策文件以及 3 个村寨的人口、就业、村寨建设等基本数据和资料进行搜集。(2)通过案例点所在县(市)的国土局、文旅局获得村寨土地利用现状图,结合 Google Earth 高清影像和实地调研,对村寨旅游吸引物节点和土地利用状况资料进行搜集、标注。(3)结合对当地旅游行政管理部门、社区居民、驻村工作队员、农家乐经营者等的访谈及扶贫工作开展情况,搜集相关资料,反演 3 个村寨社区参与旅游扶贫开发前后的村落景观及土地利用情况,绘制成图。(4)现场实地调查,核实反演成果。对于案例地旅游吸引物、基础设施、土地利用等情况,采用农户和旅游参与经营者深度访谈的方法,进一步核实相关建筑、设施及土地利用类型演变的时间节点,对第(3)步中的信息予以修正、完善。(5)后期评估。将案例地得到的信息与各村寨、乡镇相关旅游发展和扶贫工作报告、文件、规划文本资料等进行比较,并进一步通过村委会主任、旅游致富带头人、当地精英等进行核实,确定研究所用数据资料。

3. 比较研究

为深化对滇西边境山区民族村寨社区参与旅游扶贫空间效应的认识，本书对中外旅游扶贫的理论发展和国内早期民族村寨社区参与旅游扶贫的实践经验进行比较分析，形成研究的理论基础；在案例地的选择方面，针对社区参与旅游发展的不同层次和深度，选择滇西边境山区 3 个社区参与旅游处于不同发展阶段的"直过民族"村寨进行分析和比较，总结不同发展背景下民族村寨社区参与旅游扶贫的普遍性特征和规律；与此同时，将基于实地调查获得的 3 个"直过民族"村寨旅游扶贫绩效数据与其所依托的县（市）域旅游扶贫绩效数据进行关联和比较分析，尝试将民族村寨社区参与旅游扶贫的宏观与微观效应分析相结合，深入探讨滇西边境山区民族村寨社区参与旅游扶贫的综合效应，尤其是空间生产和空间关联效应，拓宽旅游扶贫效应研究的视野。

第 2 章　民族村寨社区参与旅游扶贫的理论研究

一、相关概念的界定与讨论

（一）滇西边境山区

2011 年年底颁布的《中国农村扶贫开发纲要（2011—2020）》明确把"连片特困地区"作为扶贫攻坚的主战场，并在全国划分了 14 个集中连片特困区，下辖我国 15 个省、5 个自治区、1 个直辖市，涵盖 680 个县，土地面积 420 万平方公里，占全国国土面积的 43.75%。云南省是我国农村贫困面最大、贫困县最多、贫困程度最深的省份，其横跨集中连片特困地区中的乌蒙山区、滇西边境山区、滇桂黔石漠化区和迪庆藏区 4 大片区。

滇西边境山区地处我国西南边陲，是我国通往东南亚和南亚的重要陆路通道，下辖云南省 10 个州市 56 个县（市、区）。其中，19 个边境县分别与老挝、缅甸和越南等国毗邻，边境线长达 3148 公里，占云南省陆地边境线长度的 77.5% 和全国的 13.8%，区内有 9 个国家级口岸。滇西边境山区也是 14 个集中连片特困区中民族自治地方最多的区域，拥有 6 个少数民族自治州、20 个少数民族自治县，有彝族、白族、傣族、景颇族等 25 个世居少数民族，其中，壮族、彝族、苗族、哈尼族等 16 个少数民族跨境而居。与此同时，滇西边境山区也是云南省乃至全国集中连片特困区中贫困面最大、贫困程度最深的区域之一。云南省的 73 个国家级重点扶贫县中，滇西边境山区就占 45 个县，占总数的 61.6%，是云南省乃至全国贫困地区扶贫开发工作的重中之重，其范围如图 2-1 所示：

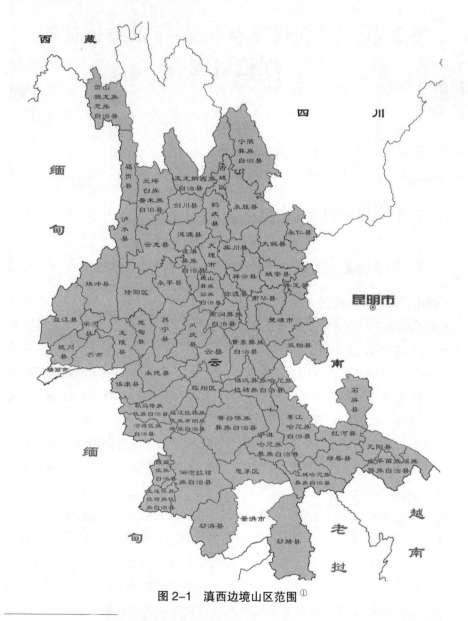

图 2-1　滇西边境山区范围①

———————

① 本图引自云南省《滇西边境片区区域发展与扶贫攻坚规划》（2011—2020 年），按照规划范围，滇西边境片区在原有 56 个县区的基础上增加了腾冲市、丽江古城区、楚雄市、普洱市和大理市 5 个县（区、市）。

滇西边境山区由于地处横断山脉的纵谷地带，地理环境险恶、生态环境脆弱、自我发展能力弱、贫困问题的特殊性与复杂性相交织。地理环境与贫困相互作用并形成因果关系，其在空间上处于多重地理不利（Geographic Disadvantage）的叠加状态，由于物质资本、社会资本、文化资本和人力资本有限，形成空间贫困陷阱（Spatial Poverty Traps），并集中表现出贫困面大、贫困程度深和贫困脆弱性相交织的特征。脱贫攻坚难度大，且面临较高的返贫风险。

（二）民族村寨社区

"民族地区"是对"中国少数民族地区"的简称。一直以来，国内学界对于民族地区的认识并不统一，其中，部分观点认为，中国少数民族地区是指民族自治地方，指的是由一个或多个少数民族在其聚居地方依法实行区域自治的行政区域。依据少数民族聚居区人口的多少、区域面积的大小，我国《宪法》规定，民族自治地方分为自治区、自治州、自治县三级。云南省是我国少数民族类型最多的省份，按照民族自治地方的界定，云南省涉及的"民族地区"包括 8 个自治州、29 个自治县。

作为全国少数民族类型最多的省份，无论从面积还是人口数量来看，"民族自治地方"在云南省均占有重要位置，绝大部分民族自治州和自治县的少数民族人口占到总人口数的 50% 以上，其中，怒江州少数民族人口数占比高达 92.4%，孟连县和沧源县少数民族人口占比也都超过 90%。基本情况如表 2-1 所示：

表 2-1　云南省主要民族自治地方的基本情况 [①]

民族自治地方	土地面积（万平方公里）	占全省土地面积（%）	总人口数（万人）	占全省人口比重（%）	少数民族人口（万人）	占所在地总人口比重（%）
自治州合计	19.37	49.2	1821.63	37.8	993.34	54.5
楚雄彝族自治州	2.93	7.4	274.80	5.7	89.36	32.5

---

① 说明：数据来源为《2019 年云南统计年鉴》，相关数据截至 2018 年年底。因统计年鉴缺失屏边苗族自治县、金平苗族瑶族傣族自治县、河口瑶族自治县、漾濞彝族自治县、南涧彝族自治县、巍山彝族回族自治县、贡山独龙族怒族自治县、兰坪白族普米族自治县、维西傈僳族自治县 9 个民族自治县的统计数据，所以表中未列出。

续表

民族自治地方	土地面积（万平方公里）	占全省土地面积（%）	总人口数（万人）	占全省人口比重（%）	少数民族人口（万人）	占所在地总人口比重（%）
红河哈尼族彝族自治州	3.29	8.4	474.40	9.8	268.83	56.7
文山壮族苗族自治州	3.22	8.2	365.40	7.6	209.67	57.4
西双版纳傣族自治州	1.97	5.0	118.80	2.5	89.89	75.7
大理白族自治州	2.95	7.5	359.93	7.5	179.78	49.9
德宏傣族景颇族自治州	1.15	2.9	131.60	2.7	68.64	52.2
怒江傈僳族自治州	1.47	3.7	55.30	1.1	51.08	92.4
迪庆藏族自治州	2.39	6.1	41.40	0.9	36.09	87.2
自治县合计	8.31	21.2	533.94	11.2	317.72	59.5
石林彝族自治县	0.18	0.5	26.39	0.5	9.14	34.6
禄劝彝族苗族自治县	0.44	1.1	41.45	0.9	12.66	30.5
寻甸回族彝族自治县	0.40	1.0	47.54	1.0	10.37	21.8
峨山彝族自治县	0.20	0.5	17.01	0.4	11.27	66.3
新平彝族傣族自治县	0.42	1.1	29.20	0.6	21.68	74.2
元江哈尼族彝族傣族自治县	0.29	0.7	22.45	0.5	17.91	79.8
玉龙纳西族自治县	0.76	1.9	22.39	0.5	11.37	50.8
宁蒗彝族自治县	0.62	1.6	27.01	0.6	20.07	74.3
宁洱哈尼族彝族自治县	0.37	0.9	19.40	0.4	9.05	46.7
墨江哈尼族自治县	0.55	1.4	36.98	0.8	16.92	45.8
景东彝族自治县	0.45	1.1	37.02	0.8	19.49	52.6

民族自治地方	土地面积（万平方公里）	占全省土地面积（％）	总人口数（万人）	占全省人口比重（％）	少数民族人口（万人）	占所在地总人口比重（％）
景谷彝族傣族自治县	0.78	2.0	30.08	0.6	23.75	79.0
镇沅彝族哈尼族拉祜族自治县	0.42	1.1	21.50	0.4	18.32	85.2
江城哈尼族彝族自治县	0.35	0.9	12.82	0.3	9.84	76.8
孟连傣族拉祜族佤族自治县	0.20	0.5	14.25	0.3	13.40	94.0
澜沧拉祜族自治县	0.88	2.2	50.33	1.0	42.78	85.0
西盟佤族自治县	0.14	0.4	9.62	0.2	7.75	80.6
双江拉祜族佤族布朗族傣族自治县	0.23	0.6	18.56	0.4	8.26	44.5
耿马傣族佤族自治县	0.38	1.1	30.95	0.6	16.03	51.8
沧源佤族自治县	0.25	0.6	18.99	0.4	17.66	93.0

　　但是，在相关研究中，"民族地区"的外延要比"民族自治地方"宽泛得多。按照中华人民共和国国家民族事务委员会（SEAC）的规定，少数民族地区是指非汉族的少数民族人口聚集的地区。从空间尺度来看，这一界定所涉及的空间范围就显得十分模糊了，其可以大到民族自治区，小到民族自治州、自治县（旗）、民族乡，乃至是少数民族聚居的村落[159]。由于"民族地区"概念认识的模糊性，在民族地区旅游发展的相关问题研究中，对应于"村落"这一空间尺度，分别有"民族村寨""民族社区""少数民族村落""民族村""民族文化村""民族文化生态村"等多种表述方式。其中，"社区"和"村"的表述在中西方不同语境中存在一定差异。"村"是一种本土化的表达。村古称"邨"，与之对应的还有"邑""屯""村邑"等称谓，是小农经济活动下所形成的农村聚居空间。王恩涌等（2000）在综合考虑地形条件、耕地面积、聚落景观等因素差异的基础上，将"村落"划分为密集型、分散型、半聚集型、活动

型和特殊型 5 种基本形态[160]。在少数民族聚居的地区，"村"常常被称为"寨子"或"村寨"。相较于"寨"，"村"的表述更具行政区划色彩，其可以对应于"自然村"或"行政村"。从空间尺度来看，"村"尤其是"行政村"包括的范围要更广，一个行政村下往往会辖若干个"寨子"。"社区"则是一种"舶来品"概念，是由一群拥有共同文化心理素质的人所组成的地域共同体。自 1933 年费孝通将"Community"译为"社区"引介到国内后，在国内社区相关研究中，分别形成了以"村"为中心和以"镇"为中心的两种不同取向。受英国功能主义思潮影响的学者，多以"村域"为研究范围，而受美国芝加哥学派影响的学者则多以"镇域"为社区分析的单元。

在国内，"村寨"一般指向乡村聚居区，而"社区"则可以同时包含乡村和城市的范畴。然而，在大多数涉及民族地区的研究中，这样的差异却常常被忽略，"村"和"社区"的概念被相互替代。费孝通（2017）[161]认为"村庄就是农户聚焦的紧凑社区"，罗永常（2006）[111]将以少数民族乡村社区为旅游目的地的旅游称为"民族村寨旅游"。王汝辉（2012）[162]也将少数民族村寨界定为"集历史悠久的民居建筑、独特的民俗风情和乡村田园风光于一体的少数民族乡村社区"。部分学者将"社区"和"民族村寨"整合在一起，提出"村寨社区"和"民族村寨社区"的概念[133]、[163]。在旅游地理学、城市地理学和边疆地理学等地理学领域的研究中，通常会强调其"少数民族聚居"的"地域"属性和特征。

综上，民族村寨社区可以界定为是以少数民族社会成员为主体，以共同的文化心理和紧密的日常生活为基础形成的民族聚居的村落空间，是民族性、社会性和地域性的共同体。其特指乡村地区少数民族聚居的村落空间。民族村寨社区的特征集中表现为：从地域空间范围来看，主要指向基于行政区划基础之上有着共同文化网络的少数民族聚居的自然村或行政村，并不涉及人工建成的主题公园类的"民族村寨"；从功能上看，民族村寨社区是一个相对封闭的少数民族聚居的生产、生活空间，社区内部人员的数量、结构和文化心理特征具有一定的稳定性，社区成员对于本民族的文化和社区地域有着较强的认同感和归属感；从属性上看，民族村寨社区是一类特殊且分布广泛的地区，其内部由于相对封闭，且以某一少数民族为主体人群，社区成员构成简单、生产力水平低、人口素质不高，经济落后且结构单一，人地矛盾突出，经济、社会、文化和生态环境的脆弱性显著。

（三）社区参与旅游

在国内外的学术研究中"社区"和"参与"都是多义的。1881 年德国社会学家斐迪南·滕尼斯（Ferdinand Tonnies）在《共同体与社会》（*Gemeinschaft and Gesellschaft*）一书中，首次提出了"社区"的概念，其将社区（Gemeinschaft）定义为是基于自然意志，如情感、习惯、记忆以及血缘、地缘和心态而形成的一种社会有机体，社区既是地缘共同体，也是精神共同体和血缘共同体[164]。20 世纪 20 年代，在美国社会学的研究中，"Gemeinschaft"一词被译为英文"Community"，20 世纪 30 年代，费孝通等将英文的"Community"译为"社区"，并赋予其"一定地域内共同生活的社会群体"含义。对于"参与"同样有着诸多认识，政治学强调对弱势群体赋权，通过参与发挥其在发展以及最终在变革社会结构中的作用，社会学则强调社会变迁中各个角色的互动，并以此引申出社会角色在发展进程中的平等参与[165]。联合国将"参与"定义为人们自由地和民主地介入发展、分享发展利益并进行决策的过程[166]。亨廷顿从政治治理的角度将"社区参与"定义为"贫民试图影响政府决策的活动"。Paul（1987）进一步指出，社区参与是受益人影响发展项目的实施及项目方向的一种积极主动的过程，这种影响主要是为了改善他们自己的处境，如收入、个体发展、自立能力以及他们在其他方面追求的价值[167]。

相较而言，旅游研究中对"社区参与"问题的关注是比较晚的，其最早被视为西方旅游规划和发展的一种理念。Inskeep（1991）认为，"社区参与旅游"就是当地社区最大限度地参与旅游规划和旅游决策过程，并通过最大限度地参与发展和管理，实现社区利益的最大化[168]。Tousn（2000）也认为社区参与旅游主要是参与旅游目的地的发展决策和旅游收益分配[169]。斯蒂芬·威廉斯（2018）认为社区参与旅游是指旅游由社区拥有和管理，共担风险和共享收益，这个过程一般包括文化和环境保护要素[170]。国内学者对社区参与旅游的概念探讨大多以国外学者的研究为基础。刘纬华（2000）认为社区参与旅游发展是指把社区作为旅游发展的主体进入旅游规划、旅游开发等涉及旅游发展重大事宜的决策、执行体系中。社区参与的旅游发展是旅游可持续发展的一个重要内容和评判依据[94]。孙九霞（2006）强调：社区参与旅游发展是指在旅游规划与开发的各个环节，充分考虑社区的需要和意见，将社区作为旅游开发和参与的主体，在确保旅游可持续发展的前提下实现社区的全面发展[96]。

比较中外学者的研究，"社区参与旅游"的认识基本是统一的，研究者们均强调了要充分考虑社区的利益需求，将"社区"作为旅游发展的主导力量，以实现区域旅游的可持续发展。然而，问题的关键在于"社区"的概念本身是十分含混和模糊的，在不同的研究语境下，"社区"分别涉及人口、地域和社会组织等不同内涵。本研究中，"社区"主要指向的是特定"区域"和"空间"，其对应于本书案例分析中"民族村寨"的范畴。作为一种旅游开发模式，"社区参与旅游"强调"社区"作为一种地域共同体，在同地方政府和外来利益主体博弈过程中的主导性作用。

（四）旅游减贫

由于旅游发展背景及反贫困政策实践的差异，"旅游减贫"的提法在中外不同的研究语境中有所区别。在国外，与反贫困相对应的表述分别涉及"缓贫"（Poverty Alleviation）、"减贫"（Poverty Reduction）、"脱贫"（Poverty Eradication）和"反贫"（Anti-Poverty）等不同形式。作为一种反贫困治理的手段，研究者们特别强调了旅游发展对贫困问题改善的影响，其有别于国内强调的政府在旅游扶贫开发中的主体性作用。

1. Pro-Poor Tourism

1999年英国国际发展局（DFID）提出了"Pro-Poor Tourism"的概念，译为"有益于贫困人口的旅游"或"扶贫旅游"。Goodwin（2005）将"Pro-Poor Tourism"界定为"通过旅游为穷人增加收益"[171]。Ashley（2006）将"Pro-Poor Tourism"界定为一种改变旅游收入的分配以支持穷人的旅游发展方式，其强调通过发展旅游来提高贫困人口的资金收入，或是增加他们的固定资产和参与性[172]。Harrison（2008）认为：任何一种能够明显增加穷人或相对贫困者净收入的旅游都可以被称为PPT。在《扶贫旅游研究：一种批判的视角》一文中，他从 9 个方面对"扶贫旅游"的特征予以概括[173]。具体如表 2-2 所示：

表 2-2　Pro-Poor Tourism 的特征

PPT 的认知误区	PPT 的本质特征
反对资本市场	PPT 的支持者并不反对资本市场。相反，从 PPT 角度制定的战略旨在通过增加就业和创业机会以及更多的集体福利，将穷人纳入资本市场
游离于旅游系统之外	PPT 高度依赖旅游系统，贫困人口融入旅游业的程度是 PPT 取得成功的关键
是一种理论或模式	PPT 不是一个具体的理论或模型，而是重点关注旅游发展能够或可能给贫困人口带来净收益
是一种细分的旅游形式，如社区旅游	任何一种旅游的形式都有可能成为 PPT，其与旅游发展的规模大小、投资主体、非贫困人口受益等因素无关
只能有一种研究方法	PPT 的研究涉及诸多研究方法，并没有哪一种方法是其特有的
只针对贫困群体	PPT 并非只关注贫困人口，非贫困人口也可能从 PPT 中受益，甚至受益更多
仅将"贫困"视为饥饿或收入不足	扶贫旅游研究中的"贫困"是一个"发展"问题，涉及自由、机会、权利、技能和教育等的缺失
只关注个体利益	PPT 同时关注社区的利益，如社区的用水、健康、教育、基础设施建设等
只有特定人群能够参与	要确保贫困人口从旅游发展中受益，需要各利益相关者（如政府、规划者、企业等）的广泛参与

说明：上表内容根据参考文献［173］原文观点整理。

Akrong（2019）[174]强调："PPT 并不是一种理论或模式，而是一种旅游发展的方式，任何一种致力于为贫困人口增加净收益的旅游发展方式均可称为 PPT。"可持续旅游、负责任旅游、社区旅游和生态旅游等都是扶贫旅游的重要形式，而扶贫旅游最重要的特征在于"优先考虑并强调旅游发展对贫困人口的影响"。作为对联合国在其《千年宣言》中提到的到 2015 年之前将贫困人口减少一半的回应，2000 年世界旅游组织发起了贫困地区旅游可持续发展的倡议（Sustainable Tourism–Eliminating Poverty，ST-EP），并在 2002 年约翰内斯堡的世界可持续发展峰会上宣布了这一倡议。ST-EP 倡议的焦点在于加强组织在鼓励旅游与社会、经济和生态的可持续发展，并特别强调为贫困人口提供发展和工作机会。作为 PPT 理念的一种延续和深化，ST-EP 也强调了贫困人口从旅游发展中受益的核心内涵。整体来看，PPT 和 ST-EP 的理念均关注旅游发展对贫困人口的影响和作用，并聚焦旅游发展的微观效应，任何一种旅游方式选择，只要有助于贫困人口的发展，都可以被纳入"扶贫旅游"讨论的范围。

2. 旅游扶贫

在国内，"旅游扶贫"概念的提出要早于"PPT"，早在 1991 年贵州旅游局长工作会议就出现了"旅游扶贫"的提法。1996 年吴忠军发表《论旅游扶贫》一文，将旅游扶贫界定为："通过开发贫困地区丰富的旅游资源，兴办旅游经济实体，使旅游业形成区域性支柱产业，实现千家万户和地方财政双脱贫致富"[175]。这一界定特别强调了旅游发展对"贫困地区"的影响。此后，国内学者对旅游扶贫的概念进行了广泛讨论，但相关研究始终纠葛于"贫困地区"和"贫困人口"之间。在近 30 年来国内研究的成果积累中，与"旅游扶贫"概念相近的分别有"旅游开发扶贫""旅游精准扶贫"等。就国内"旅游扶贫"概念内涵的认识来看，也经历了从早期的"贫困地区"向"贫困人口"再到二者兼具的演变过程。20 世纪 90 年代初，在国内旅游扶贫研究的起步阶段，研究者们在讨论"旅游扶贫"时，更多倾向于强调旅游发展对贫困区域的空间影响和作用，认为旅游扶贫的核心是通过旅游发展带动贫困地区社会经济进步，缓解并消除贫困[176-177]，而良好的旅游资源条件构成贫困地区实现旅游扶贫的前提和基础[178-179]。进入 21 世纪后，国外 PPT 和 ST-EP 的理念的引入，尤其是 2013 年"精准扶贫"概念的提出对国内"旅游扶贫"概念内涵的认识产生了深刻影响。研究者们转向关注旅游开发对贫困人口，尤其是贫困家庭和个体的影响。他们认为，旅游扶贫的目的是通过旅游发展使贫困人口从中受益，消除弱势群体的贫困状态[23]、[83]，核心在于实现贫困人口经济利益的最大化[145]、[180]。

事实上，旅游业对贫困减缓存在着复杂的影响过程和机制，这不仅与贫困家庭和贫困人口的发展能力有关，更与区域旅游产业发展的模式选择与所处阶段，以及贫困地区旅游经济系统的完整性及发展规模等紧密联系。随着研究的深入，学者们开始强调"旅游扶贫"问题的讨论应立足于"旅游"和"反贫困"的背景，而不能割裂二者间的联系。虽然旅游发展并不必然惠及贫困人口，但区域旅游发展也是贫困人口获得潜在受益机会的重要保障。因此，旅游扶贫应该同时关注旅游发展对"贫困区域"和"贫困人口"的影响，涉及的相关学者及其代表性的观点具体梳理如表 2-3 所示：

表 2-3　国内兼顾"贫困人口"和"贫困地区"受益视角的"旅游扶贫"定义

核心观点	代表人物	概念的具体表述
旅游扶贫应该同时关注旅游发展过程中"贫困区域"和"贫困人口"的受益情况	刘益等（2004）[181]	旅游扶贫是指在欠发达地区，以旅游资源为依托，借助各种外部推动力量来扶持当地旅游业发展，通过旅游业的关联带动，实现群众脱贫致富
	丁焕峰（2006）[182]	旅游扶贫是通过对贫困地区的旅游资源进行开发，兴办旅游经营实体，以实现贫困地区经济增长和贫困人口脱贫致富
	黎克双（2008）[183]	旅游扶贫是指通过开发贫困地区丰富的旅游资源，兴办旅游经济实体，使旅游业形成区域支柱产业，实现贫困地区居民和地方财政双脱贫致富的一种区域经济发展模式
	邱新艳等（2013）[184]	旅游扶贫是指通过开发贫困地区丰富的旅游资源，兴办旅游经济实体，使旅游业形成该区域的支柱产业，实现贫困地区居民脱贫致富和当地政府实现双赢的发展政策
	黄萍（2015）[185]	旅游扶贫就是通过对贫困地区丰富的旅游资源的开发，大力发展旅游业，借助旅游业拉动地方经济增长，实现贫困地区经济的发展及其贫困人口收入的增加，从而实现脱贫致富
	黄渊基（2017）[186]	旅游扶贫是指欠发达地区利用、挖掘、开发旅游资源，通过外界的扶助和当地贫困人口的参与和自我发展，重点发展旅游产业，同时融合其他扶贫方式，促进贫困人口减缓贫困，并实现可持续发展
	梁留科（2018）[2]	旅游扶贫是指在经济欠发达地区，以当地旅游资源为依托，借助各种外部推动力量扶持当地旅游业发展，通过旅游业的关联带动，实现群众脱贫致富目标的旅游发展方式
	王志章等（2018）[17]	旅游扶贫是通过发展旅游产业促进当地经济的发展和贫困人口收入的增加，其实质是充分利用旅游发展的正外部性，实现地区经济社会整体发展，从而使旅游活动的参与人员受益，进一步增加贫困人口的发展机会，提高区域内源发展能力，实现由"输血型"扶贫向"造血型"扶贫转变

　　梳理、比较中外学者对"旅游减贫"相关概念的界定与讨论，无疑是存在一定差异的。深究其中原因：一方面，就贫困问题治理来看，立足于发展中国家的现实基础，在很长一段时期内，我国的贫困问题表现为区域性整体贫困，这区别于欧美发达国家。另一方面，就旅游发展背景来看，作为典型的发展中国家，国内旅游发展特别强调了对地方社会经济发展的带动作用，旅游开发也多围绕行政区划所形成的不同层次的地理空间单元（如省区、市、县）展开，这明显区别于欧美发达国家以旅游吸引物所在社区为基础的旅游开发模式。因此，在国内学者的早期研究中，将旅游扶贫研究的重点指向"贫困地区"无疑是有现实依据的。国家"精准扶贫"战略提出后，"精准扶贫"成为我国新时期扶贫工作的重点，旅游扶贫的重心也随之转向对贫困人口的聚焦，这无疑也是完全切合国内实践需求的。虽然在中外旅游扶贫实践和理论研究中都有研究者强调，旅游的发展并不能等同贫困人口受益，甚至贫困人口被排斥在旅游发展之外的情形也时有发生。旅游扶贫不同于旅游开发，要关注区域旅游发展过程中的贫困人口受益，这是毋庸置疑的。但是，从旅游开发本身来说，区域旅游的整体发展也是增加贫困人口潜在受益机会的重要保障，区域旅游发展和贫困人口受益之间存在千丝万缕的联系，究竟是强调贫困区域的发展还是"贫困人口的受益"，二者并不是非此即彼的关系，这与旅游扶贫效应分析的空间尺度、区域旅游资源开发模式的选择、旅游扶贫开发过程中利益相关者的博弈关系等有着诸多联系。

　　遗憾的是，虽然近年来国内对旅游扶贫的概念探讨已经同步强调了"贫困人口"和"贫困地区"受益的问题，但在具体研究的理论及方法层面却仍缺少响应，从效应分析到机制探讨，对旅游扶贫的宏观效应与微观效应之间的关联性缺乏必要的考量。国内旅游扶贫问题研究在中西方对话中，丧失了本土特色。回顾国外 PPT 和 ST-EP 的实践和理论研究历程，虽然研究者们都强调了贫困人口受益，但也并未忽略区域旅游发展。Harrison（2008）[173] 指出：如果没有旅游目的地的整体发展，扶贫旅游就是一种奢谈。为了让 PPT 更好地服务于贫困问题的解决，PPT 应更多着眼于国家甚至是全球政治经济体系中的结构变化、财富和资源的再分配以及权力不平衡等问题。Akrong（2019）[174] 认为"PPT 研究应重点关注目的地旅游产品的开发过程，以便更好地理解目的地的旅游扶贫能力"，相关探讨是十分值得国内学者思考的。旅游扶贫开发的影响研究有待深入和细化，旅游扶贫效应的分析有必要在贫困区域与贫困人口、宏观与微观之间寻求一种平衡，并进行理论和方法的探索。对此，地理学能够提供重要支撑。

3. 社区参与旅游扶贫

在国内，丁焕峰（2006）认为[182]，社区参与旅游扶贫是在开发农村贫困地区丰富的旅游资源过程中，把社区及其居民作为旅游发展的主体进入旅游规划、旅游开发等涉及旅游发展重大事宜的决策、执行体系中。漆明亮等（2007）也将"社区参与旅游扶贫"定义为：贫困地区从社区的角度考虑旅游业发展，社区居民作为主体，参与社区旅游发展计划、项目以及其他各类事物与公益活动的行为及其过程[187]。吴应香（2010）进一步探讨了"少数民族社区参与旅游扶贫"的概念，是凭借少数民族贫困地区独特的资源优势，少数民族参与到当地旅游发展规划、旅游项目、利益分配以及相关设施的维护和相关培训中，强调少数民族参与的主体地位，使他们不仅在经济上摆脱贫困，还能在与游客的接触过程中不断开阔视野，提高自身素质，在文化上也摆脱贫困[188]。杨德进（2015）等将社区参与旅游扶贫界定为：以社区旅游为基础的一种旅游扶贫方式，通过发展社区旅游，使大量贫困人口融入旅游业，从而达到摆脱贫困的目的[4]。冯伟林等（2017）将社区参与旅游扶贫表述为：有一定旅游资源的贫困地区为了摆脱贫困的困扰，在开发旅游资源的过程中，将社区及其居民，尤其是贫困人口作为最重要的主体，让贫困人口参与到旅游扶贫项目的规划、开发、管理、服务、成本与收益分配等重要事项的决策、执行与监督体系中来，以期既促进旅游业的发展，又能够实现贫困地区物质精神生活条件的改善，以最终实现旅游目的地的可持续发展目标[189]。

综合来看，国内学者对于"社区参与旅游扶贫"的讨论，更多是以"社区参与旅游"概念为基础展开的。在国外学者的研究中，社区参与旅游主要指向了参与旅游决策和管理，但是，由于旅游发展背景和土地制度的不同，以及民主意识的差异，中外社区参与旅游发展存在诸多本质的差别。在我国广大的贫困地区和贫困人群中，社区参与更是十分受限。在实际旅游开发过程中，当地居民和他们的社区大多被作为开发的客体而非主体，在区域旅游发展和贫困问题治理的背景之下，旅游开发也大多由政府部门和企业来主导，社区的利益往往被忽视[105]。

本书中，"社区参与旅游扶贫"被视为一种旅游扶贫模式，其区别于企业主导和政府主导的旅游扶贫开发。可将其定义为：在区域旅游扶贫开发过程中，将社区作为区域旅游发展的主导性力量，通过有效发挥社区及其居民的主体性作用，参与旅游扶贫项目的开发与运营，以推动贫困地区和贫困人口社会经济发展环境的改善，为区域旅游发展注入内生动力的一种反贫困模式。对于这一概念的内涵，可以从以下3个方面予以阐释：其一，社区参与旅游扶贫强调"社区"作为一个整体，在区域旅游扶贫开发过程中的主体地位。社区能够对区域旅游发展的路径选择享有充分的话语权，在旅游发展促进贫困减缓的过程中可以与其他利益主体（如政府和企业）进行公平的协商与合作，并掌握充分的决策自主权。其二，社区参与的基础是能够为区域旅游扶贫开发注入内生动力，并改善发展的环境。社区参与旅游扶贫要能够有效推动社区资源向资本的转化，改善社区发展的环境，实现经济、社会、文化和生态效益的综合提升，从产业和空间层面推动贫困社区有效融入区域社会经济发展的格局之中。其三，这是一种与"政府主导"和"企业主导"相并列，由"社区主导"的旅游扶贫模式。区别于政府和企业主导的以"涓滴理论"①为基础的传统旅游扶贫模式，其强调"社区"作为一个整体的地域单元，在旅游扶贫项目开发过程中的主体作用，社区居民能根据自身的需要灵活选择旅游减贫的具体路径。

（五）旅游扶贫空间效应

在国内，周歆红（2002）最早将"旅游扶贫效应"界定为旅游扶贫对地区经济、环境、社会和文化的影响[23]，这一观点得到国内学者的大量支持与响应[42]、[127]。但是，在国内外旅游扶贫研究的成果积累中，对于旅游扶贫的影响认识并不仅仅局限于积极方面。就旅游扶贫影响的性质来看，其可以

---

① 传统的旅游扶贫"涓滴理论"认为，在旅游经济发展过程中，不需要对贫困人口予以特别照顾，优先发展的地区和群体通过消费、税收、就业等形式能自发地促进贫困人口的脱贫。

分别体现为正效应和负效应。正效应体现在增加贫困人群收入、改善贫困地区经济发展环境、带动相关产业发展等，而负效应则体现在：旅游飞地、环境和生态破坏、不均衡的利益分配、传统文化的冲击等方面。就旅游扶贫开发所产生的影响范围来看，旅游扶贫的效应同时涉及了宏观效应和微观效应。其中，宏观效应指向旅游扶贫对贫困地区宏观的经济、社会文化和生态影响。而微观效应则指向贫困家庭及个人从旅游扶贫中获得的收益和发展机会[64]。从旅游扶贫影响的过程来看，可将旅游扶贫的效应划分为直接效应、继发效应和动态效应[64]。在绝大多数的研究中，旅游扶贫的效应被划分为经济、社会、文化和生态（或环境）效应 4 个方面的内容。旅游扶贫效应的分析同时立足于区域旅游产业发展和反贫困的实践之中，随着研究的深入，研究者们日益认识到，区域旅游发展和反贫困治理的背景不仅影响旅游对贫困产生的直接作用，还影响到其继发效应。旅游扶贫的宏观效应与微观效应，经济、社会、文化和生态效应之间的关系，会因旅游者的流动和旅游系统内各要素及不同利益主体间的作用关系不同而发生多种耦合，它们之间并不存在绝对的一致性。事实上，将旅游扶贫效应等同于旅游扶贫开发的影响本身并无不妥，但这样的认识是十分宏观的。从旅游地理学中旅游影响研究的成果积累来看，旅游影响同时涉及空间和群体、经济和社会、文化和生态环境的不同方面。在特定的时间和区域尺度范围内，它们之间甚至会呈现出不同的组合关系。因此，旅游扶贫效应分析需要借助系统性的空间思维与空间分析方法，并充分考虑时空尺度的差异。任何事物总是在空间中存在，并于时间中发展，且彼此之间相互作用。从空间关系出发，地理学通过理论抽象和图式语言来描述地理现象和事物在空间中的相互作用关系、作用过程和作用结果。在涉及空间影响层面，形成了诸多"效应"理论，代表性的如屏蔽效应、中介效应、边界效应、竞合效应等。

　　基于"空间响应"的视角，旅游扶贫空间效应体现为在特定空间尺度范围内，旅游扶贫开发过程所产生的直接和间接影响。旅游扶贫空间效应因空间尺度的差异而显现出不同。民族村寨社区是为旅游者活动提供载体的"表现形式"和"场域"，其不仅是范围明确的物理空间，也是旅游主客互动的社会文化空间[190]。旅游扶贫系统作为一种空间组织形式，是基于"旅游反贫困"功能的空间地域系统,其动态演化过程与地理空间密切关联。民族村寨社区参与旅游扶贫空间效应分析将旅游扶贫地域系统演变所产生的影响置于地理空间中,从"空间视角"对其进行识别和透视,将旅游发展视为民族村寨社区空间变化的重要变量,并特别关注社区空间对相关旅游活动的承载功能。因此,民族村寨社区参与旅游扶贫的空间效应既指向旅游扶贫开发过程对"社区"作为空间"节点"的内在影响和作用,也体现为旅游介入过程中特定民族村寨社区与其背景区域间的空间互动与关联。前者直观地表征为旅游扶贫的空间生产效应,后者体现为旅游扶贫的空间关联效应。本研究对"社区参与旅游扶贫空间效应"的讨论同时指向了宏观和微观层面,宏观层面强调了"贫困社区旅游业的发展",从空间结构及空间关联的视角,重点探讨旅游发展对民族村寨社区及其背景区域的作用关系。微观层面,重点关注民族村寨社区空间的生产过程,以及社区贫困人口(家庭)在旅游发展中的受益情况,并对不同发展阶段民族村寨社区参与旅游扶贫的经济、社会、文化和环境影响进行区分评价,形成民族村寨社区参与旅游扶贫空间效应的立体性研究。

二、民族村寨社区参与旅游扶贫的理论支撑

(一)多维贫困理论

贫困问题是经济、政治、社会等诸多领域交互作用产生的综合性问题,而"贫困"本身也是一个具有较强动态性和社会性的概念。国内外学者对贫困问题的认识大致可归为4类:(1)贫困是低收入状态,是家庭收入未能满足家庭成员最基本生活要求[191];(2)贫困是缺乏,包括食物、住房等,后来拓展至社会的、精神的、文化的缺乏[192];(3)贫困是社会排斥,是个体与社会整体的断裂[193-194];(4)贫困是能力被剥夺[159]。1999年阿玛蒂亚·森(Amartya Sen)出版了《以自由看待发展》一书,提出了能力贫困理论,其认为贫困是一种可行能力被剥夺的状态,描述了贫困的多维图景,极大地拓展了贫困问题研究的视野[195]。由于对贫困现象认识的不同,研究者们对贫困

原因的认识也分别涉及不同方面，其中，绝大部分的研究从经济学的视角探讨贫困问题成因。形成的代表性观点如美国经济学家纳克斯（1953）的"贫困恶性循环理论"，美国经济学家纳尔逊（1956）的"低水平均衡陷阱理论"，瑞典经济学家缪尔达尔（1957）的"循环累计因果关系理论"和舒尔茨的"人力资本理论"等[196]。部分研究者将贫困原因的分析与自然环境、历史及人口等因素联系在一起。代表性的如托达罗的"生态贫困理论"，认为贫困是由恶劣的自然环境直接或间接引发的[197]。Jalan 等（1997）提出了"空间贫困陷阱"（spatial poverty traps）概念[198]，并在随后的发展中建立了地理资本与环境之间的关联，形成了"空间贫困理论"[199]。Lewis（1959）提出了"贫困文化"（culture of poverty）理论，认为贫困人口之所以贫困与其拥有的文化有关。贫困文化是贫困人口阶层所拥有的一种比较固定的、持久不变的、代代相传的生活方式[200]。从多维贫困理论出发，滇西边境山区民族村寨社区参与旅游扶贫问题研究必须立足于区域旅游开发和反贫困的现实背景，旅游扶贫效应的研究不能仅局限于经济层面，还应该对贫困人口及社区的社会文化及环境生态效应予以关注。

（二）社区增权理论

自 1985 年 Murphy 将"社区参与"理念引入旅游规划与开发实践以来，研究者们进行了大量的理论探索。然而，现实中却面临诸多挑战。一方面，社区参与旅游强调了旅游收益应当由社区分享，但它只强调了社区的收益索取权，而并未涉及风险承担的问题，这样的前提在现实中显然是不成立的。另一方面，旅游开发是一个市场化运作的过程，是一个社区旅游发展过程中社区内外多元利益相关者博弈的过程，并不能排斥政府和企业的介入[97]。相较于政府权威和旅游投资商强大的资本力量，社区利益在现实中往往难以得到保障。社区参与呈现为一种"象征性""被动式"参与局面。社区参与旅游理论的局限还在于：研究者们仅仅将社区参与视为终极目标，而社区参与过程的中深层次的政治和权力关系却被忽视。在此背景下，国外旅游研究者们引入了社会工作中"增权"（empowerment）概念，提出了旅游社区增权理论。"增权"强调通过外部干预强化弱势个体的能力和对权利的认识，以减少或消除无权感的过程，其最终目的是指向获取权力的社会行动及其导致的社会改变的结果[201]。增权的价值在于协助弱势群体及其成员，通过行动、社会政策和计划，去营造一个正义的社会，为民众提供平等的接近资源的能力和机会[202]。增权同时指向个体、组织和社区三个不同层面，个体层面的增权强调个人参与的影响力，组织层面的增权强调群体决策和权利共享，社区层面的增权则强调社会行动和社会改变的目标。社区增权理论一经提出就被广泛运用于国内外旅游发展实践中。社区增权是民族村寨社区参与旅游扶贫的前提和保障，同时也是效应之一。其通过激发贫困社区及其居民的潜在优势，提高它们在发展过程中对内外部环境的适应性，扩大贫困社区和居民的权利，推动民族村寨社区旅游发展利益的转移和再分配，增权的对象包括作为个体的贫困居民、家庭以及社区组织，增权的方式包括经济增权、政治增权、心理增权、社会增权和文化增权等。

（三）空间生产理论

空间是人文地理学的核心概念之一，20世纪以来，人文地理学经历了"区域差异—空间分析—社会理论"三次重大变革，空间的内涵也不断随之演进[203]。"空间"的概念认知由物理空间扩展至文化空间、社会空间等。20世纪60年代，在科学实证主义思潮的影响下，西方计量地理学和区域地理学成为地理学科发展的主流，但20世纪70年代以来，西方国家民权与空间、贫穷与社会、经济与区域平等的诸多问题的产生对人文地理学中以"物理空间"为对象的科学解释产生了质疑[204]。1974年列斐伏尔（Lefebvre）出版了《空间的生产》一书，明确提出："空间是社会关系的产物而非容器""空间生产不是在空间中的生产而是空间自身的生产"，并进一步提出了空间分析的框架，将空间结构划分为空间实践（spatial practice）、空间的表征（representations of space）和表征的空间（space of representations）[1]。列斐伏尔（Lefebvre）认为空

---

① 空间实践（spatial practice）是作为经济生产和社会再生产基本过程的一部分，表现为可感知的物理意义上的环境；空间的表征（representations of space）是科学家、规划者、城市主义者、技术官僚和社会工程师等共同生产的概念化的空间；表征的空间（space of representations）是与物理空间重叠的属于居住者生活经历与经验的空间。

间不是空洞的，而蕴涵着某种意义，是社会建构的产物。其研究极大地拓展了地理学中"空间"的意义和范围，并迅速得到响应。福柯（Foucault）提出了"异托邦"（heterotopia）和"他者空间"（other space）等概念，探讨了现代社会中空间与知识、权力之间的互动关系。苏贾（2004）提出了"第三空间（third space）"的概念，将空间看作是赋予深刻文化意义的文本，从文化的视角来解读空间[205]。Harvey（1973）将空间划分为绝对空间（absolute space）、相对空间（relative space）和关系空间（relational space）[206]。Aase（1994）呼吁地理学研究应当从有限的空间类型中解放出来，要敢于将象征符号作为一种研究的数据来解释宇宙观，以及其他社会方式对于空间的构建作用[207]。段义孚将空间被赋予文化意义的过程看作是空间转化为地方的过程。他们的研究共同推动了人文地理学空间研究的"社会转向"和"文化转向"。空间也不再是一种简单的几何形态，而成为一种可供分析与解读的文本，空间生产过程中的权力、话语的政治分析也成为必然。空间生产理论的提出不仅推动了空间研究从宏观走向微观，同时也将社会、文化关系、话语权等纳入了研究范畴，极大地拓展了人文地理学研究的内容边界，对社会和文化的空间分析走向了空间的社会文化分析。当空间成为可以被解读的文本，人文地理学关注的焦点已不再局限于空间本身，而走向了建构和解读空间的方式与过程。从空间产生理论出发来审视民族村寨社区参与旅游扶贫问题，旅游扶贫的效应已不再局限于旅游发展对民族村寨社区和贫困人口的经济影响，而扩展至社会和文化空间的生产层面。不仅要关注社区参与旅游扶贫效应的结果，更应该关注社区参与旅游扶贫过程中内部不同利益主体和行动者之间，通过互动结构和权力关系所呈现出来的动态过程，并实现从空间与社会过程、空间与社会互动、空间与社会认同等不同层面探讨民族村寨社区参与旅游扶贫的空间效应。

（四）旅游场理论

"场"的理论最早产生于物理学，20 世纪 60 年代以来，场论已被广泛运用于地理学、经济学、社会学等学科的研究中。"场论"被移植到旅游研究领域后，与其相关的研究有两条路径[208]：其一，是以布迪厄等为代表的"场域"研究，是由各种"位置"关系所构成的一个社会网络空间。其二,在旅游地理学中,场是地理空间的概念,场的本质是物质间的一种相互作用关系,而这种关系承载于不同尺度的"区域"之中。社会学家布迪厄将"场"(field)定义为"在各种位置之间存在的关系网络(network)"[209]。"场域""资本""惯习"构成布迪厄场域理论的三个核心概念。其中,场域由位置关系所构成,是权力资本争夺的空间,场域中位置的占据者或者行动者运用各种策略分配而来的资本来保证或改善他们在场域中的位置,各种场域都是关系的系统[210]。惯习由积淀于个人身上的历史和社会关系所构成,社会关系是由不同主体在争夺各种权力或资本的分配中所处的地位决定的。在布迪厄看来,空间是社会性的和政治性的。社会空间的实质是一种权力和资本空间,各种不同的社会空间相互作用形成不同的场域,而资本的数量即位置关系构成场域划分的依据[211]。布迪厄创建性将个人在社会空间中的位置(阶层)与惯习联系起来,为厘清空间与资本、地理空间与社会空间之间的复杂关系提供了良好的分析框架。针对某一具体旅游地,围绕旅游开发所形成的关系网络或卷入到旅游活动中的各种社会角色所形成的关系类型,即可视为"旅游场域"[212]。透过布迪厄的场域理论,"民族村寨社区"不是一个均质的空间,其内部由占据不同位置、拥有不同资本、掌握不同话语权的个体组成,且存在显著差异性。社区参与旅游扶贫的过程也成为一个社会关系差异化再生产的过程,是位置、资本、权力和利益等要素和力量对空间的重塑过程。因此,研究和探讨民族村寨社区参与旅游扶贫的影响因素和效应有必要对民族村寨内部不同个体与群体、个体与个体、群体与群体间的复杂关系予以解析,尤其是在社区参与旅游扶贫过程中占据重要位置的民族文化精英、旅游致富带头人、基层党组织代表等,他们的角色和作用尤为值得关注。

另一个对民族村寨社区参与旅游扶贫有重要启示意义的理论是"旅游流空间场效应理论"。旅游流的空间效应表现为旅游流在其空间转移过程中所造成的区域影响。场的本质是一种相互作用形式,旅游流的空间场效应表现为旅游流在各旅游节点上和节点间的集聚和辐散过程,其描述的对象虽然指向旅游流,但表征的却是特定旅游节点对旅游者的吸引力大小以及旅游节点间的相互作用关系[213]。旅游者的空间移动及其消费是旅游扶贫空间效应产生及演变的直接动力,大众旅游构成了现代性背景下规模最为宏大的一种流动现象和社会事实。以全球化为特征的现代性使当今世界处在一个史无前例的"时空收敛"（time-space compression）之中，旅游者的流动带来了与之相伴的各种资源、关系、权力等的流动，进而引发社会文化关系和经济关系的流动，通过社区参与旅游，贫困地区的地理条件差异和资源分布不平等关系得以被打破，并获得更多发展机会，贫困地区的社会分工和社会权力结构也因流动而得以重构，进而催生社会和文化空间的再生产效应。与此同时，旅游者的空间流动为作为旅游目的地的社区的经济、社会、文化和环境变迁提供了动力，任何一个参与旅游发展的社区均不可能保持封闭而要与周边社区及背景区域发生空间关联，社区参与旅游扶贫的效应尤其是经济效应的扩散也成为一种必然。这也意味着必须从更加宏观的区域尺度和空间作用关系层面来理解和描述民族村寨社区参与旅游扶贫的空间效应。

（五）空间相互作用理论

空间是对地球表层的一种抽象，但空间并不是孤立的，彼此分离的空间之间相互依存和影响，对于空间差异及其关联的分析和描述构成了地理学研究的重点。空间相互作用理论的形成受到了物理学中牛顿万有引力原理的影响。20 世纪 40 年代美国普林斯顿大学的斯图瓦特（Stewart）就尝试采用万有引力理论解释该校学生就读的距离衰减特征。1972 年，地理学家哈格特参照物理学热传递的内容划分了对流、传导及辐射三种城市区域空间相互作用的形式，并指出城市间的互补性、通达性和可介入性是城市空间相互作用发生的前提。空间虽然是彼此分离的，但是不同层次的空间存在相互作用，区域间相互作用的程度可以根据商品、人口、技术、信息等要素的传输量，借助空间相互作用模式来进行估算。这一过程可借助于数学语言来予以表述，代表性的如引力模型、重力模型和城市流强度模型等。在旅游研究中最为人们所熟知的是旅游引力模型和旅游距离衰减模型。从空间相互作用理论出发，民族村寨社区参与旅游扶贫空间效应的研究并不能局限于社区本身，作为一个空间地域单元，民族村寨社区不是封闭空间，在旅游扶贫开发的过程中，不同社区之间、社区与背景区域之间必然存在互动与关联。旅游扶贫空间效应的探讨及策略选择研究均应立足于空间作用的前提，而就社区参与旅游扶贫的具体空间作用形式来看，可以呈现为"乡村—城市""旅游社区—非旅游社区""旅游目的地—旅游集散地"等之间的"核心—边缘"作用形式，也可以呈现为旅游交通廊道串联下，不同旅游吸引物节点、社区、城市乃至县域、省域之间的"点—线—面"空间作用形式，并在区域旅游发展的不同要素组合、不同空间尺度下，分别呈现出"极化"和"涓滴"效应。

三、民族村寨社区参与旅游扶贫的作用机制

（一）社区参与和旅游扶贫的关系

在社会学、政治学、旅游学等学科的研究中，社区参与是极为宽泛的范畴。从社区参与的内容来看涉及社区的经济参与、社会参与、文化参与和政治参与等。从社区参与的具体过程来看，参与包括决策及选择过程的介入、贡献与努力、承诺与能力、动力与责任、乡土知识创新、对资源的利用与控制、能力建设、利益分享、自我组织等不同方面[165]。社区居民的参与是实现社区居民增收和旅游扶贫可持续发展的内在驱动力。社区为旅游扶贫提供空间载体，从旅游开发的过程来看，社区居民不仅是社区资源的拥有者和社区文化的承载者，更是社区旅游资源的重要组成部分。因此，社区参与构成了旅游可持续发展和社区全面发展的前提[3]。自20世纪八九十年代以来，国内外学者就强调社区参与是旅游可持续发展宏观系统中不可或缺的机制，并纷纷从社区角度来思考旅游开发的问题。从国内外将旅游发展作为反贫困的实践经验积累来看，旅游扶贫参与主体不足、发展后劲乏力、旅游扶贫体制僵化、各方积极性难以发挥、旅游扶贫创新机制不全、利益分配缺乏公平等问题莫不与社区参与有着千丝万缕的联系[10]、[53]。旅游扶贫中"飞地"和"漏损"问题也与其紧密相关。在国外，通过PPT项目的实践，Ashley等（2001）公开呼吁："对于技术和财产均极度匮乏的贫困人口来说，PPT并非万灵药。社区尤其是社区内贫困人口在旅游发展中的收益应该获得更多的关注"[24]。"如果社区都没有充分地理解旅游产业的功能或是如何去吸引游客并管理游客，那么他们将很难从旅游开发中获得收益"[4]。

由于区域旅游发展和反贫困背景的特殊性，对于广大贫困地区而言，在旅游扶贫开发过程中，政府和企业大多处于较为强势的地位，而社区居民处于弱势地位，使得政府、企业和社区居民难以平等对话，影响了旅游扶贫的效率和效果。从这层意义上老说，社区参与最大的作用就在于通过对社区结构的逐步分化和重构来克服社区居民群体决策的分散性和模糊性，并因此改善社区居民作为利益主体的谈判地位[129]。系统梳理国内外学者的观点，可将社区参与旅游扶贫的优势概括如表 2-4 所示。

表 2-4　社区参与旅游扶贫的优势

代表人物	核心观点
Bramwell 等（1999）[214]	社区参与可以减少旅游开发过程中的矛盾和冲突，提升社区的政治合法性，改进政策在自然、经济、社会和环境等方面的协调能力
Tosun（2000）[169]	社区参与能够确保社区居民获得更多分享旅游收益的机会，确保旅游可持续发展
Muhanna（2005）[215]	社区旅游扶贫的开展需要满足两个基本条件，即贫困与独特的资源，现实中贫困地区独特的资源与环境紧密相连，社区参与能有效促进自然环境的保护
Shah 等（2009）[216]	在贫困人口没有更多选择的发展中国家，私营企业中的微小企业在地区经济增长、创造就业机会、改善贫困人口生活和解决多维贫困、提升应对经济脆弱性能力等方面扮演重要角色，而社区参与可以有效地促进贫困地区中小企业发展
漆明亮等（2007）[187]	社区参与可以提升旅游发展的可持续性，有益于确保旅游扶贫核心目标（贫困人口受益）的实现，也有利于稳固社区的发展和保障贫困人口的长远利益，同时解决政府主导过多的问题，吸纳更多的社会力量参与扶贫
张娅莉（2013）[217]	社区参与旅游扶贫不仅可以保持当地居民的主人翁地位和对旅游发展的认同感，也有利于当地居民文化素质的提升，确保旅游扶贫目标的实现。同时，社区参与可以保护环境，促进旅游业可持续发展
陈志永（2015）[3]	社区参与能够为旅游发展提供强大的群众基础，改善旅游体验环境，培养社区居民的民主参与意识，通过社区内部自我调节，规避因参与行为失序而造成的社会失范
杨德进（2015）[4]	社区获得大部分收入，减少当地经济的漏损；旅游发展与地方经济发展联系更加紧密；社区居民参与管理，获得管理能力
冯伟林等（2017）[189]	能较好地满足贫困社区旅游发展的需要，使贫困人口真正得到旅游发展的利益，提升社区贫困人口的自我发展能力
何莽等（2019）[7]	通过制度增权，社区参与对旅游扶贫产生良好的促进作用，对于解决景区富裕而社区居民贫困这一问题具有良好成效
何彪等（2019）[218]	社区参与旅游扶贫起到承上启下、监督和反馈的作用，引导扶贫资源流向当地贫困人口，实现精准减贫与社区治理的目标

综上，社区参与既是实现区域旅游可持续发展的重要手段，也是优化旅游扶贫在经济、社会、文化和生态方面综合效应的有效途径，这在滇西边境山区表现得尤为显著。滇西边境山区集自然环境复杂性、生态系统脆弱性、经济发展边缘性和社会文化过渡性于一身，社区参与完全切合当地旅游扶贫的现实背景和需求。

当然，在实践中，社区参与的旅游扶贫模式也面临诸多的障碍和困扰。包括由于缺乏技术和资金，很多社区面临政治权利不足、产权不清，无力行使土地开发决策权的问题，并由此导致社区旅游产品开发不当和市场营销不力[218]。此外，社区居民民主意识淡薄，参与意识不强；机制不健全，参与渠道不畅；整体水平低，参与能力弱；旅游决策中的精英主义、旅游资源产权不清、农村居民对话能力低下等都是制约社区参与旅游扶贫的普遍性限制因素[102]。与此同时，在民族地区社区参与旅游扶贫的过程中，还暴露出了社区居民对非物质文化遗产认知同质化，民风民俗面临巨大冲击，社区居民个人现代性下引发民族村寨开发"公地悲剧"现象等，并集中表现出民族村寨社区参与旅游扶贫过程中的"大户垄断"、民族文化蜕变、旅游产品同质化、旅游公共产品供给不足、旅游接待无序竞争等问题[3]、[219]。

（二）社区参与旅游扶贫的形式

桑德斯基于不同学科的视角将社区的概念归纳为四类，即一个居住单位、一个空间单位、一种生活方式和一种社会互动[220]。国内外涉及"社区"的定义已有百余种，在相关界定中，地域、互动和认同均构成社区的基本要素[165]。在很长一段时期内，我国的旅游学术研究主要是对欧美发达国家成熟理论体系的学习和借鉴。但是，中西方不同的社会经济文化背景和旅游消费习惯，决定了西方的旅游理论和方法在移植到国内用于描述和解释相关旅游现象时，都在一定程度上存在着适用性和局限性的问题[221]。在国内社区参与旅游扶贫的相关研究中，研究者们大多沿袭国外理论范式，强调了社区参与旅游的决策、开发、规划、管理、监督等。事实上，社区参与是一个动态的过程，在不同旅游目的地，乃至同一旅游目的地的不同发展阶段，社区参与旅游的内容及形式均存在一定差异。对此，部分学者进行了相应的总结和概括，如表 2-5 所示。

表 2-5　国内外社区参与旅游的阶段划分及形式

代表人物	核心观点
Butler（1980）[89]	强迫接受参与（imposition）、请求式参与（petition）、建议式参与（advice）、代表性参与（representation）、平等参与（equation）
Petty（1995）[222]	象征式参与（manipulative participation）、被动式参与（passive participation）、协商参与（participation by consultation）、物质激励参与（participation by incentives）、功能性参与（functional participation）、交互式参与（interaction participation）、自我动员参与（self-mobilisation participation）
Tuson（2000）[169]	被动式参与（不参与旅游决策和管理，参与局限于政策实施的配合）；诱惑式参与（在当地政府和开发商的支持下，逐渐参与旅游行为）；主动式参与（社区居民拥有管理和决策权，积极介入到旅游社区的营销和环境保护）
郑向敏等（2002）[223]	初级参与层次（在景区内摆设零散摊位，出售一些简单的商品，出卖劳动力，为景区建设打工等）；积极参与层次（社区居民参与的主动性增强，注意对环境的保护，但民主参与意识薄弱，参与形式只是简单地配合旅游业发展）；成熟参与层次（社区居民参与意识强烈，并关注旅游业的可持续发展，形成较为完备的社区参与机制，社区的开放度高且参与范围广）
胡志毅等（2002）[224]	个别参与（个别居民不自觉地参与旅游，参与动机不以营利为目的，几乎不产生社会和环境的问题）；组织参与（部分社区居民有组织地参与旅游，且以营利为主要目的，旅游发展中的社会和环境问题开始出现）；大众参与（大多数社区居民参与旅游发展，且开始兼顾旅游发展的经济、社会和环境效益，社会和环境问题也日益突出）；全面参与（社区居民自觉并全面参与旅游发展，兼顾旅游发展的经济、社会和环境效益，社会和环境问题得以有效遏制，形成共生关系）
卞显红等（2005）[225]	旅游与社区一体化的低级阶段（少量个体或家庭从旅游发展中获益，社区承受旅游发展的负面效应，社区没有权利参与决策）；旅游与社区一体化的高级阶段（当地社区居民广泛参与旅游发展并能从中受益，部分旅游收益被用于社区发展的目的，社区能够为当地居民最大限度地参与提供机会）
李炳宽等（2008）[226]	未参与型（旅游开发和社区发展都处在低水平状态）；被动参与型（社区还不具备深入参与旅游发展的能力，但在各种外部因素的推动下，通过利益分配机制和参与机制等方面的制度化安排，旅游发展开始对社区产生一定带动作用）；主动参与型（社区具备深入参与旅游发展的条件，但外部因素对社区参与存在一定障碍，社区居民参与旅游发展的诉求显著提升）；成熟参与型（内外部因素产生很好的协同作用，旅游开发与社区建设相整合，旅游业得以实现可持续发展，社区也步入良性发展轨道）

综上，就社区参与旅游扶贫来看，至少涉及三个方面的特征：其一，社区参与旅游扶贫的形式具有多样性。如果将社区视为"地域单元"，其参与的形式可体现为土地入股、环境保护、产品开发、项目决策等。将"社区"视

为人群共同体，其参与形式也可以体现为参与酒店、景区就业，制作和出售当地特色工艺品，经营特色民宿、农家乐，开展民族文化展演、提供导游解说服务等。其二，社区参与旅游扶贫具有层次性。从国内外学者的研究积累来看，社区参与旅游发展体现出由低到高、由浅入深的层次差异，呈现为从早期向旅游者和旅游企业出售产品和劳动力向较高层次的制度化参与，社区居民对参与社区旅游发展效益的认识也从经济效益扩展至社会、文化和生态各个方面。在此过程中，社区居民参与旅游的范围、能力和意识均不断提升，社区系统拥有了更强的开放性和组织性。其三，社区参与旅游扶贫具有动态性。社区参与旅游扶贫的过程是社区、政府、企业、其他社会组织等不同利益关系主体博弈的结果，其实践立足于区域旅游发展的资源、经济、交通和社会文化生态等各项要素条件约束，在不同的要素组合及条件驱动下，社区参与旅游扶贫将体现出演变特征。这本身也彰显出了社区参与旅游扶贫系统的复杂性和差异性。

（三）社区参与旅游扶贫的驱动机制

国内外学者对于社区参与旅游扶贫的"动机"讨论并不充分。研究者们更多着眼于社区参与旅游和旅游扶贫的效应，而对社区参与旅游扶贫的内在过程和机理却缺少必要的揭示。在地理学对旅游扶贫问题的研究中，关注的焦点也主要在于旅游扶贫效应（或效率）的空间分异和变化，对于其内在过程较少涉足。因此，民族村寨社区参与旅游扶贫机制的研究无疑是十分紧迫和有价值的。"机制"原指机械的构造及其运行原理，在生物学中，"机制"表征为生命体的结构及其运动机理，而在社会学中，"机制"是系统的构成要素及其内部结构和运行规律。驱动机制是影响事物发生、发展的相关要素及其组合，其特别关注因素间的作用过程、作用关系及作用规律。驱动机制研究既包涵对驱动要素的总结，也要对要素结构描述，更要揭示要素运动变化的规律。

1. 社区参与旅游扶贫的动力模型

旅游扶贫以旅游发展为前提，因此，民族村寨社区参与旅游扶贫首先涉及民族村寨旅游发展的问题。旅游开发的目标在于提高游客的参与量，通过吸引更多的游客进入该区域，花费更多的金钱在旅游活动上，从而创造更多的工作岗位、新的收入和税收。而游客数量同时受制于需求和供给两大因素。具体如图 2-2 所示。

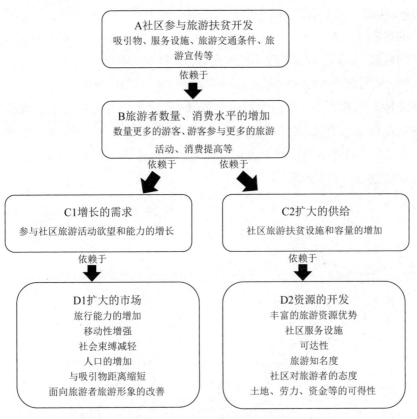

图 2-2 民族村寨社区参与旅游扶贫开发的关联体系

图 2-2 中，扶贫是目的，但旅游发展构成民族村寨社区参与旅游扶贫的基础，民族村寨社区及其背景区域旅游发展的规模和水平将直接影响旅游扶贫的效率和效果。民族村寨社区参与旅游扶贫的过程离不开旅游发展的背景和前提，并遵循区域旅游发展的市场规律和特征。与此同时，民族村寨社区参与旅游扶贫的关键还在于"社区参与"。在社会学的研究中，社区参与动机的讨论分别涉及本性论、理性选择论、功利主义学说、马克思主义公民参与观等[227]。要想深入揭示社区参与的机制，有必要对社区参与的影响因素

予以概括，才能进而探讨不同影响因素间的作用关系及过程。对于社区参与的影响因素，Asher（1984）的研究常常被中外学界引以为绳墨，在 Asher 看来，当且仅当P+D+B－C＞0，社区居民才会自觉地参与公共事务。其中，"P"（Prospection）指的是参与的心理预期，其表现为社区居民参与过程中对实现目标的可能性判断。"D"（Duty）指社会责任和公民精神，"B"（Benefit）指参与的收益，"C"（Cost）指参与的成本，其体现为参与的时间、经历、物质投入等。在社区参与的 4 个核心影响因素中"P、D、B"构成推力因素而"C"构成摩擦力因素[165]。国内学者借鉴 Asher 社区参与的分析框架，概括出社区参与的两大动力机制，即利益驱动和认同驱动[228]。结合社会学中社区参与的相关研究成果，可以将民族村寨社区参与旅游扶贫的驱动机制以"模型"的方式描述如图 2-3 所示。

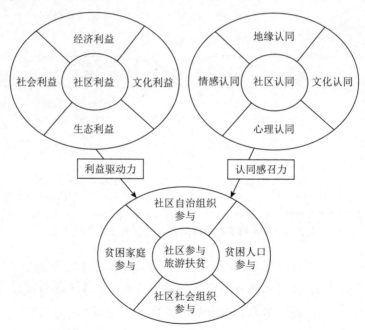

图 2-3　民族村寨社区参与旅游扶贫的"双驱力"模型

上述模型中，民族村寨社区参与旅游扶贫的动力同时来自"利益驱动"和"社会认同"。按照理性选择理论"经济人"的前提假设，个人参与公共事务是基于共同利益，群体团结的程度与个体对于群体的依赖程度有关。"社区"的形成很大程度上正是根植于生产力落后的背景，人们在追求共同的利益的过程中结成了社区，社区从一开始就是谋求共同福利的场域[165]。因此，民族村寨社区参与旅游扶贫的动力首先来源于社区居民从旅游发展获益的预期以及实际的收益情况。作为旅游扶贫的效益同时体现在经济（如增加就业、收入、税收等）、社会（如改进基础设施、增进社会福利等）、文化（如弘扬传统或民族文化、增强文化自信等）、生态（如改善自然环境、促进生态保护等）等方面。早在 2012 年国内已有 27 个省份将旅游业作为支柱产业，旅游发展在全国各地的成功经验及成效为贫困地区、贫困家庭和贫困人口参与旅游发展描绘了宏伟蓝图。加之，囿于自然、资本和市场等因素的限制，通过发展旅游实现产业升级和替代，也成为具有旅游资源先天优势的贫困民族地区参与旅游发展的内在逻辑起点。与此同时，就民族村寨社区参与旅游的形式来看，其同时涉及个体层面的参与和组织层面的参与，个体参与体现为以贫困个体家庭和贫困人口为单元的参与，而组织参与体现为主要以社区村委会或党支部为载体的社区自治组织参与，以及以农业合作社和旅游协会等为形式的社区社会组织参与。

作为一种社会关系互动的"场域"，社区是由具有共同生产物、价值、思想、制度、组织规则的人员集合而成的多元复合体[209]。作为一种功能和意义场所的集合，社区不仅是一个静止的物质性的个体，同时也是生活的空间，借助于社区空间互动的行为与关系，社区居民将所在的世界具体化[229]。一方面，民族村寨社区的价值、规范和信任都需要通过社区关系网络的沟通来实现，社区认同促进了社区成员的利益趋同，从而增进公共利益。另一方面，居民参与社区事务越多，其自豪感和主人翁意识越强，社区归属感也越明显。这种社区成员基于共同的地缘和血缘关系所形成的"情感认同"构成了民族村寨社区旅游的"地方感"（the sense of place）。地方是"人们通过环境感应和认知，以自己个性化的对周边事物的意义的理解为基础，在心理上构筑出的对特定时空的体验。地方不只是一个客体，它更被每一个个体视为一个意义、意向或感觉价值的中心。文化地理学认为，一个地区长期积累的文化以及人们对它的文化认同，就使得该地区具有了地方性[230]，地方性不仅是地理现象，而且是丰富的人类经验。没有人的经验，地方就不能被构成，也不能被解释"[231]。地方感的形成基于主体对地方的情感需要，这种情感以一种文本形式记录下来，可以强化作为主体的地方认同[232]。当一个人在一个地方生活久了，就会对自己的生活环境产生感情，形成特定的"恋地情结"（topophilia）[233]。作为人们通过个人思想、共同的文化和社会实践建构出来的一种地方意义，地方感以地方依恋（place attachment）、地方依附（place dependence）、地方认同（place identity）等不同形式呈现出来，表征着特定时空背景下人与地方的关系[234]。人们通过地方的意识来定义自己，让"空间"成为"家园"，而地方也不再仅仅是地球上的一些地点，每个地方都代表了一整套的文化，不仅表明你住在哪里，你来自何方，而且说明了你是谁[233]。一方面，作为一种"对他而自觉为我"的共同体，在适应文化生境的过程中，民族村寨社区居民基于长期的社会互动过程形成了地缘、心理、情感和文化的认同，这种地方感塑造了民族村寨社区旅游发展过程中的文化自觉和文化自信，构成了贫困地区民族村寨社区参与旅游发展的无形感召力。另一方面，作为一种群体的记忆，地方感又通过民族村寨建筑、节日活动、婚丧嫁娶等外显的方式表达出来，形成民族村寨社区旅游发展的特色景观和吸引物，其通过强化地方的特质性，构成旅游发展的吸引力，并通过旅游发展的效应反作用于社区认同。值得强调的是，这种基于地方的归属与认同并非总是在一个固定的状态上，其处在一个不断变化与重构的动态过程中，是一个不断对地方进行想象与再想象的过程[235]。这一过程也将直接影响到民族村寨社区居民参与旅游发展的态度和主客互动关系。

2. 社区参与旅游扶贫的动力系统结构

20 世纪 40—50 年代期间出现的系统工程（systems engineering）和一般系统论（general system theory）对自然和人文社会科学的研究产生了深远的影响。系统是由具有相互联系、相互制约的若干组成部分结合在一起并具有特定功能的有机整体。系统本身就是物质的一种存在方式，世界上的一切物质的派生现象都是以系统的整体状态存在着，具有一定的组织与等级层次，具有一定的结构和功能，其结构是由整体内各因素相互关联而组成的，结构关联性决定该系统的功能[236]。在探讨旅游发展相关影响因素及其作用关系时，系统论表现出了强大的解释力。从20世纪70年代开始，伴随着大众旅游的蓬勃发展，为了深入描述旅游现象，西方学者引入了"系统"的概念，通过建立旅游系统模型，搭建旅游研究框架，并将其作为旅游现象研究的重要理论。由于学科背景不同，研究者们基于各自的研究立场，分别从不同的角度构建旅游系统的模型框架，探讨旅游发展的动力机制。但是，几乎所有的研究者都强调了旅游者和旅游吸引物这两大要素的核心地位。将旅游者视为旅游系统的主体，旅游系统最重要、最根本的功能是满足旅游者的体验，旅游系统是附生在旅游需求之上的[237]。而"旅游吸引物又构成旅游的核心，没有旅游吸引物实质上就没有旅游"[238]。争议主要源于旅游支撑系统（或旅游媒介）本身，不同研究者通常会溯及旅游业、交通、服务、营销等各个方面。结合前人的研究，我们也可以从旅游系统的角度来认识民族村寨社区参与旅游扶贫的动力结构。

民族村寨社区参与旅游扶贫系统是一种复杂的空间地域系统，是贫困地区的历史、自然、社会、经济、文化、生态等多系统组成的人地时空地域系统，民族地区贫困问题的复杂性、旅游发展环境和条件的特殊性，以及社区参与旅游过程的阶段性共同造就了民族村寨社区参与旅游发展影响因素及其作用机理的复杂性。借鉴前人的研究成果，可以将民族村寨社区参与旅游扶贫系统视为由旅游扶贫需求系统、旅游扶贫中介系统、旅游扶贫供给系统和旅游扶贫支持系统4个子系统构成的巨系统，系统发展的动力可归纳为：环境支撑力、市场推动力、中介影响力和资源吸引力4种作用力的综合影响，可将民族村寨社区参与旅游扶贫的系统动力结构以图式的方式表达如下：

在图2-4中，民族村寨社区参与旅游扶贫的驱动力是贫困地区旅游发展各项要素协调互动的过程与结果。民族村寨社区的旅游发展离不开持续的需求和吸引，同时还要有良好的环境支持和积极主动的中介引导。其中旅游扶贫的需求系统构成社区参与旅游扶贫开发的"推力"因素，由区域社会经济（水平、稳定性）、旅游者偏好、旅游激励措施、消费观念、信息通达度等因素构成，是推动民族村寨社区旅游发展的内在因素；旅游扶贫的供给系统构成社区旅游扶贫开发的"拉力"因素，由旅游发展氛围、景区知名度、区位条件、旅游合作平台、空间竞合等因素构成，与旅游吸引物和贫困社区作为

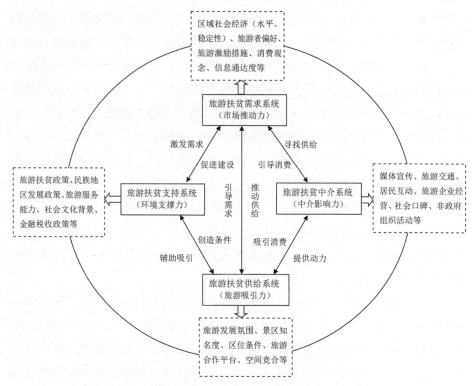

图 2-4　民族村寨社区参与旅游扶贫的动力系统结构

旅游目的地自身的属性密切联系，提供社区旅游发展的吸引力。就二者的关系来看，供给系统可以引导需求的变化，而需求系统推动供给的调整。二者相互耦合形成推动整个系统发挥作用的原动力；旅游扶贫的支持系统主要由旅游扶贫政策、社区旅游发展的服务能力、金融、税收政策、人才、社会文化等因素构成，是支撑社区旅游扶贫开发的环境要素。支持系统可以激发旅游需求，而需求系统本身的繁荣与发展又能促进支持系统的建设。对于旅游扶贫供给系统而言，支持系统运行的状态影响其吸引力的大小，发挥"辅助吸引"的作用。同时，供给系统的发展又能为社区参与旅游扶贫开发环境的改善创造条件；旅游扶贫中介系统由媒体宣传、旅游交通、居民互动、旅游企业经营、社会口碑、非政府组织活动等因素构成，是联系推力系统和拉力系统的桥梁和纽带，其引导旅游客源地的消费行为（需求系统），并为旅游目的地寻找卖点和供给（供给系统）。对于旅游供给系统而言，中介系统能够为其引起关注、吸引消费，并实现贫困地区社区旅游发展的规模经济效益，而供给系统的繁荣又能为中介系统的壮大提供政策、资金、人才等方面的动力保障。四个子系统和四种作用力之间相辅相成，构成民族村寨社区参与旅游扶贫发展的动力系统结构。与此同时，由于社区参与旅游扶贫系统的复杂性，使得不同时期和不同区域尺度下，贫困民族村寨社区旅游各驱动因素的作用机制会显现差异。进一步归纳民族村寨社区参与旅游扶贫四大系统内各项要素间的关系，可以发现：

其一，旅游者需求构成民族村寨社区参与旅游扶贫的核心动力。旅游者活动是实现旅游发展同时也是旅游扶贫的前提，旅游者消费是民族村寨社区参与旅游扶贫空间效应产生的源泉。旅游是一个行为和范式在统一背景下不断发展变化的过程。旅游者是其中的动态变量，通过他们的行为不断推动和再造旅游的形式和旅游地。旅游业可以打造和推广很多地方，但只有一个地方有了旅游者，人与地、人与人之间产生了互动，形成了一定机制、关系和行为，这个地方才可能称为旅游地[170]。任何旅游扶贫项目都必须符合游客的兴趣和需求，否则旅游开发就无法获得经济效益，甚至有可能造成环境的破坏，导致社区冲突的产生[239]。旅游尤其是大众旅游是现代性的产物，现代性与旅游之间存在诸多关联（见表2-6）。

表 2-6　现代性与旅游的作用关系 [①]

"现代性"的特征	"现代性"的内容	"现代性"与旅游现象的联系
时空特征	流动性；全球化；时空收敛	①旅游活动的大众化；②旅游"吸引物"在世界范围内被建构；③旅游市场在全球的扩张；④观光旅游的发展；⑤第四世界旅游业的兴起等
社会特征	生态恶化；城市化；标准化；商品化	①生态旅游（软旅游）的发展；②主题公园的兴起；③旅游开发中的民族文化商品化；④旅游体验的真实性问题；⑤个性化旅游；⑥遗产旅游的兴盛；⑦乡村旅游发展；⑧旅游开发中的"迪士尼化"；⑨旅游服务设施的标准化等

① 旅游与现代性的关系具体可参见作者前期发表文章：董培海，李伟.旅游、现代性与怀旧——旅游社会学的理论探索 [J] . 旅游学刊，2013, 28（4）：111-120，本表引自该文。

续表

"现代性"的特征	"现代性"的内容	"现代性"与旅游现象的联系
精神特征	理性原则；工具价值；世俗化；人际关系疏离；人性的分裂和异化	①旅游与休闲的边界日益模糊；②旅游者需求世俗化；③旅游者追求旅游过程中的享乐和愉悦，对于旅游对象的意义的关注逐渐减弱等

现代性催生了大众旅游，带来了当下人口规模空前的流动，为旅游发展提供了动力。在此过程中，旅游者活动和需求正发生一系列的深刻变化，一方面，在后现代旅游中，旅游消费发生了变化，由于消费者的支配角色的不断强化，对于个性化旅游产品的需求日益增加。另一方面，旅游的审美特征也正悄然发生变化。在快乐哲学和快活主义大行其道的当下，人们的旅游审美需求也开始不再超脱，逐步远离静观和无功利，趋向以休闲为中心的体验和参与。旅游走向全民化、普及化和生活化，褪下获取知识、陶冶性情、实现价值的神圣外衣，而走向放松身心、怀乡念亲、追求欢娱的世俗体验[240]。在此背景下，带有极强的怀旧色彩和世俗化特征的乡村旅游和民俗旅游也迎来了前所未有的发展契机。旅游活动和日常生活走向融合，欠发达地区传统的外部客源市场日益向内部客源市场转向，近程化旅游市场的崛起为身处贫困地区的民族村寨社区参与旅游发展提供了重要机遇，参与旅游发展成为民族地区贫困人口脱贫致富的重要手段。

其二，旅游吸引力构成民族村寨社区参与旅游扶贫的直接动力。在国内学者对旅游扶贫和社区参与旅游扶贫的概念界定中，研究者们强调了"旅游资源"是旅游扶贫包括社区参与旅游扶贫的基础条件。在 2011 年国家旅游局和国务院扶贫办签订的《关于推进旅游扶贫工作的合作框架协议》中就明确指出我国旅游扶贫的对象应与《中国农村扶贫开发纲要（2011—2020 年）》所指定的范围一致，但作为旅游扶贫的内在要求，还需要扶贫对象和范围具有"旅游资源相对丰富"的基本条件。在整个民族村寨社区参与旅游扶贫系统中，旅游资源及其吸引力构成重要的组成部分。"没有旅游吸引物，旅游将不复存在"①，"旅游者"的概念总是相较于特定意义上的"旅游吸引物"而得以成立的[241]。旅游目的地的吸引物是旅游供给系统中最重要的组成部分，它们构成了旅游系统中的活力单元，旅游吸引物不仅吸引、刺激人们产生旅游的兴趣，同时提供游客满意度[239]。在现代性的语境下，通过各种"非现代"的旅游景观体验，人们得以实现对现代性所带来的精神危机的逃避。那些表征着过去的（历史）、自然的（生态）、本真的（民族）、田园牧歌式（乡村）的审美价值的旅游吸引物表现出了非凡的吸引力。在现代性的推动作用下，乡村地区和民族地区均成为大众旅游者凝视的对象。旅游者的足迹遍及世界的每一个角落寻找差异，地处偏远、交通不便、经济发展落后的贫困民族地区也被卷入现代旅游产业发展的洪流之中，民族村寨社区成为参与区域旅游发展的重要力量。

其三，旅游扶贫政策构成民族村寨社区参与旅游扶贫的重要支撑力。贫困民族地区由于地处偏远、生态环境脆弱、市场发育程度低、社会经济发展水平滞后，旅游扶贫开发的前期投入较大且面临诸多风险，对于不具备旅游资源垄断性优势的区域而言，企业尤其是大型企业一般不会介入。政府部门对于旅游扶贫相关政策的制定和实施可以有效地扭转区域劣势，同时增强贫困社区参与旅游发展的信心和动力，打破贫困民族地区旅游发展的困境。自精准扶贫战略实施以来，发展旅游一直是各级政府部门落实产业扶贫措施的重要选择，"十二五"期间，仅中央政府部门就密集出台多个支持旅游扶贫的政策文件，如表 2-7 所示：

表 2-7　"十二五"期间我国中央政府出台的旅游扶贫主要文件

时间	文件名	文号	主要内容
2011.5	《中国农村扶贫开发纲要（2011—2020 年）》	中发〔2011〕10 号	明确了集中连片区、贫困县和贫困村是未来的主战场，首次提出充分发挥贫困地区生态环境和自然资源优势，大力推进旅游扶贫

---

① 说明："旅游资源"是国内特有的表达，英文文献中与之对应的表述是"旅游吸引物"（"tourist attraction"或"tourism attraction"），国内学界对于"旅游资源"和"旅游吸引物"的概念并未严格进行区分，保继刚等认为旅游资源与旅游吸引物是同一个概念。在国内研究的具体表述中，旅游地理学者多倾向于使用"旅游资源"的概念，而旅游社会学、旅游人类学的研究中则多用"旅游吸引物"。

续表

时间	文件名	文号	主要内容
2013.12	《关于创新机制扎实推进农村扶贫开发工作的意见》	中办发〔2013〕25号	明确了"加强贫困地区旅游资源调查,围绕美丽乡村建设,依托贫困地区优势旅游资源,发挥精品景区的辐射作用,带动农户脱贫致富"
2014.8	《国务院关于促进旅游业改革发展的若干意见》	国发〔2014〕31号	大力发展乡村旅游,加强乡村旅游精准扶贫,扎实推进乡村旅游富民工程,带动贫困地区脱贫致富
2015.8	《国务院办公厅关于进一步促进旅游投资和消费的若干意见》	国办发〔2015〕62号	推进乡村旅游扶贫,到2020年,全国每年通过乡村旅游带动200万农村贫困人口脱贫致富,扶持6000个旅游扶贫重点村开展乡村旅游,实现每个重点村乡村旅游年经营收入达100万元
2015.11	《中共中央国务院关于打赢脱贫攻坚战的决定》	中发〔2015〕34号	发展特色产业脱贫,依托贫困地区特有的自然、人文资源,深入实施乡村旅游扶贫工程
2016.12	《"十三五"旅游业发展规划》	国发〔2016〕70号	实施乡村旅游扶贫工程,开展旅游扶贫公益行动、电商行动、万企、万村帮扶行动,实施金融支持旅游扶贫行动、旅游扶贫带头人培训行动等,启动旅游扶贫观测点计划
2016.11	《"十三五"脱贫攻坚规划》	国发〔2016〕64号	将"旅游扶贫"列为产业发展的重要手段,提出了"旅游基础设施提升工程""乡村旅游产品建设工程""森林旅游扶贫工程""乡村旅游后备箱工程""乡村旅游扶贫培训宣传工程""休闲农业和乡村旅游提升工程"六大旅游扶贫工程

在此期间,国家还专门针对少数民族地区发展制定了指导性文件,如《兴边富民行动规划(2011—2015年)》《扶持人口较少民族发展规划(2011—2015年)》《关于加强和改进新形势下民族工作的意见》等,加大对少数民族地区扶贫开发和旅游发展的支持力度。相关规划及意见的实施,为民族村寨社区参与旅游扶贫提供了良好的政策环境。

四、民族村寨社区参与旅游扶贫空间效应分析的框架

（一）社区参与旅游扶贫效应的认知

在区域旅游扶贫开发过程中，社区参与旅游的形式、程度与规模等都不是静止的，由于资源条件、旅游发展时间和发展规模等的差异，社区参与旅游扶贫是一个动态的系统。就旅游开发的主体构成来看，"社区参与"是区别于"政府"和"企业"主导的一种扶贫开发模式，而无论是政府、企业还是社区主导的旅游扶贫开发模式选择均存在一定的优势与不足，具体如表2-8 所示：

表 2-8　政府、企业和社区主导的三种旅游扶贫模式特征比较 [①]

模式类型	模式描述	主要做法	主要优缺点	代表案例地
政府主导模式	政府凭借其在资源整合、资金筹措、行政管理及监督等方面的优势，通过制定法律及政策措施引导旅游规划和投资，对贫困地区的旅游开发给予支持	政府主导旅游规划开发、基础设施建设、制定引资政策和融资导向、培训旅游人才、提高贫困人口对市场和资源的可进入性、监督环境保护、完善法规建设、加强区域合作、开展旅游目的地营销、激励社会组织参与旅游扶贫、通过转移支付扶贫	优点：可以整合资源有效推动旅游扶贫工作，有利于推动基础设施建设 缺点：旅游扶贫对象瞄不准，贫困人口受益有限，形成旅游扶贫开发中的"飞地"	贵州西江千户苗寨、惠水好花红千户布依寨、腾冲银杏村

---

① 说明：在实际旅游扶贫开发中，三种模式的划分具有一定相对性，国内外诸多旅游目的地的扶贫开发是在政府、企业和社区三种力量的同时作用下开展的，同一旅游目的地在其发展的不断阶段和时期主导的力量也会发生一定变化。

模式类型	模式描述	主要做法	主要优缺点	代表案例地
企业主导模式	旅游企业作为区域旅游扶贫项目开发的主体，社区居民以土地、现金、劳动等方式入股参与旅游发展。在实际运作过程中有"公司＋农户""公司＋基层党组织＋农户""公司＋农民合作社"等多种形式	企业为主体，提供旅游扶贫开发的资金、技术及人才支持，通过旅游产品开发促进贫困地区旅游业发展；消费当地产品和服务，雇用本土劳动力；为基础设施建设提供资金支持；为当地小企业提供培训和技术支持	优点：企业经营方式灵活，能提升旅游扶贫的综合效应；通过竞争机制的引入，提高旅游扶贫的效率等 缺点：旅游开发忽视社区的利益；片面强调旅游发展的经济效应忽视旅游开发对地方文化和生态环境的影响；旅游发展进一步拉大贫困人口与非贫困人口间的差距等	西双版纳勐景来景区、西双版纳傣族园、贵州天龙堡
社区主导模式	社区居民掌握旅游资源开发的主动权，决定旅游扶贫项目开发的具体方式	以社区为主体，通过成立旅游合作社开展扶贫开发，以农户为单位发展农家乐和客栈或以村委会为主导形成"村委会＋农户（或合作社）"等组织形式	优点：社区获得大部分收益，经济漏损少；社区经济与地方经济联系更加紧密，实现供应链本土化，扩宽收益渠道；社区居民参与管理，提升管理能力和民主参与意识；社区参与提升旅游产品质量等 缺点：面临同质竞争、旅游扶贫效率不高、旅游扶贫公共产品供给不足、旅游扶贫开发影响弱等	梅里雪山雨崩社区、贵州郎德苗寨

旅游扶贫效应的认识主要脱胎于早期旅游发展的影响研究。旅游是一个涉及经济、环境和社会文化的复杂活动，20 世纪 60 年代的旅游影响研究主要局限于经济层面的正面效应，70 年代人类学和社会学对旅游发展的批判和反思则强化了对旅游发展负面影响的认识，进入 20 世纪八九十年代，研究者们对旅游发展影响的研究已不再局限于单一的积极或消极层面。旅游影响是一个十分复杂的问题，旅游活动产生的影响大小及利弊不仅受到目的地因素的制约，也与旅游者活动的时间、方式、规模大小等存在着诸多关联。当"旅游影响"研究范式延伸至旅游扶贫领域，带来了诸多的分歧，对于旅游扶贫在经济、社会、文化和生态不同层面的正、负效应表现，研究者们给予大量

探讨，主要观点如表 2-9 所示：

表 2-9　国内外旅游扶贫效应研究主要观点

效应类型	效应形式	主要观点	代表学者
经济效应	积极效应	促进个体工商户发展；促进民族手工艺品发展，提供就业机会；促进产业联动，推动地方经济发展；旅游扶贫乘数效应；贫困地区经济多元化发展；推动贫困地区产业结构调整；创造就业和收入机会，促进小商业经营	兰雄现等（1996）[242]；吴忠军（1996）[175]；蔡雄等（1997）[243]；Saayman 等（2012）[244]；Ashley 等（2000）[20]
	消极效应	由于旅游漏损和"飞地"效应的存在，进一步拉大贫富差距；地区社会经济过度依赖旅游业，贫困人口难以获益；旅游发展后，大量外资的注入使社区居民被排斥在外	Wilkinson 等（1995）[124]；Taylor（2001）[25]；Mbaiwa（2005）[245]；Jiang 等（2011）[246]
社会效应	积极效应	促进基础设施建设，改善民生，提高贫困人口的生活质量；促进当地卫生、健康、教育条件的改善，提高社区居民的素质；促进妇女就业	栗娟（2009）[247]；Lepp（2007）[248]；Kwaramba 等（2012）[249]；陈龙（2019）[68]
	消极效应	贫困人口失去土地资源，传统生活方式受到威胁；贫困地区快速的旅游发展和商品化可能增加犯罪；真正贫困社区和人口难以参与旅游，拉大贫困差距	Wall（1996）[250]；Nicholson（1997）[251]；Pratiwi（2000）[122]；邓小海（2015）[29]
文化效应	积极效应	提高贫困人口的文化水平；促进文化遗产保护；实现民族文化复兴与保护	Ashey 等（2002）[252]；Anderson（2015）[253]；李佳（2017）[62]
	消极效应	保护了文化的物质层面，但破坏了文化的精神内核，文化同质化	Zurick（1992）[254]；王汝辉（2012）[162]
生态效应	积极效应	增进地方的环保意识；实现生态脆弱地区的可持续发展	常慧丽（2007）[255]；李会琴等（2012）[256]
	消极效应	森林资源的减少，破坏当地生计方式	Gurung（1991）[257]

"社区参与"强调了旅游扶贫开发对"社区"这一利益主体的重视，其核心是实现政府、企业和社区不同利益主体在旅游扶贫开发和利益分享过程中的共生。民族村寨社区参与旅游扶贫空间效应分析的关键在于对"民族村寨社区"这一本体在旅游扶贫开发过程中的空间结构与功能予以揭示，只有借助多学科和跨学科的理论与方法，才能真正透视社区参与旅游发展的本质与内涵，并解决民族村寨社区参与旅游旅游扶贫过程中的深层次问题。地理学是"一门研究地球表层自然要素与人文要素相互作用与关系及其时空规律的

科学"[258]。地理学不仅关注位置（location）的描述，更重视区位因素的分析，通过各要素间关联过程及关系的分析，探索地理现象之间的规律性，其通过过程来研究分析位置与模式，并从过程演化中预测变化的趋势，进而探讨调控措施。在地理学研究中，任何位置和地点的特征是由现象和过程所决定的，地理学家寻求了解地方之间的关系，这些研究使地理学家能够意识到地方和过程的复杂性[14]。引入地理学理论与方法，重点关注"社区"在参与旅游扶贫过程中的空间属性和特征，从空间生产和空间关联的维度审视民族村寨社区参与旅游扶贫的空间效应，不仅可以拓展旅游扶贫开发影响的研究，也可以深化对社区参与旅游过程及其作用机理的认识。

（二）社区参与旅游扶贫空间效应的表现

空间是地理学研究自然界与人类社会关系的一个重要衔接点，空间研究构成地理学的四大传统之一（Pattison，1964）。然而，在对空间传统的坚守中，地理学发展也曾一度陷入困境。表现为：一方面是过于关注空间各方面的细微之处，而执着于空间本身的描述。正如列斐伏尔（Lefebvre）强调的："传统地理学者借助文字、图片、地图等工具认知的世界，是一个被高度概括过的世界，现实可能与此存在较大差异"[259]，而人与地的互动是一种深刻的人地关系和社会文化观[260]。另一方面是迷失在"计量革命"之中，而未能将空间问题与更广泛的社会、经济联系起来。20 世纪 60 年代后，西方社会文化地理学新范式发起了对计量革命和空间科学的反思，后结构主义地理学的兴起更是进一步将空间结构的关联性看作社会文化研究的方式。随着地理空间事实的增加和人们对人地关系认知的深化，地理学已不再满足于对空间事实的整理分类和定量分析，而寻求深入了解地理和社会事实背后的原因[261]。在列斐伏尔（Lefebvre）、哈维（Harvey）、福柯（Foucault）、苏贾（Soja）等人的推动下，传统的"空间"研究被推向了社会文化分析的语境。由此，地理学的介入不仅应关注于旅游扶贫效应的时空分异本身，更应该聚焦扶贫空间效应的形成过程与机理。借鉴地理学空间生产、空间关联和空间正义理论，可初步建立起民族村寨社区参与旅游扶贫空间效应的分析框架，如图 2-5 所示：

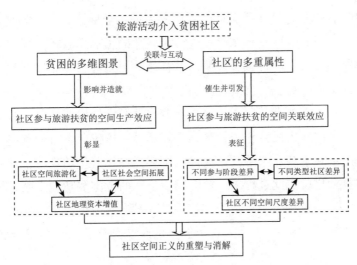

图 2-5　民族村寨社区参与旅游扶贫空间效应分析框架

图 2-5 中，贫困问题是经济、政治、社会等诸多领域交互作用产生的综合性问题。贫困不仅表现为收入低和社会排斥，更是一种可行能力被剥夺的状态[195]。贫困具有多维图景，而"社区"本身也同时呈现出人口、空间、社会和文化等多重属性的组合特征。旅游活动在贫困社区中的介入，从根本上加速了贫困社区空间生产的过程，并推动了社区空间关联效应的产生。在此过程中，一方面，在旅游活动的影响之下，民族村寨社区的多维贫困图景发生变化，社区空间走向旅游化、社区社会网络空间拓展、社区的地理资本实现增值。另一方面，旅游介入过程中，对于不同类型、不同旅游发展阶段和不同空间尺度的民族村寨社区而言，其效应表征往往存在显著差异。通过空间生产作用和空间关联效应的发挥，贫困社区的空间正义最终得以实现重塑与消解。

从地理学视角出发，深入剖析民族村寨社区参与旅游扶贫的空间效应，"社区"表现为一种物理的维度，即社区是一种"地域共同体"，是具有一定边界的时空坐落，而旅游介入社区所催生的影响涉及诸多方面。从民族村寨社区的本底特征来看，旅游发展前，社区居民主要从事农业生产，经济活动简单，人口的流动性较弱，在社区自给自足的生产方式下，职业分工和社会结构简单，血缘和地缘关系在社会关系中占据主导地位[262]。在农业生计方式的影响下，小农经济思想浓厚，受传统观念的影响思想较为保守，市场经济意识薄弱。旅游发展打破了民族村寨社区的封闭性，农业生产为主的生计方式被旅游经营和农业生产相混合的生产方式所替代，社区单纯的日常生活、生产空间转向游客消费[263]。伴随着旅游扶贫开发规模的壮大，政府、企业等相关利益主体介入民族村寨社区，不同利益主体按照各自的利益诉求和生产目标进行空间生产。旅游社区成为一个多元群体共生的场所，社区空间结构也趋向复杂化。在此过程中，社区物质空间的范围和功能不断拓展，社区空间被纳入生产过程之中，成为生产力的一部分，空间走向资本化[264]。对于旅游介入贫困民族村寨社区后所催生的影响和变化，可以具体比较如表2-10所示：

表 2-10　旅游介入贫困社区后的变化 ①

比较内容	旅游介入前	旅游介入后
空间特征	封闭空间、地方性空间、有界社区	开放空间、流动空间、无界社区
空间生产主体	社区居民单一主导、机械团结	多元主体主导、有机团结
土地利用形态	以家庭为单元的土地破碎化经营	多种形式的适度规模化经营
空间实践模式	农业经营为主的生活性空间实践	旅游服务为主的生产性空间实践
社区空间结构	以血缘和地缘关系为纽带的"乡土社会"生产空间与生活空间相邻	以经济利益为纽带的旅游服务型社区生产空间与生活空间分离

1.社区参与旅游扶贫的空间生产效应

"空间是历史的产物，绝对空间是权力的基础，权力限定并构成空间"[259]。空间也是社会的产物（space is a social product），空间生产是充斥着各类矛盾和阶级斗争的过程。从这层意义上来看，空间永远是政治性的、策略性的[265]。为了深入描述空间生产的过程，列斐伏尔提出了空间实践（spatial practice）、空间表征（representations of space）和表征的空间

① 迪尔凯姆提出了"机械团结"和"有机团结"的概念，认为其分别对应了传统社会和现代社会。在传统社会，人们的互动主要依靠的是血缘和地缘关系，以亲情为纽带，扩展家庭偏多，体现为机械团结。到了现代社会，人们的互动除了血缘、地缘关系外，业缘关系也在人际交往中发挥重要作用，不同角色的人之间通过分工合作的方式展开社会互动，形成了有机团结。

（representational space）三重性空间辩证法。以列斐伏尔的理论为框架，可以基于不同利益关系主体互动的视角，探究它们在旅游发展情景下在空间中相互作用关系及机制，实现对处于复杂变化中的人地空间关系的深度揭示。在民族村寨社区参与旅游扶贫过程中，伴随着旅游的介入，在空间实践层面，社区原有的私人空间、灰空间和公共空间都成为凸显地方旅游元素的承载物[212]。社区居民的私人空间向旅游者活动的公共空间转化，民族村寨社区既是社区居民的生活空间，又是游客观光旅游的空间。在空间表征层面，为了迎合旅游者的消费需求，民族村寨中标志性的景观元素和地方性文化被筛选出来，进行舞台化的开发和展示，区域文化景观，包括聚落景观、建筑景观和土地利用景观均走向旅游化。乡土景观符号从自在的状态转化为乡村旅游景观符号，并形成新的能指和所指关系[266]。在表征空间层面，在旅游者凝视（tourist gaze）之下，具有地方性色彩的人文要素和自然的田园风光在旅游者神秘、古朴、原始、生态的意境想象之下被景观化包装与开发。那些原本具有均质性的地方空间，因旅游者的到来而走向差异化和特色化。在此过程中，空间因被赋予了文化的意义而转化为地方，文化空间呈现出多元化倾向。借助于空间投资，各种自然的和人文的资源禀赋走向资本化，每一个地方都成为独具特色的旅游地[267]。贫困民族村寨社区由封闭空间、地方性空间向开放空间、流动空间转换，社区旅游活动的边界不断扩张，社区居民空间感知效应也被予以重塑。

旅游的介入使地理区域形成新的空间关系，空间关系致使地理尺度重组，进而带来旅游地景观尺度重组和地理生产[268]。旅游客源地与目的地、旅游者与社区居民的主客互动过程也是一个文化的交流和碰撞过程。贫困民族村寨社区的居民以社会文化为媒介形成他们与外界的主客体关系，并在与"他者"的互动中形成专属于自己的民族意识和地方感。正如亨廷顿强调的："身份认同建构就是在与'他者'的交往和比较中，区分并确立'我是谁'的过程"[269]。旅游发展促进了信息的流动，不同文化间相互交流和碰撞，打破了社区居民有限空间的认知，在"对他而自觉为我"的文化碰撞中，社区的民族意识和地方认同得以觉醒并被强化。通过舞台化的（staged）包装和设计，地方性知识得以复兴和再造。旅游也被赋予了创新空间生产的载体和更多的经济功能，并由此带来地方文化的可视化表达和社区意识形态的重塑[270]。贫困社区居民的社会角色在旅游发展的场域中由农民和外出务工者转变为多元化的职业结构，在与外来旅游者和经营者的"主客互动"过程中，社区实现了经济网络关系的拓展和延伸。通过经营客栈、出售旅游商品、参与交通运输等方式，民族村寨社区居民的经济活动不再固守于土地，而被赋予了更多灵活性，社会交际的网络空间范围也同步壮大，社区居民尤其是贫困人口在传统社会网络中的"位置"得以改变，通过参与旅游场域中的资源争夺和资本兑换，获得了更多的发展空间和权力。

2.社区参与旅游扶贫的空间关联效应

民族村寨社区参与旅游扶贫的空间关联效应同时体现在"集聚"和"溢出"两个方面。民族村寨社区参与旅游扶贫空间集聚效应的实现是旅游资源开发、旅游政策扶持、旅游企业投资和社区居民参与共同作用的结果。一方面，由于区域旅游资源性质、要素组合和空间分布的差异，不同社区旅游吸引力的大小存在显著差异，旅游资源品质较高、吸引力较强、要素组合性较好的贫困民族村寨社区往往成为区域旅游发展的"增长极"，在精准扶贫战略实施和促进地方社会经济发展的前提下，地方政府通过基础设施建设、营销宣传和旅游项目投资等方式，有意识地对区域内有旅游发展潜力的贫困社区予以支持，使之成为区域旅游发展的核心"节点"。另一方面，旅游消费以特定旅游吸引物体验为核心，旅游者的空间移动和消费也表现出明显的空间集聚特征。在"趋利性"原则的左右之下，资本流入旅游资源富集和旅游流高密度集聚的区域，以提高资本的空间配置效率，并产生集聚现象。在旅游生产环节，民族村寨社区参与旅游扶贫的集聚效应体现为对周边区域资本、技术、劳动力等经济资源的吸引力，而在旅游消费环节则主要体现为对区域旅游流和旅游消费的空间吸引。伴随着旅游者的空间流动，旅游资金流强势注入社区，强行将空间纳入资本逻辑。空间作为商品，受剩余价值的吸引，被卷入资本积累和再生产，成为资本榨取剩余价值的形式[271]。资本空间化不仅把一切要素纳入其生产运作体系，促进了生产力的发展，促使空间产生广泛的社会交往，形成丰富的社会关系。与此同时，资本的狭隘性也会导致空间的异化，并集中体现为民族村寨社区空间的碎片化、过度商业化和同质化等不良现象。

民族村寨社区参与旅游扶贫的空间关联作用还体现为"溢出"效应。新经济增长理论认为，一个开放的经济体，其经济增长不仅取决于内部因素，更会受外界环境的影响，呈现出较强的外生性，这种影响被称为溢出[272]。空间溢出效应是经济外部性在空间上的一种表现，其特别强调了地区经济活动会受到周边地区同类型经济活动的影响，旅游空间溢出效应表现为一个地区的旅游活动将受到发生于邻近地区旅游活动的影响[273]。根据地理学第一定律，"一切事物都是相互关联的，而彼此接近的事物关联更加紧密"[274]。民族村寨社区参与旅游扶贫的空间效应首先体现为"景区"溢出效应。一方面，贫困民族村寨社区通过加强与周边景区和社区的关联、互动，实现旅游产品谱系的完善和旅游产业链的延伸，借助于差异化、互补性旅游产品供给，降低旅游者为旅行支付的边际时间成本和边际费用，壮大旅游流的规模。另一方面，就民族村寨社区内部来看，乡村生产空间系统的承载力是有限的，作为"理性经济人"的乡村多元主体为获取自身发展所需的资源势必展开竞争，当社区内部主体各自所占有的资源不足时，其会向外寻求匹配性强的伙伴进行共生合作，并由此产生溢出效应[275]。与此同时，民族村寨社区参与旅游扶贫的溢出效应还表现为旅游发展的空间示范作用。旅游产业发展具有从业门槛低、关联性强、辐射作用大等特征，旅游发达地区的"旅游致富"典型案例往往可以增强周边区域贫困居民依靠旅游减贫的意识和信心，彰显旅游扶贫开发在区域中的示范带动效应[276]。

3. 社区参与旅游扶贫与空间正义的重构与消解

贫困民族村寨社区借助空间生产和空间关联效应的发挥，从根本上推动了空间正义的重构与消解。列斐伏尔认为，空间并不是空洞的，而蕴含着政治、经济、社会和文化意义，是被意识形态或政治扭曲了的对象[259]。空间生产如同任何产品生产一样，带有一定目的和用途，是被策略性和政治性地生产出来的。它是各种利益奋力角逐的对象，是由各种历史的和自然的元素浇筑而成的[265]。哈维将"社会正义"描述为"领地再分配式正义"，即"社会资源以正义的方式实现公正的地理分配"。所谓"空间的正义"，就是社会应保障公民作为居民不分贫富、不分种族、不分性别、不分年龄等对必要的生产和生活空间资源、空间产品和空间消费及其选择的基本权利[277]。我国贫困地区大多地处偏远，处于社会经济发展的边缘地带，地理资本（geographic capital）积累较弱，在传统的农业经济发展形态下，由于空间地理位置禀赋低劣，造成了农户自身发展能力低下，进而陷入"贫困陷阱"之中[278]。与此同时，这些地区位于现代社会发展的边缘地带，受外界环境影响较小，形成了独特的自然景观和地域文化，构成旅游发展的核心吸引力，为贫困社区的旅游扶贫提供了重要的前提和保障。一方面，通过旅游开发，贫困地区的各种地理资本、文化资本和社会资本得以被激活，并从原生的困境中脱嵌出来转化为经济效益，旅游发展带动物流、人流、资金流、信息流等要素在全球不同空间尺度范围内的流动。这从根本上改变了不同区域尺度下核心与边缘的社会、经济和文化地理位置，为贫困民族村寨社区和贫困人口带来了发展契机，建构了一种新的"空间正义"秩序。另一方面，在经济活动过程中，空间本身也是一种稀缺资源和生产要素，同一空间不可能同时被不同的人所占据，因此，空间位置的差异往往会转化为发展机会和资源等的差异性。出于自身利益最大化的考虑，政府、外来投资商与社区居民，乃至社区居民内部均围绕空间参与展开竞争与博弈。在此过程中，处于支配性地位的主体往往掌握社区空间资源配置的主导权，边缘性群体的正当要求却往往得不到满足，甚至被忽略。在民族村寨社区内部，交通、区位、资本等因素的影响往往存在较大差异。旅游开发将村民在村落中区位位置的空间差异转化为资源禀赋差异，并由此强化了社区内部就业和发展机会的不平等关系[279]。民族村寨社区内部形成旅游发展的核心与边缘地带，核心区成为旅游者的主要聚集地，社区居民参与旅游接待与经营往往拥有更多的机会和收益[280]。为了培育市场环境、吸引更多的旅游投资和壮大客源市场规模，地方政府部门往往会加大对民族村寨社区旅游发展核心区的支持力度，这进一步加剧了社区居民间的不平等，催生出了一部分人对另一部分人空间权益的挤占，并由此呈现出社区参与旅游扶贫开发过程中的"公地悲剧""同质化竞争"、贫富差距拉大和邻里关系恶化等问题。从这层意义上看，社区参与旅游扶贫在某种程度上又消解了民族村寨社区内部的"空间正义"。

（三）社区参与旅游扶贫空间效应的形成机理 ①

1. 社区参与旅游扶贫空间效应形成的"尺度"机理

地理学研究不仅致力于描述地理事项的时空分布特征与规律，更重视发现其演变的内在过程与机理。由于"社区"一词同时包含了"一定范围的空间""一定数量的人口""一定类型的社会文化"以及"组织"的范畴。在不同学者的研究中，"社区"往往对应于不同内涵。在国内旅游学术研究中，仅从"空间"层面来考察，"社区"的范围也是十分模糊的。在唐顺铁等对旅游社区的分类研究中，"社区"被视为"北京、瑞丽、西安、桂林"等"旅游城市"的范畴[92]。虽然，在大部分旅游学者的研究中，"社区"被视为"村落"的单元[281]。但在特定研究场合，"社区"又与行政区划中的"州、市"一级的空间单元等同[93]。正因如此，中外学者对于不同空间尺度下，社区参与旅游发展的正向效应从来就不乏质疑之声（Tosun，2000；张骁鸣，2007）。Murphy 等强调："社区应该有一定的层次性，应该包括本地、区域、国家三个层次，每个层次都有自己的目标和优势，应将其相互协调，使其达到效率最大化"[282]。事实上，将"社区"视为村、镇乃至更大的区域范畴和研究单元本身并没有问题。区域是地理学研究的出发点和归宿，各种地理现象无不在区域中进行集中和交织。区域作为一种理智概念，用于特定的目标，只能按照所要观察的问题的观点来评定它的得失，从这层意义上来说，没有均质到不可再分的最小"单元区"，任何大小的均质区都是由选用有关事物的方法所做出的一种集合[283]。由此，在区域旅游扶贫开发过程中，作为一种吸引旅游者空间集聚的地域单元，贫困社区也会呈现出多空间尺度分异的特征。以旅游目的地的形式，"社区"可以被视为一种吸引物、一种地理单元、一种经验关系、一种营销对象、旅游发生地等不同范畴[284]。其空间尺度及形式具有丰富的意涵，可以用图式的语言将其表示为图 2-6。

---

① 涉及民族村寨社区参与旅游扶贫空间效应的表现及机理部分的内容论述，引自作者文章《地理学视角下社区参与旅游扶贫的空间效应及机理》，该文已于 2021 年 8 月被中科院地理所《中国生态旅游》期刊录用。

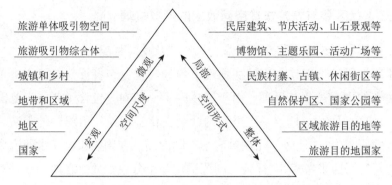

图2-6 "社区"作为旅游目的地的空间尺度及形式

尺度、空间和人的经验是地理空间分析的三个重要因素[285]。地理学对位置的重视提供了观察过程和现象的横断途径，任何位置或地点的特征是由现象和过程所决定的，地理学家寻求了解地方之间的关系，这使地理学能够注意到地方和过程的复杂性。讨论区域和空间而不涉及尺度是不可能的，讨论地方间的相互依存而不考虑尺度也是不可能的[170]。地理学从来都不将区域当作单独的事物去描述它，而是要去认识地区间的规律性和重现性，以便进行概括，而任何自然或人文现象在地理学中的重要性，其范围和程度取决于它与同一地方的其他现象相互联系所引起的那些现象的地区变异[283]。由于"区域"空间尺度的不确定性，某一"区域"总是为更次一级的"区域"所填充，不同区域层层嵌套形成了不同级别层次的"节点"（区域），这些节点（区域）间相互联系、相互作用，形成不同规模的空间地域系统[286]。

地方的综合、地方间的相互依存性和尺度间的相互依存是地理学观察世界的三个"透镜"[14]。从"地方的综合"出发，社区参与旅游扶贫是区域旅游发展的地理、经济、社会、文化等各项要素复合作用，以及政府、企业、社区、非政府组织等利益主体综合博弈的结果。从"地方和尺度间的相互依存性"出发，社区与社区，社区与背景区域之间必然存在空间的关联和互动，且各种尺度区域间的相互作用并非线性的，在不同影响因素和社区参与旅游不同模式选择之下，往往会体现出各种阈限或突跃。当民族村寨社区成为旅游目的地以后，多个旅游目的地地带在区域空间上的有机整合形成了区域旅游的空间格局。在旅游者的空间移动作用下，不同旅游社区以及社区与背景区域间形成空间互动与关联，如图 2-7 所示：

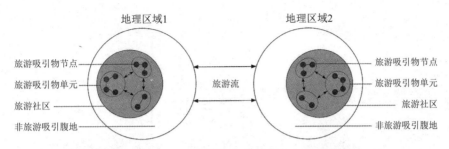

图 2-7　社区参与旅游扶贫的空间作用格局

图 2-7 中，"旅游吸引物节点"构成了社区旅游扶贫开发的基本要素，旅游吸引物节点表征为民族建筑、山石景观、节庆、行为等能对旅游者产生吸引力的任何自然和人工创造物，不同旅游吸引物节点在地域空间中的集聚构成了不同类型和地域组合的"旅游吸引物单元"，它们依托于社区存在，彼此之间相互关联，构成社区参与旅游扶贫的基础和前提。相较而言，由于缺乏旅游吸引物而旅游者较少涉足，未能被纳入区域旅游发展空间范围的地带构成"非旅游吸引腹地"，它们是社区旅游发展的外围和缓冲地带。在旅游者群体（旅游流）的空间移动和消费作用下，不同区域之间、区域与旅游社区之间、旅游社区与旅游社区之间形成不同层级和形式的耦合关系，由此，从贫困人口到贫困社区再到贫困区域形成了有机关联的整体，考察民族村寨社区参与旅游扶贫的空间效应既要关注旅游发展对贫困人口和贫困社区的影响，同时也要关注民族村寨社区内部以及社区与背景区域间的互动关系。

2. 社区参与旅游扶贫空间效应形成的"互动"机理

事实上，从地理学视角出发，无论从哪一种空间尺度和形式来考察社区参与旅游扶贫的具体问题，"社区"都不应该是一个封闭和僵死的空间，其不断与外界进行物质、能量、信息和人员的交流。由于旅游介入程度的不同，社区参与旅游扶贫开发成为一个动态的系统，对于旅游发展不同发展阶段的贫困社区而言，其与周边社区及背景区域的空间关联与互动也将随之变化。从历史演进的视角审视社区与周边区域间的空间相互作用，可进一步将民族村寨社区参与旅游扶贫不同阶段的空间作用机理深度描述为图 2-8。

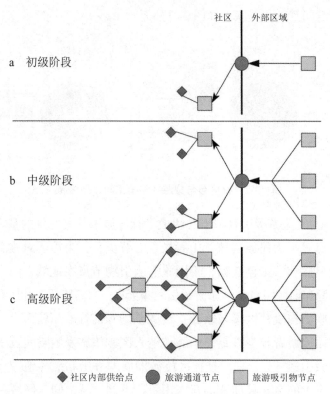

图2-8　社区参与旅游扶贫不同阶段的空间互动模型[①]

人类群体划分在本质上是空间的划分，其反映出人类倾向于居住和生活在有界的空间愿望，作为空间划分相伴生的边界在这一过程中成为群体分异的标志[259]。图2-8中，"民族村寨社区"无论是作为一种文化的、地域的还是经济活动的共同体，都是存在边界的。边界具有静态与动态、开放与闭合、复杂与演变等多重属性，既是一种政治、经济现象，又是一种社会、文化甚至是心理现象[287]。在区域经济活动过程中，边界的作用同时体现为屏蔽效应和中介效应[288]。边界的屏蔽效应会提高跨边界经济交往的交易成本，限制贸易和生产要素的流动，与此同时，完全封闭和开放的边界是不存在的，

---

① 本图的绘制借鉴了Lew的"旅游发展与经济纽带的形成模型"，该模型参见：斯蒂芬·威廉姆斯，刘德龄．旅游地理学：地域、空间和体验的批判性解读［M］．3版．张凌云，译．北京：商务印书馆，2018：103-104.

边界作为区域间交往的中介，对于有利于特定区域经济、社会发展的物质、信息的流动是开放的，这体现为边界的中介效应。在区域旅游经济活动过程中，边界的屏蔽效应会向中介效应转化。贫困民族村寨社区可以被视为一个拥有一定边界，并通过特定通道节点不断与外界进行物质、能量、信息和人员交流的开放区域，社区参与旅游扶贫空间效应的形成依赖于社区旅游吸引力（旅游吸引物节点的组合），强大的旅游吸引力往往能够为民族村寨社区旅游扶贫开发过程中经济、社会和文化空间的生产提供动力支撑。

在资源禀赋条件、区域旅游发展水平、社区居民参与程度等因素的影响下，民族村寨社区参与旅游扶贫呈现出阶段性特征。在社区参与的初级阶段，社区旅游吸引物节点相对单一，社区参与也往往体现为个别农户的参与，参与面不广。由于社区参与旅游扶贫开发的形式比较简单，民族村寨社区对外部区域的依赖性不强，但社区内部供给能力差，社区旅游发展的产品供应能力和市场影响力相对有限，旅游产业经济发展水平不高。贫困民族村寨社区与背景区域的空间关联关系主要表现为"集聚"效应，旅游社区吸纳周边人流、物流、信息流和资金流向内部集聚。在此阶段，民族村寨社区参与旅游扶贫开发所产生的整体效益不高，但大部分被留在了当地社区。旅游流的增加和旅游消费水平的提升，推动了社区旅游经济规模的壮大，民族村寨社区参与旅游扶贫步入中级阶段。在此阶段，社区旅游产业活动的边界开始向外延伸，社区参与旅游扶贫的范围也开始拓展，"溢出"效应日益显现，民族村寨社区旅游服务供给能力也显著增强，其不仅体现为参与形式的丰富，如参与就业、自主经营、土地出租等，也体现为社区参与旅游活动及影响的空间范围扩大，如从个别农户参与扩大到自然村、行政村、乡镇乃至更大的区域范围。社区旅游吸引物的数量增加，新的不同类型的旅游吸引物被不断建构，旅游产业链向外延伸，旅游发展与民族村寨社区相关生产、生活活动的关联性增强。就民族村寨社区本身来看，各种地理、空间和文化资本被激活并转化为扶贫效益，社区整体的经济、社会、文化乃至生态效益获得提升，但社区内部以及社区与背景区域间的互动关系也发生了显著变化。一方面，在民族村寨社区内部旅游资源、交通及区位条件，以及社区居民参与旅游发展能力差异等因素的影响下，社区内部的"空间正义"日益消解，贫富差距逐步扩大。另一方面,民族村寨社区日趋显著的旅游发展成效,也会引起政府部门和外来资本的重视并介入其中。伴随着政府、企业等外来利益相关主体的强势介入,民族村寨社区参与旅游扶贫开发进入高级阶段。在与外来利益相关者的博弈中,社区主导的旅游扶贫开发模式逐渐被政府和企业主导的旅游扶贫模式所代替,社区参与旅游扶贫开发整体效应获得提升,但民族村寨社区对外部区域的空间关联性和依赖性显著增强,社区旅游经济发展完全打破了传统"社区"的边界,在旅游扶贫开发"集聚"和"溢出"效应的综合作用之下,民族村寨社区旅游服务供给水平较高,整体规模效益显著提升,但社区参与旅游扶贫效益的漏损现象也日益严重,如何增强民族村寨社区与外来相关主体利益进行博弈的"议价能力"成为亟待关注的问题。

五、研究小结

基层群众自治制度是中国基本的政治制度之一,社区同时构成旅游发展和反贫困治理的基本单位,它既具有可持续发展的综合功能,又是可以把握的实体。从社区角度来思考旅游开发问题具有重要的实践意义。但是,"社区"本身是社会学的核心概念,当介入旅游学这样一个综合学科时,需要跨学科研究和多理论探索。由于土地所有制、民主意识、行政管理体制以及旅游发展背景的不同,作为一种"舶来品",西方的社区参与和中国本土化实践经验存在显著差别。自 2000 年 PPT(Pro-poor Tourism)理念引入国内以来,学界研究更多着眼于贫困人口受益的问题,一方面,在国内"社区参与旅游"的相关研究中,作为研究对象的"社区"大多指向"社区居民",社区内部的社会网络和情感联系以及社区的空间地域属性特征往往被忽略,导致社区参与旅游扶贫研究的视角单一。另一方面,虽然国内外学者均一致强调了社区参与旅游的阶段性特征,但是在旅游扶贫的相关研究中却并未得到应有的重视。"社区"被视为一种均质的、静态的组织形式,鲜有研究关注到区域旅游发展不同阶段社区参与旅游扶贫的差异性。对于社区内部的空间属性和差异特征,以及社区与背景区域间的相互作用关系缺乏必要的关注,制约了研究深度。

　　本书将"社区"视为一种"地域共同体",是社会互动在空间上的一种组织形式。基于地理学空间尺度和时间演化的视角,从不同发展阶段来审视民族村寨社区与背景区域间的互动关系,从"空间生产""空间关联""空间正义的重构与消解"三个维度构建民族村寨社区参与旅游扶贫空间效应分析的框架,揭示其形成的"尺度机理"和"互动机理"。研究认为:一方面,在民族村寨社区参与旅游扶贫过程中,"社区"是一个具有一定层次性的复杂系统,而非均质的地域单元。从贫困人口、贫困社区以及贫困社区与背景区域的不同关系视角来考察民族村寨社区参与旅游扶贫的空间效应,均存在差异性。因此,民族村寨社区参与旅游扶贫开发的实践不能就社区而言社区,而需要兼顾贫困人口和贫困区域,同时关注旅游扶贫开发对不同群体、不同类型和空间尺度区域的综合影响。另一方面,参与旅游扶贫的"社区"是一个演化的动态系统。在不同利益主体主导、不同旅游资源开发方式选择,以及民族村寨社区旅游发展的不同阶段,贫困社区与其背景区域之间呈现出不同的互动关系组合。在具体实践中,区域旅游的发展并不等同于贫困人口受益,而贫困社区整体旅游经济效益提升的事实也并不能掩盖其内部空间正义缺失、多元利益主体博弈矛盾突出,以及对背景区域关联带动作用弱等现实问题。对于广大的贫困民族地区而言,民族村寨社区参与旅游扶贫空间效应的优化,不仅要提升社区参与旅游发展的水平和质量,也要通过社区、政府、企业等不同利益主体的互动共生,发挥社区旅游在区域反贫困系统中的关联带动作用。

第3章 国内民族村寨社区参与旅游扶贫的探索及启示

一、国内民族村寨社区参与旅游扶贫概况

"社区参与"是一个十分宽泛且综合性极强的概念，从参与要素来看，包含参与主体、参与客体、参与方式、参与内容、参与程度等。从社区参与旅游的内容和方式来看，分别涉及参与旅游资源的开发、旅游规划与决策、旅游利益分配、旅游能力建设等方面。就社区参与的组织形式来看，也分别涉及以"组织形式"，如村委会、党支部、旅游协会等的参与，以及个体形式（如贫困人口、贫困家庭）的参与。从历时性的角度看，社区参与同时涉及"量"和"质"的发展。量的发展体现为参与主体越来越多地参与到社区公共事务中，而质的发展体现为参与主体的"多元化"和"知识化"[165]。对于贫困民族地区而言，旅游扶贫开发主要依托民族村寨社区居民的建筑景观、宗教信仰、节事活动以及各种生产、生活产生的民风民俗，这些文化要素是一种集体智慧的结晶。其"产权"属于生活在社区内的所有个人。作为民俗文化旅游吸引物的缔造者和雄奇险秀自然景观的守护者，社区在民族旅游开发中的参与成为提升旅游产品质量、实现旅游可持续发展的前提和保障。

我国是一个多民族国家，各民族"大杂居，小聚居"形成中华民族多元一体的分布格局。一方面，各少数民族主要聚居在西部和边疆地区，由于地处边缘，社会经济发展处于一种相对封闭的状态，从而保留下来了原始的自然风光和古朴的民俗文化，这些旅游吸引物对于追求异域边关风情和体验原真民族文化的国内外旅游者具有强大的吸引力。另一方面，囿于自然生态和

社会经济发展水平的限制，旅游发展成为诸多民族地区产业发展的重要选择路径，我国"旅游扶贫"口号和"国家旅游扶贫试验区"的实践最早都源于民族地区。中共中央、国务院下发的《关于加强和完善城乡社区治理的意见》（中发〔2017〕13 号）强调，社区是社会治理的基本单位，社区治理体系创新是国家治理体系现代化的重点。社区构成中国社会发展实践中最重要的地域单元，正如费孝通强调的：研究对象应该基于具体的社区，社区是联系各个社会制度和人们生活的时空坐落。每一个社区都有它的一套社会结构、各制度配合的方式[289]。

民族村寨旅游一直是国内重要的一种旅游形式。1986 年是我国"七五"计划的开局之年，旅游业被正式纳入国民经济与社会发展计划中，旅游资源的开发得到国家及各级政府的大力支持，以贵州黔东南州雷山县、广西桂林市恭城瑶族自治县、重庆石柱土家族自治县、湖南湘西凤凰县、云南西双版纳、大理洱海、丽江古镇、香格里拉等为代表，拥有高品质旅游资源优势的民族地区纷纷加入旅游开发之中。在此背景下，民族村寨旅游蓬勃发展。在贵州，黄果树风景区在 1978 年已面向国内外旅游者开放，而布依族村寨石头寨是黄果树景区的重要支撑，其很早就为国际旅游者所熟知。1983 年，贵州省旅游局将石头寨、上郎德、青曼、西江苗寨、麻塘革家寨等 8 个民族村寨列为旅游扶贫实践样板，通过发展旅游助力地方扶贫开发工作。"八五"期间，贵州省荔波县旅游扶贫工作成效尤为显著，通过参与旅游发展实现脱贫的人口达 1.1 万人，占全县脱贫总人数的 1/3[176]。在此背景下，1991 年，贵州省旅游局在全国率先提出"旅游扶贫"的口号，并在全省范围内精选 130多个具有发展潜力的民族村寨，积极开展旅游扶贫实践探索。截至 1996 年，贵州省已有 648 个村寨通过旅游扶贫实现 33 万人的脱贫目标。到 2005 年，贵州省已有将近 100 万人通过村寨旅游实现脱贫致富[290]。在广西，作为国家重点扶贫县的龙胜县从 1985 年开始发展旅游，并在 1993 年正式提出"旅游扶贫"的口号，龙胜县将发展民族村寨旅游作为地方旅游产品开发的重要内容。紧邻龙胜县城的白面瑶寨，1995 年旅游接待总收入达 9 万余元，全寨36 户 158 人全部实现脱贫致富[291]。云南省是少数民族类型和国家级贫困县最多的省份，人口 5000 人以上世居少数民族有 25 个，为全国第一。在 2012

年公布的《国家扶贫开发工作重点县名单》中，云南省以 73 个县成为贫困县最多的省份，其中有 51 个是少数民族贫困县。云南省是西部地区最早一批旅游开发的省份，自 1978 年正式筹建云南省旅行游览事业局之后，一直高度重视旅游扶贫开发，从 20 世纪 80 年代开始，先后打造了西双版纳、大理、丽江、迪庆等多个民族旅游地，积极培育民族村寨旅游品牌。2001 年云南省启动了 5000 个自然村的"整村推进"扶贫开发任务，以旅游发展为基础开展"一村一品""一乡一特"的特色优势产业培育，并在 2009 年启动了"民族特色村寨保护与发展试点工作"。以西双版纳傣族园、大理双廊白族村、迪庆雨崩藏族村寨等为代表的民族村寨通过旅游发展纷纷摆脱贫困状态，成为西部地区民族村寨旅游扶贫开发的典型案例。"精准扶贫"工作推进过程中，云南省实施了"123518 旅游扶贫工程"①，整个"十三五"期间，云南省文化旅游累计带动贫困人口 75 万人脱贫，占全省脱贫人口的 12.2%②。

整体来看，国内民族村寨的旅游扶贫开发主要依托区域旅游发展的宏观背景，以及各民族自治地方的旅游开发政策扶持，拥有自然和民俗文化旅游资源双重优势的民族村寨成为区域旅游开发的重点对象。2013 年"精准扶贫"战略提出后，国家扶贫攻坚的重点由贫困县向贫困乡镇、贫困村、贫困户聚焦。伴随着国内社会经济发展水平的整体提高，国内贫困特征也日益向民族地区、边境地区和革命老区集中，脱贫攻坚的工作重点也由区域性整体贫困向特殊困难区域的"点状"和"面状"空间集聚。在此背景下，作为集中连片特困区产业扶贫的重要手段，旅游扶贫政策也日益向贫困民族村寨瞄准，国内大批民族村寨在当地社区力量的主导下，积极参与旅游扶贫，培育内生发展动力，形成了诸多成功的模式和经验。其中，贵州郎德苗寨和云南雨崩藏族村寨的案例是尤为值得关注的。

---

① 即建设 1 个旅游扶贫示范州（怒江）、20 个旅游扶贫示范县、30 个旅游扶贫示范乡镇、500 个旅游扶贫示范村、培育 1 万户旅游扶贫示范户、文化旅游综合带动 80 万贫困人口增收脱贫。参见云政办发〔2017〕139 号文件《云南省人民政府办公厅关于加快推进产业扶贫的指导意见》。

② 我省扎实开展产业扶贫、电商扶贫、生态扶贫、文旅扶贫，贫困地区农民人均可支配收入过万元[N].云南日报，2020-03-26.

二、国内民族村寨社区参与旅游扶贫的典型模式

所谓"模式"是解决问题的方案和值得深入研究的范例。在一般层面上讲，民族村寨旅游开发的动力大体可分为外力介入和内生力量，而在具体层面上，这两种基本动力类型又可以分为政府主导型、社区主导型和企业主导型。在民族村寨的旅游扶贫开发实践中，由于旅游发展历史、旅游市场、旅游产品特征、利益相关者等的差异，民族村寨社区参与旅游扶贫的不同阶段，社区参与旅游的程度以及利益相关者间的作用关系会发生动态变化，并随之演化出不同的旅游扶贫模式组合。贵州郎德苗寨和云南迪庆藏族自治州的雨崩村是我国社区主导旅游扶贫开发较为典型的案例地。以"工分制"为基础的郎德模式，实现了全民参与、自组织管理和制度安排，在国内民族村寨旅游扶贫开发中独树一帜。云南迪庆藏族自治州的雨崩村以"轮换制"进行相对均衡的利益共享，村民真正参与到旅游决策、管理、利益分配的各个环节中，雨崩的社区旅游也成为国内最具典型意义的社区旅游[110]。在两个民族村寨社区参与旅游扶贫开发的过程中，社区均主导了旅游开发决策和利益分配的话语权，真正实现了社区的深度参与。"工分制"和"轮换制"也被云南省内的临沧翁丁、楚雄元谋土林以及丽江、香格里拉、怒江等地的多个民族村寨模仿和借鉴。目前，国内民族村寨旅游和乡村旅游开发中所普遍采用的"旅游合作社"的组织方式也与这两种模式有着诸多联系。因此，这两个民族村寨社区参与旅游扶贫开发的实践经验无疑是十分值得总结和讨论的。

（一）郎德苗寨的"工分制"

1. 郎德苗寨社区参与旅游扶贫概况

郎德是贵州省黔东南州雷山县郎德镇的一个苗族村寨①，截至 2017 年年底全寨有 166 户近 700 名村民，其中 99% 以上为苗族。郎德寨距州府凯里 79 公里，距雷山县城 15 公里，省道 308 过境，交通便利。郎德苗寨四面环山，巴拉河从中穿过，风景秀丽，苗族传统文化厚重、风情浓郁，杨大六故居和

---

① 郎德寨包含郎德上寨和郎德下寨两个自然村，由于当地的旅游开发主要集中在郎德上寨，因此国内学者研究中"郎德寨"多指"郎德上寨"，本研究中所讨论的"郎德"也是指"郎德上寨"。

抗清遗址等保存完好，具有良好的旅游资源和开发优势。其周边 100~200 公里半径范围内分布有遵义、长沙、成都、重庆等大中城市，且邻近黄果树瀑布景区。整体来看，郎德苗寨旅游开发的各项综合要素条件均十分优越，使得其成为贵州省最早开展旅游扶贫的民族村寨之一。改革开放后，郎德一度是贵州省较为贫困的民族村寨，由于地形条件限制，山高谷深、土层稀薄，全村耕地面积有限，粮食基本不能自给。1987 年旅游开发前，作为民族传统财富象征的银饰，全村 98 户人家中仅有 18 套盛装银饰[292]。1987 年在贵州省文物局 1 万元资金的支持下，郎德村寨的道路及环境得以改善，在村支书陈正涛的带领下正式开始接待游客，当年旅游收入为 0.7 万元[293]。作为贵州省第一批开展民俗旅游开发扶贫实践的代表性村寨，郎德寨以民族歌舞展演为核心产品，秉持资源公有、机会平等、人人受益的原则，形成了以"工分制"为主体的旅游管理和利益分配机制，并迅速成为贵州省民族村寨旅游扶贫的样板。从 1987 年到 2010 年，郎德上寨村民平均经济收入由 220 元增加到 2941 元，旅游接待收入从 0.7 万元到 280 万元，平均每年增长 150% 以上。郎德也先后获得"中国民间艺术之乡"（1995 年）、"全国百座特色博物馆"（1998 年）、"全国重点文物保护单位"（2001 年）、"国家卫生乡镇"（2017 年）等多个荣誉称号。2008 年郎德被评为北京奥运火炬传递点，同年接待游客 5 万人次，仅旅游接待歌舞表演收入一项就达到 160 万元，户均逾万元[292]。到 2010 年，全村 93.1% 的人均参与到旅游接待活动中[294]，郎德也成为黔东南地区比较富裕的村寨。

2. 郎德苗寨的"工分制"

"工分制"是对参与旅游接待和歌舞表演的社区居民按照角色和贡献差异发放面值不同的工分票的做法，是对集体化时期的工分制的制度性延续。一方面，郎德是贵州省乃至全国最早开展民族旅游扶贫开发的村寨，由于缺乏可资借鉴的经验，集体化时期的工分制成为当地旅游开发的选择路径①。另一方面，郎德苗寨"工分制"的形成还有着先天的文化基础，当地苗寨中一直

---

① 具体可参见谢小芹等对郎德村村支书陈正涛的访谈录。谢小芹."村社本位"：社区参与的一种分析性框架——以贵州郎德苗寨社区参与旅游发展为个案［J］.理论月刊，2020（9）：96-108.

盛行着议榔文化传统[①]，通过集体协商议事的方式实现村民话语表达。议榔传统作为一种高效的地方自治体制和管理制度成为郎德社区参与旅游扶贫开发模式选择的文化和制度基础。从 2002 年开始，村民选举产生旅游接待办公室[②]，由村支书和寨民自下而上选出的五个房族代表共计21人组成，代表村民进行旅游事务的管理。在村寨旅游发展的日常管理过程中，旅游接待小组主要负责村寨内各类旅游资源的开发和保护，组织村寨的旅游接待，并制定旅游收入的分配方案等工作。其中，涉及本村居民的重大事项必须由全体村民参与讨论决定。郎德苗寨"工分制"的组织形式具体如下：

（1）按工分计酬。村集体表演的收入村委会占有一定提成（15%~30% 不等）作为村寨旅游发展基金，用于旅游设施建设和维护等。其余部分按劳分配，不论老人、小孩，即便是外嫁的女儿返乡期间也可以参加，只要着装参与表演或观看表演均可以获得相应工分。根据着装、年龄和表演内容的不同，工分也不同，以工分计酬，每户单独造册，具体如表 3-1 所示：

表 3-1　郎德苗寨"工分制"的分值计算方式及变迁 [③]

时间	基本内容	公共基金提成
1986 年—1987 上半年	年轻人得到工分，老人可以喝酒	无
1987 下半年—1988 年	记工分（表演结束后记一次）	15%
1988—1989 年	发 4 种工分票：长衣或长衫（一般是男士穿）得 10 分；古装（一般是女性老人穿）得 10 分；银衣 16 分；便衣 8 分；短衣 6 分	20%

---

①　议榔苗语称"Ghet Hlangb"（构榔），即"议事决议"的意思，是苗族人民长期沿袭的议事方式。苗族村寨在遭遇到重大公共问题或者需规范村寨公共生活时，让有关各方选派代表参与讨论，并且提出问题的解决方案。其具体的操作方法为村民选举产生德高望重有威信的小榔头，小榔头收集、讨论、汇总本寨村民的意见之后，提交到"议榔"会议上再次讨论，会议统一意见后形成口头规约并由小榔头传达落实到村寨。在经过全寨各家族代表杀牲歃血的盟誓之后，参与"议榔"各方共同遵守"榔规"的规定。"议榔"文化具备了社区参与自治的基本特点。

②　2002 年以前郎德苗寨旅游开发的统筹和协调工作主要由村委会负责。

③　本表引自：谢小芹."村社本位"：社区参与的一种分析性框架——以贵州郎德苗寨社区参与旅游发展为个案 [J].理论月刊，2020（9）：96-108.

时间	基本内容	公共基金提成
1995—1999 年	发工分票 2 次，在接待活动结束和表演结束的时候各发放一次。增加了学生票，男女老少一起参加，一年级以上到老人，只要参加都可以获得工分。一年级到二年级 2 分，二年级到四年级 4 分，四年级到六年级 8 分	25%
2000—至今	增加了工分的票种；同时，分为三次发放工分，形成了较为规范的工分制，至今未变	30%

（2）分阶段发工分牌。为了让村民参与社区旅游，避免迟到早退现象的发生，寨内实行分阶段发放工分牌制度。分 3 次发放工分牌，第一次是游客进寨之前，第二次是拦门酒时，第三次是表演结束时。

（3）工分统计与月底分红。月底根据个人所得工分计算出每户村民的报酬，工分计算及收入情况为：每工分收入 = 每天旅游总收入 / 每天总工分，迟到或穿错服装会被扣除相应分数。村集体表演的收入一般按旅游团数量进行收费，2005 年以前，收费标准为每个旅游团 500 元，2005 年后调整为每个旅游团 600~700 元。涉及散客，每人收费 20 元，由旅游接待办的人现场收取[295]。

一直以来，郎德苗寨居民的收入主要来自文化展演（包括苗族歌舞、上刀山、十二道拦门酒等）、经营农家乐和旅游商品销售三个方面，在五一、十一和苗年节会向游客收取一定的门票费。其中，收入的绝大部分来自民族文化展演，但由于旅游者停留的时间不长，这部分收益所占的比重并不大。整体来看，郎德苗寨社区参与旅游扶贫取得了很好的效应，具体表现为：（1）广泛动员，人人参与旅游扶贫开发。"工分制"的分配原则特别强调了全体社区居民的参与，无论男女老幼，只要参与旅游接待都能够获得相应"工分"并转化为经济收益。由于参与旅游展演和旅游商品销售活动的整体要求并不高，贫困人口也能够很好地参与其中，激发了社区全体居民参与旅游扶贫开发的自主性，有利于增强社区内部的凝聚力，减少社区居民内部的恶性竞争。（2）有利于提升旅游产品体验质量，保护苗族传统文化。作为以苗族文化展演为核心旅游吸引物的民族村寨，当地社区居民的广泛动员和参与，能有效地塑造文化吸引力。规避民族文化的过度开发和商品化问题，彰显民族文化的"真实性"特征,并促进社区居民对苗族传统文化的认同感,形成民族文化保护与开发的良性运行机制。得益于社区的广泛和深度参与,作为贵州省开发最早的苗族村寨之一,郎德苗寨在经历了 30 余年的旅游开发之后,当地的民居建筑仍保存完好,与周边苗寨相比,郎德的大部分男性青壮年会吹芦笙,大部分妇女会苗族歌舞[296]。(3)有利于维护社区利益,减少漏损。在郎德苗族社区参与旅游扶贫开发的过程中,从文化展演、商品销售到农家乐食宿接待等均由当地社区主导,由于没有政府和开发商的介入,所产生的旅游扶贫经济效益也基本留在了社区,贫困人口能够从旅游开发中最大化的受益。

　　3. 郎德苗寨社区参与旅游扶贫的困境及组织形式变迁

　　事实上,作为贵州乃至全国最早开发且具有优越交通、区位和资源优势的民族村寨之一,郎德苗寨的旅游扶贫开发一直备受政府和企业的关注。早在 1987 年的旅游开发之处,地方旅游局就提出在村中建设旅游接待点的构想,1993 年五一黄金周期间,郎德镇镇政府在公路上设置路障收取游客 15 元 / 人的门票,但因社区居民的反对而被迫取消。2008 年贵州省第三次旅游发展大会的首选地被定在郎德,出于占用土地的考虑,在社区居民的反对下最终搬到了西江苗寨,并促成西江旅游井喷式增长。在郎德旅游扶贫开发的 30 多年间,有多家知名企业不断表达了加入的意愿,最后均未能获得社区居民的认可。但是,郎德在社区主导的旅游扶贫开发过程中也面临诸多的困境和挑战。具体表现在:

　　(1)周边景区旅游开发替代性竞争。由于排斥地方政府的介入,郎德苗寨与地方政府关系僵化,政府相关旅游扶贫项目和资金很少投向郎德。从2008 年开始地方政府转而支持距郎德仅 30 公里的西江苗寨,并迅速形成了对郎德的替代之势。得益于 2008 年旅游发展大会的刺激,2010 年西江苗寨已实现接待旅游者 160 万人次,仅门票收入就达 1000 多万元,这是郎德所望尘莫及的。随着安顺天龙屯堡、西江苗寨、凯里南花村和季节上寨等的迅速崛起,郎德苗寨处境必然十分尴尬。

　　(2)旅游扶贫产品开发深度有限,效益不高。在社区主导之下,由于旅游扶贫开发意识和投资能力的限制,开发 30 余年后的郎德苗寨旅游产品仍局限于村寨山水观光和民族歌舞表演的传统模式。民族文化打造也局限于饮酒、唱歌、长桌宴等直观展示，以刺绣、银饰等为主的旅游商品开发也缺少文化挖掘，难以满足旅游者求新、求异、求体验的旅游需求，村寨中的土木建筑房屋也很难迎合大众旅游者的诉求。由于旅游扶贫的产业链比较短，加之市场规模有限，社区居民从旅游扶贫开发中获得的收益有限。

（3）旅游扶贫的关联带动效应不显著。就社区内部来看，郎德苗寨在社区参与的规模、参与程度和参与收益等方面的成效均是十分显著的。但在社区参与旅游发展的过程中，郎德一直是一个孤立的"点"，其并未与周边的西江、黄果树等景点、景区实现关联和互动，即便是同属于同一个行政村相距仅1.5公里的郎德下寨也很少能从郎德上寨的旅游扶贫开发中受益。

（4）公平分配的原则之下酝酿着内部矛盾。郎德苗寨的"工分制"分配方式强调了公平却损害了效率，其并没有或较少显示出能力和技术的差别。一方面，为实现个人旅游收益的最大化，旅游商品出售相较而言能够获得更多的收益，在"搭便车"的心理作用下，旅游歌舞表演本身的质量已不再成为关注的重点。另一方面，在公平的"收益"之下，社区居民在参与旅游发展过程中的"付出"却并不公平。在歌舞展演环节，演出技术精湛的"演员们"付出明显要胜过在场烘托气氛的老人和小孩，但是，在绝对公平的分配原则之下，村寨内部社区居民间的差距收入实际上不大，由此导致部分村民对"工分制"强烈不满，大量优秀的民族歌舞表演人才外流。

2008年是郎德苗寨旅游发展的鼎盛之年，通过举办奥运圣火传递仪式，郎德成为全球关注的焦点，旅游接待达到5万人次，是常年接待量的10倍左右，仅歌舞表演接待收入就达160余万元。2008年9月26日第三届贵州旅游产业发展大会在西江千户苗寨举办，会议为西江千户苗寨的旅游发展带来了前所未有的机遇。2008年至2010年间，由于朗西公路的修建，游客进入郎德上寨的旅游通达度极差，加之宣传力度不够，缺乏政府支持，西江千户苗寨借机迅速崛起成为后起之秀。相较而言，郎德苗寨则开始走向衰败，由于游客数量锐减，村中的年轻人不得不在旅游旺季回到村中而淡季外出务工，以此来增加家庭收入维持生计。

在西江千户苗寨强势竞争压力下，郎德苗寨不得不做出改变，2016年郎德上寨支委与政府、旅游公司达成共识，引入西江千户苗寨旅游发展文化有限公司进行开发和管理，下设郎德文旅发展有限责任公司，并出资对郎德上寨老旧的旅游接待服务设施进行修葺、完善，优先安置寨内居民就业。在村寨的民俗文化展演和旅游接待组织方面，由郎德组织开展"十二道拦门酒"和芦笙舞表演，旅游公司每月支付 10 万元酬劳给郎德上寨旅游接待组，接待组再按照原先"工分制"形式将费用分配给参与表演和接待的社区居民，费用以家庭为单位每月结算一次。从 2017 年 6 月开始，郎德文旅发展有限责任公司对进入郎德苗寨的游客收取每人 60 元门票费。至此，郎德全寨参与、自主经营的旅游扶贫演变为旅游企业主导的模式，旅游扶贫开发的主体已不再局限于社区而有了企业和政府的介入，全面参与的"工分制"演变成了部分参与歌舞展演的收益分配方式。郎德苗寨社区参与旅游扶贫开发的演变过程具体如表 3-2 所示：

表 3-2　郎德苗寨社区参与旅游扶贫方式演变

社区参与	1987 年—2017 年 5 月前	2017 年 6 月至今
参与主体	旅游接待小组、全体社区居民（个体农户）	郎德文旅发展有限责任公司、政府、旅游接待小组、部分社区居民
参与方式	全面参与、自主经营	部分参与、自主经营
旅游收益机制	歌舞展演、客栈经营、旅游商品销售、部分门票收入（仅限于五一、十一等特殊节日期间）	政府补助基础设施建设、10 万元 / 月的报酬、客栈经营、旅游商品销售

综上，郎德苗寨社区参与旅游扶贫模式的变迁是在内外部作用力影响下的结果。内部力量体现为社区渴望参与旅游扶贫开发获得权益的利益诉求，这构成变迁的直接动力。虽然政府和企业的强势介入是推动郎德变迁的重要力量，但这种介入根植于"郎德模式"本身的先天局限，包括"工分制"绝对公平之下酝酿的不公平、村寨旅游扶贫开发的关联带动效应不显著、效益不高，以及社区内部旅游发展激励机制不健全等。外部的作用力主要来自旅游发展环境的变化，旅游地间的竞争和旅游者需求的变化成为推力因素。透过郎德的案例，社区主导的旅游扶贫开发模式无疑是有优越性的，集中体现为：社区参与度高、减少旅游扶贫开发的漏损、提升旅游产品质量、促进文

化的传承与保护等。在郎德的社区参与中，旅游接待小组（村委会）从旅游收益中提取了部分资金作为旅游基金，使得村集体拥有一定的经济实力，其在村寨中的威信不仅没有因旅游开发而下降，反而得以强化，旅游扶贫开发在更大程度上巩固了村集体权威，进一步强化了社区的民主自治，同时也增加了社区在旅游扶贫开发过程中与政府和企业利益博弈过程中的话语权。这点十分值得国内民族村寨吸收和借鉴。但是，一味地强调社区参与（主导）似乎也并不可取，对于广大的民族贫困地区而言，由于社区居民的自我发展能力有限，落后的旅游发展基础设施条件和薄弱的旅游投融资能力，在一定程度上也决定了地方政府和企业（尤其是外来企业）参与民族村寨旅游扶贫开发的必然性。

（二）雨崩村的"轮换制"

1. 雨崩村社区参与旅游扶贫的概况

雨崩村隶属云南省迪庆藏族自治州德钦县云岭乡西当行政村，雨崩村地处"三江并流"世界自然遗产腹地，位于被誉为"中国最美的十大名山之一""藏区八大神山之首"的梅里雪山旅游资源核心区。雨崩村距德钦县城 63 公里，四面环山，雨崩河从村中穿越而过，将雨崩分为雨崩上村（海拔 3228 米）和雨崩下村（海拔 3054 米）。截至 2017 年雨崩村有 47 户 160 余人，其中 90% 以上为藏族。雨崩于 2013 年被列为第二批中国传统村落，2000 年以后，雨崩村依托雄奇险峻的神山景观和淳朴厚重的藏族风情大力发展旅游业，成为梅里雪山景区的重要旅游节点。旅游开发前的雨崩是一个典型的高山农业乡村社区，半农半牧，以牧业为主，主要种植青稞、小麦、玉米等，农作物亩产不足 400 斤，粮食不能自给，一年约有两个月的缺粮期，平均每户每年需要外购粮食近 1000 斤[297]。由于气候和地理位置特殊，雨崩村自然生存条件恶劣，劳动力缺乏，曾经是梅里雪山地区最贫困的民族村寨之一。由于经济条件限制，为减轻婚姻成本负担，村中还保留了"一妻多夫"的婚姻制度，2007 年雨崩村 33 户人家中还有 9 户家庭是一妻多夫。从 1987 年开始，中日两国先后多次组织卡瓦格博登山运动，但均以失败告终①。雨崩村也因此而为外界所知，跟随着登山运动员的脚步，不断有旅游者进入雨崩。由于海拔较高，地形条件复杂，所有游客都必须以步行的方式进入雨崩村，期间步行 17 公里，翻越海拔 3700 多米的南宗垭口②。旅游者面临高原反应和体力透支的困难，由于路程艰辛、安全隐患较大，旅行社也不愿组织线路。

　　进入雨崩村的游客大多为年轻的探险和徒步旅游者。由于市场规模有限、开发难度较大，投资商和政府均未介入，雨崩村得以在不受外部干扰的情况下发展自己的村寨旅游。从 1991 年开始，雨崩村村民为旅游者提供马匹、向导和简单的食宿服务，由于自然条件制约，所有进入雨崩村的旅游者均不能当天往返，1991 年雨崩上村的阿主那在自己家中接待了中日联合登山队的队员，并在 1998 年率先修建了第一家客栈为旅游者提供住宿和餐饮服务。从 2002 年开始，村中 34 户农户均参与到为旅游者提供服务的队伍中，到 2008 年雨崩村年接待游客 1.7 万人次，马帮服务和客栈经营收入分别为 60 万元和 88 万元，加上餐饮及其他相关服务收入共计 148 万元，户均达 4.5 万元。全村 180 余人中有 99 人直接参与旅游接待服务[298]，雨崩村也成为当时梅里雪山周边最为富裕的村寨之一。在旅游扶贫开发的过程中，通过"轮换制"，当地社区居民全面参与到旅游决策、管理和利益分配过程中，雨崩村的社区旅游也成为国内最具典型意义的社区旅游。

　　2. 雨崩村的"轮换制"

　　在雨崩村，社区居民的旅游收益主要来自牵马和住宿接待服务，"轮换制"是当地参与旅游扶贫开发和利益分配的主要模式。雨崩村"轮换制"的形成同样有着深厚的社会和文化背景。在解放前的梅里雪山藏族农村，"村众会"（又称"家长会"）是乡村社会决策和管理的主要形式，村众会由村寨中

---

　　①　在 1987 年至 2001 年期间，中国、日本、美国等国组织的卡瓦格博攀登活动大的有 5 次，其中，1991 年的登山事件影响极大，1991 年 1 月 1 日，由于发生大型雪崩，共造成 17 名中日登山队员死亡。多次攀登失败的经历将"梅里雪山"的名气炒得越来越大，2001 年德钦县人大常务委员会正式立法禁止任何登山队伍攀登卡瓦格博神山，这也是我国第一个有明文规定禁止攀登的雪山。

　　②　雨崩村的出入路线有两条，其中一条以西当村为入口，途经海拔 3729 米的南宗垭口进入雨崩上村，全长共 13 公里（被称为"大路"）；另一条是从尼农进入，途经尼农大峡谷和森林进入雨崩下村，全长共 20 公里。大多数游客会选择走"大路"。

每户出一个家长组成委员会，集体协商全村的重大事宜，并规定家长如果不按时参加"村众会"将会受到相应的处罚①。在雨崩村社区参与旅游扶贫开发的过程中，"家长会议"也成为最高的决策机构，通过家长会议集体商讨协定的"轮换制"具体组织形式如下：

在马帮经营方面：对全村 33 户村民进行编号，按固定顺序，每轮每户出 1 人 1 马按固定线路运送游客，完成运送任务后，必须等其余村民全部完成该轮次的牵马服务后，才能接待下一位旅游者。提供牵马服务过程中，村民年龄不受限制，不满 10 岁的青少年到 60 岁以上的老年人均可参与。通过轮换制调节，雨崩村社区居民以"户"为单位平等地参与到当地的旅游扶贫开发中。不同家庭从牵马中获得的经济收益差别并不大。马帮服务过程中的"轮换制"规定具体如表 3-3 所示：

表 3-3 雨崩村轮换牵马的具体规定 ②

制度内容	相关规定
组织方式	实行每户轮流牵马，马匹由专人牵管，并负责将客人运送到指定地点
纪律要求	1. 负责牵马的农户要按时送客，不得迟到（提前接到通知，迟到 20 分钟以上，或者是临时通知迟到一个半小时以上的，将在下一轮中轮空一次） 2. 工作时间外，一般不得安排客人进山（早上 7：30 至下午 5：00 为工作时间），游客在工作时间外要求出马，须加收 30% 的牵马费 3. 由于牵马农户迟到时间过长，导致游客放弃租马的情况视为自动脱送 4. 游客放弃原定马户或让牵马户等候超时的，可收取 20 元误工费 5. 未经马队长批准而接送重要人物的，从正常轮流中扣出，不算入公益投工
违规处罚	1. 牵马过程中，马户违章出现游客投诉时，处罚轮空一次 2. 亲属朋友需牵马接送须经马队长确认，马户不得以亲友为名，私自出马获取利益，违者轮空一次

在客栈经营方面：雨崩村地形条件复杂，交通不便，直到 2016 年 3 月村

---

① 如在 2006 年制定的《雨崩村规民约》中就明文规定：召开全村家长会时，社干部应通知家长，点名通知后，家长不能亲自参会或委派其他家庭成员参会的，视情况罚款 10~30 元，缺席者罚款 50 元。

② 表中内容参考：陈飚.乡村旅游管理制度与旅游社会文化影响研究——基于梅里雪山雨崩村的调查［D］.云南大学，2008：90-91，相关内容为作者通过实地调查总结、收集。

中才正式通公路①。由于交通不便，进入雨崩村的游客必须在村中住宿 1~3 晚，客栈经营成为雨崩村社区旅游发展收益的另一项重要来源。1991 雨崩上村的阿主那率先利用自家房屋经营接待业务，到 1998 年雨崩村开设了 2 家独立客栈，收益可观。1998 年 5 月村民提出神山是共有资源，住宿接待要轮流、收益均分。由于不开客栈的农户占了大多数，"家长会"最终通过了以户为单位，轮流接待旅游者的方案。从 1998 年 6 月开始，客栈接待的轮换方案先后经历了 4 次变更。具体情况如表 3-4 所示：

表 3-4　雨崩村客栈服务接待变更过程

方案	变更时间	具体内容	变更的主要原因
方案 1	1998 年 6 月	以户为单位轮流值班（"轮值户"），安排游客住宿，费用由接待户负责收取；如果游客未到轮值户家住宿，接待户应将住宿费的一半（5 元 / 人·晚）返给轮值户，但游客餐饮和商品销售获得的收入全部归接待户	大部分社区居民认为村干部 5 元 / 人·晚的收入分配不公平
方案 2	2005 年 4 月	一般时间由轮值户负责游客，"黄金周"期间（五一、十一和春节），由村干部带领轮值户安排游客住宿，并到接待户家收取住宿接待费用，然后返还轮值户	轮值户认为接待户瞒报实际接待人数，未按规定将足额收益返还给自己
方案 3	2007 年 4 月	将全村 33 户分成 8 组，每组 4 户（第 8 组有 5 户），每天轮一组（称为轮值组）负责安排接待游客，并到接待户收取一半的住宿收益，在组内进行均分	赋予游客住宿选择的灵活性，有效地监督接待户，避免其瞒报行为
方案 4	2008 年 8 月	保留"分组"接待的方法，但轮值组到住宿接待户分得的收益由 10 元 / 人·晚，调整为 5 元 / 人；轮值组将游客送到接待户，根据游客人数当场收取（5 元 / 人）收益，在组内进行均分	游客住宿自主选择性要求增强，接待户所占数量比重增加，认为 10 元 / 人·晚的收益分配不合理，要求降低

　　从整个住宿接待收入分配的变化过程来看，经历了由"轮值户（组）"认为的公平向"接待户（组）"认为的公平转换。这一过程是两大阵营在传统权力机构"家长会"上进行权力斗争的结果，反映出接待户在"家长会"中的议价能力日益超过"轮值户"，旅游接待收益由绝对公平向相对公平转变[299]。

---

　　① 雨崩村于 2016 年 3 月可实现汽车通行，但只有景区管理一辆皮卡车可以通行，该车从雨崩村发车到西当村，到达西当村后第二天从西当村返回雨崩村。主要负责运输相关生活品、建筑材料进村，运送垃圾出村和接送病患伤员，不允许运输游客。

整体来看，雨崩村社区参与旅游扶贫开发的利益分配是以"户"为单位展开的，"户数"构成社区旅游收益分配的基本单元，鉴于此，雨崩村"家长制"通过的村规民约中对"户籍"进行了严格限制。规定："每一年雨崩村只能经过协商新增一户农户"。1991—1999年间雨崩村农户从21户增加到24户。但是，伴随着当地旅游的发展及规模的壮大，为了使家户在社区旅游扶贫开发"公平性"的利益分配机制中获得更多收益，雨崩村的家户结构发生了较大变化。具体如表3-5所示：

表3-5　雨崩村旅游扶贫开发及家户结构变化比较 ①

比较内容	1998 年	2008 年	2018 年
旅游者人数	不到 100 人次	1.7 万人次	4 万余人次
旅游收入	1.3 万元	255.6 万元	800 万元
客栈数量	2 家 （阿荣老师客栈、神瀑客栈）	4 户独立客栈	25 间客栈，15 家餐饮店
家户及人数	24 户，133 人	34 户，158 人	47 户，170 余人

通过表中数据比较可以发现，在雨崩村社区参与旅游扶贫开发过去的二十年中，旅游者人数的增加并不快，与之形成鲜明对比的是，村中客栈数量却在急剧增长。就旅游社会收入统计来看，一直以来，进入雨崩村的旅游者消费水平较低，人均不到200元，旅游扶贫效益并不高，这本身也比较符合背包旅游者的消费特征。相较而言，雨崩村家户的数量增长比较快，这也很好地反映了旅游开发对当地传统"一妻多夫"和"联合家庭"结构的影响。整体来看，雨崩村社区参与旅游扶贫的"轮换制"模式也产生了很好的综合效应。具体表现为：

（1）实现了社区居民旅游扶贫收益的最大化。在雨崩村，社区居民成为旅游经营和受益的主体，当地的轮换制不仅是一种利益分配机制，更是一种

---

① 表格数据根据刘相军（2009，2019）、孙九霞（2014）不同时期在雨崩村实地调研、刊发的相关文章整理而来。具体可参见：[1] 刘相军，杨桂华.传统文化视角下的社区参与旅游收益分配制度变迁机理研究——以梅里雪山雨崩藏族村为例 [J].旅游论坛，2009，2（3）：366-369.[2] 刘相军，孙九霞.民族旅游社区居民生计方式转型与传统文化适应：基于个人建构理论视角 [J].旅游学刊，2019，34（2）：16-28.[3] 孙九霞，刘相军.地方性知识视角下的传统文化传承与自然环境保护研究——以雨崩藏族旅游村寨为例 [J].中南民族大学学报（人文社会科学版），2014，34（6）：71-77.

利益调节机制，能够确保每家每户都拥有平等的参与权和利益分享机会，当地旅游开发整体效益虽然不高，但是社区居民却能最大限度地受益，使旅游发展拥有强大的群众基础。

（2）能够为旅游者提供良好的旅游体验氛围。由于政府和企业没有介入当地的旅游扶贫开发，当地社区较少受到外来商业文化的冲击，当地民风淳朴、居民热情好客，加之能直接从旅游参与中受益，社区居民对旅游者普遍持欢迎的态度，营造了当地良好的旅游体验文化氛围。

（3）培养了社区居民的民主和认同意识。在"家长会"和"轮换制"的约束、协调作用下，当地的传统文化和习惯被很好地植入当地旅游扶贫开发中，进一步增强社区居民对民族传统文化和自身身份的认同感，促进社区的组织建设。

3. 雨崩村"轮换制"的困境及组织形式变迁

事实上，雨崩村社区参与旅游扶贫开发模式的形成具有一定的个案性。垄断性的旅游资源优势为其旅游扶贫提供了得天独厚的先天基础，而封闭的交通和地理条件又制约了政府和外来投资商的介入。当地的社区参与是一种以个体农户为单元的"参与"，其在根本上缺乏制度和组织的保障，一旦有外来旅游资本和力量介入雨崩村，当地社区参与旅游扶贫的利益分配机制必然发生动摇。这种模式在运行过程中也面临着很多困境，表现在：

（1）旅游产品形式单一，扶贫效益不显著。自20世纪90年代社区参与旅游扶贫以来，雨崩村的旅游开发主要依托于雨崩神瀑和冰湖笑农牧场，旅游服务形式主要为牵马和客栈接待，这种初级的旅游接待方式延续至今。截至2014年，雨崩村都没有正式的旅游商品售卖店，虫草、松茸、胡黄连等在特定时间出产且量少，背包游客一般要通过委托当地熟悉的村民才能购买到[300]。另外，由于雨崩村的客源主要以深度徒步和探险旅游者为主，一直以来增长比较缓慢，加之这一群体消费水平不高，村民在参与旅游扶贫过程中的收益规模有限。

（2）旅游公共产品供给不足，社区参与旅游扶贫的社会效益不显著。雨崩村旅游扶贫的社区参与体现为以个体家庭为单元的参与，参与者只关注自身效益的最大化。由于地方经济发展水平不高，加之缺少核心组织的统筹和领导，当地旅游公共产品供给不足。村中直至 2016 年才可以通行越野车，但旅游者进入雨崩村还是要通过步行或骑马，当地主要利用河流水利发展，电力设施建设严重不足。垃圾清理主要由各经营户自己负责所经营的区域，客栈无污水处理系统，废水直接排入雨崩河。雨崩村社区参与旅游扶贫效益主要局限于经济方面而社会效益并不显著。

（3）旅游扶贫的经济收入差距日益拉大。一直以来牵马和客栈经营构成雨崩村社区参与旅游发展经济收益的主要来源。牵马服务以全村农户为轮换对象，技术要求不高，社区居民收入差距并不大。客栈经营则不然，受经济实力、地理位置、市场知名度、社会背景关系以及经营管理能力等方面的影响，雨崩村户与户之间在该项收益上存在巨大差异。2008 年，雨崩村客栈接待服务总收益 75.9 万元，而徒步者之家、梅里第一家和神瀑客栈 3 家经营较好的客栈收益就高达 46 万元，占全村总收益的 60.6%。其余 9 家客栈收益仅为 29.9 万元，占全村总收益的 39.4%；而另外 22 家则没有客栈经营收入[298]。从 2008 年开始，雨崩村居民纷纷尝试将自家客栈出租给外来者经营，部分年轻人外出务工，各家在旅游发展中的收入差距更是进一步被拉大。

（4）面临旅游扶贫的脆弱性风险。由于参与旅游发展的收益明显高于传统的农业，如今雨崩村村民已完全放弃传统农牧业，粮食、蔬菜均大量依赖外部进口，经济结构单一。一直以来，雪山、神瀑、圣湖和当地的藏族风情是雨崩村旅游发展最重要的吸引物，由于旅游交通不便、与世隔绝所形成的神秘感，其吸引力主要指向小众的徒步探险旅游者。客源市场结构单一，且规模有限，当地的旅游收益方式也基本依赖于牵马和客栈的劳务性收入。在旅游发展明显的季节性作用下①，当地社区参与旅游扶贫发展的脆弱性特征显著。

由于地理条件影响，雨崩村的社区参与旅游扶贫一直是在一种比较孤立和封闭的背景下展开的。由于当地旅游者的数量和结构未发生比较大的变化，使得当地社区参与旅游扶贫的"轮换制"模式变迁相对缓慢。事实上，完全可以预见，无论是交通、竞争环境还是客源市场需求的任何一种变化，都会给雨崩村的社区参与旅游扶贫模式带来深刻影响。

---

① 雨崩村旅游淡季为 11 月至次年的 3 月，这期间当地昼夜温差较大、气温低且草木枯萎，景致较差，4 月份雨崩村气温回暖为过渡期，而 5 月至 10 月是雨崩村的旅游旺季。

　　2005 年雨崩村作为梅里雪山的一部分被划归给云南省迪庆藏族自治州梅里雪山风景管理局管理，管理局设立后向每位进入景区的游客收取 60 元的门票费用，同时，管理局为当地提供一定的基础设施和公共服务。由于地方政府的介入仅仅参与了景区门票分成，对于雨崩体量不大且主要以深度旅游为主的客源市场结构并未产生实质性的影响。相较而言，推动雨崩村社区参与旅游扶贫变迁最大的动力来自客栈经营权的出租。2008 年雨崩上村的阿主那和阿那里率先将自家的老房子和客栈租给外地人经营，由此拉开了雨崩村客栈出租的热潮。来自全国各地乃至国外的经营者纷纷加入雨崩村的客栈经营大军中，不善经营管理的当地社区居民通过客栈外包获得了高额租金。到 2014 年，雨崩村经营最早的 3 家客栈（神瀑客栈、徒步者之家和梅里第一家）均已租给外地人，其中，"徒步者之家"一年的租金已高达 42 万元，高额的房租收益激发了当地新建客栈的热情[297]。截至 2013 年年底，雨崩村只有一栋房屋且未经营食宿服务的农户仅有 4 家，其余 31 户均有两栋或两栋以上房屋[301]。与狂热的客栈建造热相比，雨崩村的客栈已明显供过于求，在旅游淡季，每天进入雨崩村的游客仅 30 人左右，但却有 50 多间客栈可供选择。与此同时，客栈价格的竞争也趋向白热化，每个床位收费从 25 元到 200 元不等[302]。

　　外来经营者的介入完全打破了雨崩村旅游接待的"轮换"制度安排，如今所有的客栈收益均归客栈老板所有，牵马人群中也有了摩托车队伍的加入，且部分被出租给外来经营者，值班、顺延的家庭"轮换制"早已渐行渐远。更为严峻的挑战在于：当地的藏族青壮年大多不愿意待在偏僻不便的雨崩村而选择外出打工，如今生活在村内的大多为外来开客栈的经营者和周边村寨的打工者，深处梅里雪山腹地、人迹罕至的雨崩村在社区参与旅游扶贫开发的过程中也出现了"空巢化"现象。相较于旅游扶贫开发中高昂的经营成本和物价①，更为值得担忧的是当地的生态环境问题。旅游扶贫开发前，雨

---

　　① 根据邓娜 2017 年的实地调研，由于运输成本极高，本身一块 3 元钱的砖，运到村中为 15~16 元，物价方面：雨崩村的餐饮收费一般为：粑粑（青稞饼），10 元 / 张；面条，20 元 / 碗；素菜，15 元 / 盘；蔬菜汤，20 元 / 份；荤菜，30 元 / 盘；小商店里泡面价格 10 元 / 桶；雪碧等汽水，8 元 / 瓶。物价比外界的收费高很多。具体可参见：邓娜 . 雨崩村社会转型中的经济活动变迁研究［D］. 宁夏大学，2017：99-102.

崩村的藏族居民有着严格的环境保护意识，神山中的神树是绝对不允许砍伐的，只有修建庙宇时经寺院同意才能少量砍伐，工程竣工要向神山烧香谢罪，村规中也明确规定全村每年只允许建 1 间新房，且只能到"日封线"① 以下的集体林中采伐[303]。千百年来，这些传统始终被当地居民严格恪守，即便是在生活最为困苦且得到政府许可的前提下，社区居民也从未打破这一传统②。但是，在客栈出租经营的利益驱动下，这些禁忌均已被打破，"梅里雪山里再大的树都可以被砍倒，在神圣的日封区内，油锯之声此起彼伏。"③ 截至 2013 年年底，雨崩村因乱砍、盗伐被林业管理部门处罚的农户已达 20 户[297]，但是，在高额的房租收益面前，罚款处罚丝毫也不能遏制村民的砍树热情，罚金也被纳入新建客栈的"成本"之中转嫁给外来经营者。与此同时，外来经营者和旅游者也给当地脆弱的生态环境增加了负担，由于处在神山脚下，垃圾不能就地掩埋或焚烧而必须外运，连同未经处理直接排入雨崩河的生活污水，当地生态环境正遭受不可逆的影响。

在产业竞争环境和经济利益最大化的驱动下，雨崩村社区参与旅游扶贫开发的"轮换"模式已荡然无存，如今，梅里雪山国家公园景区成为最高管理者，村干部只负责管理本村的基本事务，旅游发展的收益均成为社区居民和外来经营者自己的事情。梳理雨崩村社区参与旅游扶贫开发的主体、参与方式及利益机制均发生了一系列的变化，具体如表 3-6 所示：

---

① "日封线"由当地寺庙喇嘛和行政官员依据海拔高低、距村庄远近等标准，为每个村子山林划出一条线，这条线以上为封山区，禁伐禁攀；这条线以下为资源利用区，可伐木但必须适度，不可乱砍滥伐，否则罚款。

② 1990 年前后，乡政府考虑到雨崩村比较贫困，给予了当地一些木材出售的指标，召开了 3 天"家长会"讨论后，大家认为神山上的树不能砍伐，更不能用于出售。具体可参见孙九霞等的调研访谈录：孙九霞，刘相军.生计方式变迁对民族旅游村寨自然环境的影响——以雨崩村为例 [J].广西民族大学学报（哲学社会科学版），2015，37（3）：78-85.

③ 具体可参见陈飙 2008 年对雨崩村调研时的场景描述：陈飙.乡村旅游管理制度与旅游社会文化影响研究——基于梅里雪山雨崩村的调查 [D].云南大学，2008：30-32.

表 3-6　雨崩村社区参与旅游扶贫方式变化 ①

社区参与	1991—1997 年	1998—2007 年	2008 年至今
参与主体	村委会、社区居民（个别农户）	社区居民（全体）、政府（2006 年）	政府、外来经营者、社区居民
参与方式	自发参与（部分农户）	自主经营（全体农户）	自主经营、资产出租
旅游收益机制	牵马、向导	牵马、向导、经营客栈	房屋出租、牵马、其他租金（马匹）

　　回溯雨崩村社区参与旅游扶贫开发过程，依托于原有"家长制"的文化基础，以"轮换制"的方式，社区居民自主经营、自主决策全部参与到了当地的旅游开发中，既是旅游扶贫开发的主体也是旅游扶贫受益的主体。旅游开发切实促进了雨崩村的经济发展和贫困人口的收入提高。但整体来看，雨崩村的旅游参与本质上是一种"个体农户"参与，呈现出"散、小、弱"特征，一旦有外来旅游企业介入，原来取得的利益均衡和分配制度将土崩瓦解。在社区参与旅游扶贫的过程中，雨崩村奉行的是一种朴素的"公平主义"价值立场，这种"公平"借助于"家长会"少数服从多数的原则，在一定程度上实现了"多数人对少数人的暴力"，这点从 1998 年和 2007 年两次客栈收益分配的改革过程中均可窥视一斑 ②。与此同时，以一种"地方感"的形式，雨崩村的社区参与旅游扶贫还体现出了极强的"村域"意识，这一点在雨崩村经营牵马服务之初就规定，旅游者进入雨崩村属地只能由雨崩村提供接待服务，毗邻的西当村不能参与，以及公路通车后旅游者不得乘车或开车进入这两件事情中都反映得淋漓尽致。事实上，这样的"自我保护"意识无疑与地方政府壮大景区影响力、扩大旅游规模、增加税收等的旅游扶贫整体目标相违背，因此，其也是脆弱的。当然，透过雨崩村的案例我们也应该思考：

————————

　　① 2008 年梅里雪山景区在雨崩村设立管理站，以引导雨崩村旅游业的发展，政府部门实质性介入当地的旅游扶贫开发。

　　② 1998 年雨崩村村民提出神山是大家共有的，借宿接待要实行轮流制，同时两家客栈的经营收入 50% 要拿出来与未参与的居民平均分配，两家独立客栈的经营者极力反对，认为村民并未参与客栈投资，分享 50% 的客栈收益不合理，但"家长会"最终讨论通过均分 50% 的方案。2008 年开始，雨崩村大部分村民均开始经营客栈，接待户的规模增加，最终"家长会"讨论通过，轮值户的分成收益减半，由 10 元 / 人·晚，调整为 5 元 / 人·晚。

其一，对于像雨崩村这样，深处经济、社会、文化和生态脆弱性之中广大民族村寨而言，是否都适宜于壮大市场尤其是大众旅游市场的规模。虽然Harrison（2008）强调旅游扶贫不应排斥大众旅游市场，在旅游扶贫战略制定的过程中，应更多地考虑通过增加就业和产业机会以及更多的集体福利，将贫困人口纳入资本市场之中[173]。但是，仅从经济的角度考虑旅游扶贫效应并不恰当。民族地区脆弱的生态环境背景，以及旅游扶贫开发中承受文化传承保护与经济发展的双重任务，这样的背景也使得民族村寨旅游扶贫应更多考虑旅游产品开发过程中"小而精，特而优"的问题。

其二，在以往县域及以上地理空间单元为范围的旅游扶贫效应分析，尤其是旅游扶贫绩效的定量评价中，研究者们在构建指标体系时均一致强调了旅游扶贫在促进地方文化传承、提升社区居民环保意识等方面的文化和生态效应。然而，当我们缩小考察对象的空间范围，这样的研究似乎也是值得推敲的。在雨崩村，当地社区居民的地方性知识中一直有尊重和保护自然生态环境的意识，恰恰是旅游扶贫开发的影响打破了这种人地关系地域系统的平衡，并演变出了不可逆的生态破坏和环境变迁问题。以此来看，在民族地区旅游扶贫的作用机理要复杂得多，旅游扶贫经济效应的提升并不能等同于社会文化和生态环境效应的提升，三者间并不存在绝对的一致性。在小区域尺度的旅游扶贫绩效评价过程中，采用同一套指标体系、同一种方法来衡量不同维度旅游扶贫绩效的做法也就有待商榷了。

三、国内民族村寨社区参与旅游扶贫的实践启示

从历时性角度梳理和比较郎德苗寨与雨崩村旅游扶贫开发的历程，两个民族村寨均从真正意义上实现了社区参与旅游决策、开发、利益分配的目标，并在没有外来力量影响的前提下，完全由社区居民自己制定旅游发展的规则，社区基层组织在其中发挥了重要作用，秉持一种朴素的"公平主义"理念，大部分社区居民平等参与旅游发展机会和共享利益的权利得以保障。对于这两个村寨旅游开发的各项要素及社区参与旅游扶贫的基本情况，可以列表比较如表3-7所示：

表 3-7　郎德苗寨和雨崩村社区参与旅游扶贫开发比较

比较内容	郎德苗寨	雨崩村
旅游资源条件	自然风光、苗族风情、历史文化	梅里雪山、藏族风情、宗教文化
旅游市场结构	散客市场为主，少部分旅游团	全部为散客、深度旅游者
旅游交通条件	良好（省道308通过）	2016年3月通公路，但旅游者不能通行
旅游区位条件	良好（临近黄果树、西江苗寨）	位于梅里雪山景区内
社区参与旅游扶贫决策机构	旅游接待小组（由村干部、苗族精英、社区居民等组成）	家长会（村干部、社区居民组成）
社区参与旅游扶贫运行方式	"工分制" + 自主经营	"轮换制" + 自主经营
社区参与旅游扶贫利益分配	歌舞展演、食宿接待、旅游商品销售	牵马服务、旅游向导、食宿接待服务

　　通过表 3-7 比较可以发现，"群体参与、公平分配、共同受益"曾经是郎德苗寨和雨崩村社区参与旅游扶贫的基本原则和立场。两个民族村寨的旅游扶贫开发具有诸多相似性，表现在：（1）拥有社区参与的文化基础。无论是郎德的"议榔文化"还是雨崩的"家长制"，两种文化均强调村民（户主）在集体决策中的参与地位和作用，其为民族村寨社区参与旅游扶贫模式的形成提供了先天的文化土壤。（2）实现了社区的高度自治和收益的本土化。通过社区居民主导作用的发挥，在"旅游接待小组"和"家长会"的组织下，两个社区的旅游扶贫开发均实现了收益的本土化，最大限度地减少旅游经济效益的漏损。（3）旅游扶贫开发的对象均为非大众化的旅游市场[①]。郎德苗寨和雨崩村的旅游市场规模均不大，且主要以散客市场为主。其中，雨崩村的旅游市场主要为青年徒步深度旅游者。（4）旅游扶贫开发以公共性旅游资源为基础，且具有一定垄断性。郎德苗寨的旅游扶贫开发起步较早，依托周边山水田园景观，以苗族风情为核心旅游吸引物，而雨崩村则以藏族风情和梅里雪山神圣的自然风光为基础。两个村寨旅游扶贫开发均依托集体共有的

---

　　①　大众旅游涉及人口庞大的旅游者移动现象，但是并不能将"大众旅游"等同于人数的多少，其还涉及移动技术的影响、产业组织方式、社会结构和群体性消费文化等。具体可参见：董培海，李庆雷，李伟.大众旅游现象研究综述与诠释［J］.旅游学刊，2019，34（6）：135-144.

公共性资源，且在各自的区域范围内均具有较高的知名度。（5）成立了强有力的基层组织来保障旅游扶贫开发的组织和协调工作。"旅游接待小组"和"家长会"构成郎德苗寨和雨崩村社区参与旅游扶贫的领导机构，通过"抽成"并介入旅游公共服务建设，郎德苗寨的"旅游接待小组"强化了自身的地位，且并未因政府和开发商的介入而退出。雨崩村的"家长会"虽然也发挥了重要作用，但在外来经营者的强势介入下，其地位不断下降并走向消亡。（6）社区参与旅游扶贫开发的层次均不高。整体来看，无论是郎德苗寨的歌舞展演、食宿接待、旅游商品销售，还是雨崩村的牵马、旅游向导和食宿接待服务，其对于从业者的技能和知识水平要求均不高，也正是基于这样一种"低门槛"的特征，社区居民得以全体、深度参与地方旅游扶贫开发过程。（7）旅游扶贫开发影响的局部性。从内容上看，两个社区的旅游扶贫参与影响主要集中在经济收益方面，而社会文化和生态环境效应的影响并不突出。旅游流的空间集聚和流动过程中所形成的消费是推动社区参与旅游扶贫系统演变最为重要的力量，雨崩村和郎德苗寨虽然都具有一定的旅游资源优势，但由于各种因素的影响，两个村寨均以散客市场为主，从乡镇或县域更大的空间尺度范围来看，其影响十分有限，两个村寨的旅游发展历史虽然已经比较悠久，但影响始终局限于村寨本身，并未对周边区域形成良好的关联带动效应。

与此同时，郎德苗寨和雨崩村的社区参与旅游扶贫也具有一定的差异性，表现为：（1）参与主体的差异。在郎德的"工分制"模式中，不同年龄、不同着装和参与不同类型表演活动的村民获得的"工分"不同，其收益也因此体现差异。这是一种以"个体农户"为基本单元的参与。相较而言，雨崩村的"轮流"牵马和住宿均是以户为单位展开的，"家户"构成社区参与旅游扶贫开发的基本单元。（2）社区参与旅游扶贫的背景有差异。郎德苗寨是贵州乃至全国最早一批开展民族旅游活动的村寨，由于缺乏可资借鉴的经验，在"议榔文化"的影响下，大集体时期的"工分制"成为其社区参与旅游扶贫的选择路径。相较而言，雨崩村主要是由于地理位置和自然环境特殊，交通不便，囿于旅游开发条件的限制，政府和企业不愿介入其中，"轮换制"更多是当地社区参与旅游扶贫开发过程中的一种"无奈"选择。（3）社区参与旅游扶贫开发模式变迁的主导力量不同。虽然，对于旅游扶贫经济效益最大化的追求构成了两个村寨社区参与旅游扶贫开发模式变迁的直接动力，但具体来看，"郎德模式"的变迁更多来源于周边旅游景区开发带来的竞争性压力和政府部门的介入作用，是外部力量催生的。相较而言，雨崩村"轮换制"模式的变迁主要源于当地社区居民将客栈和牵马服务等出租给外来经营者，从而打破了当地社区参与旅游利益分配的格局，这一过程是内部力量催生的。
（4）旅游扶贫基层组织的形式有差异。在郎德苗寨的社区参与中，"旅游接待小组"和村委会合而为一，不仅充分发挥了"议榔文化"的优势，通过提留5%~30%不等的旅游集体收益，"旅游接待小组"实现了对社区旅游扶贫开发文化和经济的双重约束功能，即便是在政府和企业强势介入，村寨社区参与旅游的组织形式发生变迁之后，"旅游接待小组"仍然掌握着一定话语权，并以集体组织的身份与地方政府和投资商进行博弈。相较而言，雨崩村的"家长会"由于没有集体收益的提留，缺乏对于社区居民参与旅游扶贫开发行为必要的经济调控能力，以至于在政府和外来经营者介入以后，"轮换制"迅速走向土崩瓦解。

在第三世界和贫困民族地区的旅游经济发展过程中，旅游业都是较为普遍的一种选择，很重要的一个原因就在于旅游业的技术含量并不高，较少涉及知识产权的影响，其"低门槛"的特征为包括妇女、老人和儿童在内的弱势群体的参与和经济受益提供了可能。但是，正如 Tuson 强调的："与发达国家相比，发展中国家的社区参与在实际运行、制度结构、文化等方面表现出了诸多局限性，以至于社区往往失去对旅游发展的控制力[169]。对于广大的贫困民族地区而言，由于经济发展落后、社区民主意识淡薄、知识水平有限和参与能力不强等因素限制，影响了民族村寨社区参与的目标和实际效果。在中国的社区参与旅游发展模式中早已形成"公司＋社区＋农户""政府＋公司＋农户""旅游协会＋农户""农户＋农户"等多种模式组合，少数民族村寨在社区参与旅游扶贫的过程中也普遍存在村民参与面不大，参与层次低、途径少，不能介入管理和决策等问题[111]。

在郎德苗寨和雨崩村的个案中，社区居民真正得以参与旅游扶贫开发的决策和利益分配，从参与内容到程度均无限接近西方社区参与旅游的"理想型"，然而，两个村寨在社区参与旅游扶贫过程面临诸多困境。从布迪厄的"场域理论"出发，民族村寨社区参与旅游扶贫机制的形成是与民族村寨的社会结构和社区权力基础密切相连的，并彰显出与乡村社会结构和权力结构相适应的外部性特征。无论是郎德苗寨的"工分制"还是雨崩村的"轮换制"，在当地社区主导的旅游扶贫开发中，其权力关系和网络结构均十分简单，在旅游扶贫开发利益博弈过程中更多地体现为居民（普通）与居民（精英）、居民与村委会之间的关系。对于两个村寨而言，在以公共资源为基础，且社区居民拥有同等社会权力的前提下，当旅游发展成为地方扶贫开发重要手段的时候，以"个人"和"户"为基本经济单元组织起来并平等地参与集体性经营活动，这样的模式选择无疑具有一定的必然性。但是，这样的经济和社会网络关系也是十分理想和脆弱的，一方面，在旅游发展的场域中，旅游者的空间流动必然打破民族村寨的封闭状态，在"资本逐利"的带动作用下，政府和旅游开发商对社区的介入也将是一种必然。另一方面，社区的构成并不是均质的，当旅游发展成为一种全新的资源利用方式出现在民族村寨的时候，在经济理性驱动下的内部竞争行为必然会产生矛盾和冲突，这种矛盾和冲突即使是在没有政府和投资商的介入前提下也依然存在，并在资本、权力等的共同作用下展开博弈。事实上，在中国的社区参与旅游扶贫实践中，即便社区不能参与旅游发展的决策，但也同样能够从中受益，这与西方学者认为的参与决策是社区居民获益的前提有着本质不同。

因此，在民族村寨旅游扶贫开发中，一味地强调社区参与决策、参与规划开发和利益分配并不可取，而通过简单粗暴的补偿方式来取代民族村寨和乡村旅游社区居民参与旅游经营活动的做法同样不可取。从贵州的郎德苗寨、云南的西双版纳傣族园和普达措国家公园到四川的九寨沟，摆在我们面前现实的问题是：政府和开发商能在多大程度和规模上实现对社区居民的补偿覆盖？这种补充机制是否是可持续的？是否会扼杀社区参与旅游发展的能力？在旅游发展的利益驱动之下，社区是否愿意持久接受？相关问题无疑是十分值得探讨的。在国内当下的社区参与旅游扶贫实践中，我们应该关注的是在平等互惠的基础上，如何促进社区的发展和社区旅游扶贫效益的最大化，其并不以排斥政府和企业的介入为前提，而更应该关注和探讨多元主体介入旅游扶贫的利益共生和互动，并在社区参与旅游扶贫开发良性发展的道路上，寻求旅游扶贫经济、社会、文化和生态效益的平衡，通过参与主体的"多元化"和"知识化"，实现社区参与旅游扶贫效益的规模递增和良性发展。透过郎德苗寨和雨崩村的案例，以下三点值得思考：

其一，旅游扶贫开发既是一个旅游发展问题，同时也是一个反贫困问题。前者强调效率，而后者指向公平，在实践中，公平和效率需要同时兼顾。虽然不能将旅游扶贫等同于欠发达地区的旅游经济发展，但贫困人口受益也不应当局限于狭隘的村寨视角而忽视区域旅游的整体效益，从地理学的视角切入，在民族村寨社区参与旅游扶贫空间效应的研究中，有必要强调空间尺度间的关联。在旅游与扶贫的关系中，扶贫是目的，但发展旅游却是扶贫的前提和基础。在关注旅游扶贫在特定"节点"（民族村寨社区）上对贫困人口收益影响的同时，更应该进一步强调和探讨其与区域的整体关联和带动作用。民族村寨的社区增权和区域旅游扶贫效益的整体优化目标之间是可以兼容的。

其二，以特定区域为对象，构建指标体系通过量化方法对旅游扶贫在经济、社会、文化和生态方面的效益进行评价，这样的研究范式值得推敲。旅游扶贫的综合效应之间并不存在绝对的一致性关联，雨崩村的案例并非个案，对于广大深处生态脆弱、人地关系复杂且传统文化发挥重要调节作用的民族地区而言，旅游扶贫开发效应的分析和评价需要以条分缕析的方式，综合辩证地来看待。一方面，在类似的少数民族贫困村寨，经济活动往往嵌入社会和文化的约束中，在熟人社会和人际关系互惠基础上形成的地方认同，大大降低了农户参与旅游发展过程中进行合作的协调成本，为社区参与旅游提供了先天基础，但是，社区居民在追求经济效益最大化的旅游参与中，旅游规模壮大和社区参与拓展的过程恰恰又是经济关系从社会关系中脱嵌的过程，旅游扶贫的经济效应和社会、生态、环境效应之间由此出现脱节。另一方面，在民族传统文化的作用下，少数民族地区往往形成独特的适应当地文化生境的人地关系理念，其生存智慧甚至是十分值得深处工业化和城市化背景中的主流社会效仿和学习的，恰恰是旅游发展的外生变量催生了不利的变迁和影响。

其三，社区参与旅游扶贫包括旅游扶贫是一个动态的系统。旅游者需求是系统演变的直接动力,对于特定少数民族村寨而言,在政府、旅游开发商和社区居民等不同利益主体的博弈下,旅游地往往会经历不同阶段的演变。由于不同阶段的旅游市场、产品特征、利益相关者关系和社区参与程度均会发生动态的变化。从而演化出不同的旅游扶贫开发模式,因此,旅游扶贫空间效应的分析要兼顾历史与现实、时间与空间的统一,通过不同类型、不同发展阶段社区参与旅游扶贫案例地的综合比较,才能实现对民族村寨社区参与旅游扶贫作用机理和效应演化过程的深描。

第4章　滇西边境山区民族村寨社区参与旅游扶贫的空间效应分析

一、滇西边境山区旅游扶贫的特质性

2016 年,《中华人民共和国国民经济和社会发展第十三个五年（2016—2020 年）规划纲要》提出全力实施脱贫攻坚,把贫困老区、民族地区、边疆地区、集中连片地区作为脱贫攻坚难点,持续加大对集中连片特困地区的扶贫投入力度,最终实现区域性整体脱贫,全面建成小康社会的目标。事实上,"连片"和"特困"不仅是"空间"的概念,也是"社会"的概念。连片特困地区主要集中于边境沿线和民族聚居区,由于自然地理条件的限制,山高谷深、位置偏远且交通不便。从文化层面来看,其社会发展迟滞性和隔离性突出、生产生活粗放、主动融入社会发展主流意愿低、商品经济意识落后,贫困文化在地方社会经济发展中表现出了极强的约束性。从经济形态来看,该类区域的发展高度依托传统农业种养,以家庭农户为基本单元的经济结构表现出极强的封闭性特征,发展后劲不足。

由于整体社会经济发展水平不高,集中连片特困区的各种自然和人文旅游资源较少受到干扰和破坏,绝大部分集中连片特困区成为天然的旅游资源富集区,这为该类区域的旅游扶贫开发打下了坚实基础。但是,旅游业是综合性和关联性极强的集群产业,其脆弱性特征十分显著。旅游发展的资源条件、区位、交通、经济、社会和文化背景等都会对区域旅游发展构成影响。作为云南省四大集中连片特困区之一,滇西边境山区拥有良好的旅游扶贫开发资源条件,但也面临诸多的挑战和限制。整体来看,民族村寨社区参与旅游扶贫与区域旅游发展背景环境之间存在着错综复杂的耦合关系，描述并分析滇西边境山区旅游扶贫的特质性是探讨其民族村寨社区参与旅游扶贫空间效应的前提，而这一问题的探讨应同时立足于滇西边境山区贫困问题的复杂性和区域旅游发展的特殊性背景。

（一）滇西边境山区贫困的复杂性

滇西边境山区的贫困问题交织着自然、生态和社会等多元特征，虽然其贫困问题与其他地区存在共性，但是，由于自然地理条件、历史、文化等与其他地区的差异，滇西边境山区的贫困呈现多元图景，且有着自己的特殊性，并不能简单套用一般地区的扶贫模式。

1. 贫困面大，贫困程度深

滇西边境山区是云南省典型的"老、少、边"深度贫困地区。作为我国革命老区形成最早的省份之一，云南省有 59 个革命老区县，其中 44 个为国家级贫困县，它们大部分集中分布于滇西边境山区。滇西边境山区也是全国 14 个集中连片特困区中民族自治地方和实行区域自治的少数民族成分最多的地区，拥有 6 个少数民族自治州、20 个少数民族自治县。2010 年国家贫困线标准调整后，滇西边境山区 16 个跨境民族 189.84 万人口中有 100.1 万为贫困人口，贫困发生率为 52.7%；8 个人口较少民族总人口为 38.3 万人，其中贫困人口有 26 万人，贫困发生率为 67.9%，11 个"直过民族"和人口较少民族中有贫困人口 138 万，贫困发生率更是高达 91.1%[304]。与此同时，滇西边境山区范围内边境线长达 3148 公里，云南省 25 个边境县有 19 个集中于本区。在各种自然、历史和文化因素的限制下，滇西边境山区呈现出贫困面大、贫困程度深的特征。本区涉及的 10 个州市大部分县域为贫困县，56 个县中有 45 个为国家级重点扶贫县，是云南省脱贫攻坚工作的重中之重（见表 4-1）。

表 4-1　滇西边境山区国家级贫困县分布

州、市（10 个）	下辖县、区、市域（56 个）	国家级贫困县（45 个）
保山市	隆阳区、施甸县、龙陵县、昌宁县	3 个：施甸县、龙陵县、昌宁县
丽江市	玉龙纳西族自治县、永胜县、宁蒗彝族自治县	2 个：永胜县、宁蒗彝族自治县

续表

州、市（10 个）	下辖县、区、市域（56 个）	国家级贫困县（45 个）
普洱市	宁洱哈尼族彝族自治县、墨江哈尼族自治县、景东彝族自治县、景谷傣族彝族自治县、镇沅彝族哈尼族拉祜族自治县、江城哈尼族彝族自治县、孟连傣族拉祜族佤族自治县、澜沧拉祜族自治县、西盟佤族自治县	9 个：宁洱哈尼族彝族自治县、墨江哈尼族自治县、景东彝族自治县、景谷傣族彝族自治县、镇沅彝族哈尼族拉祜族自治县、江城哈尼族彝族自治县、孟连傣族拉祜族佤族自治县、澜沧拉祜族自治县、西盟佤族自治县
临沧市	临翔区、凤庆县、云县、永德县、镇康县、双江拉祜族佤族布朗族傣族自治县、耿马傣族佤族自治县、沧源佤族自治县	7 个：临翔区、凤庆县、云县、永德县、镇康县、双江拉祜族佤族布朗族傣族自治县、沧源佤族自治县
楚雄彝族自治州	双柏县、牟定县、南华县、姚安县、大姚县、永仁县	5 个：双柏县、南华县、姚安县、大姚县、永仁县
红河哈尼族彝族自治州	石屏县、元阳县、红河县、金平苗族瑶族傣族自治县、绿春县	4 个：元阳县、红河县、金平苗族瑶族傣族自治县、绿春县
西双版纳傣族自治州	勐海县、勐腊县	1 个：勐腊县
大理白族自治州	漾濞彝族自治县、祥云县、宾川县、弥渡县、南涧彝族自治县、巍山彝族回族自治县、永平县、云龙县、洱源县、剑川县、鹤庆县	9 个：漾濞彝族自治县、弥渡县、南涧彝族自治县、巍山彝族回族自治县、永平县、云龙县、洱源县、剑川县、鹤庆县
德宏傣族景颇族自治州	芒市、梁河县、盈江县、陇川县	1 个：梁河县
怒江傈僳族自治州	泸水市、福贡县、贡山独龙族怒族自治县、兰坪白族普米族自治县	4 个：泸水市、福贡县、贡山独龙族怒族自治县、兰坪白族普米族自治县

2. 地理资本不足，空间贫困问题突出

"地理资本"是用于描述"空间贫困陷阱"的一个核心概念，其最早于 1997 年由贾兰（Jalan）和拉瓦雷（Ravallion）提出，指的是空间位置与自然环境条件相互作用所形成的经济、社会和人力资本等在空间地理区位中的集合[198]。从"空间贫困理论"出发，空间贫困陷阱形成于地理区位禀赋的差异，特定区域范围内自然和社会资源的空间分布不均衡状态会直接催生或加重区域贫困现象。滇西边境山区大部分位于横断山区南部和滇南山间盆地，高黎贡山、怒山、哀牢山和无量山等纵贯其间，怒江、澜沧江、金沙江等穿越其中，整个片区内，最高海拔 6740 米，最低海拔 76.4 米，河谷落差极大，

立体性气候特征显著。与此同时，滇西边境山区还占据了云南省 8 个地震带中的 5 个[①]，地震活动频繁。各少数民族主要集中分布于高海拔山区，自然条件恶劣，生态环境脆弱。以怒江州为例，由于山高坡陡，仅在河谷地带分布有少量耕地，全州 76.6% 的耕地坡度均在 25 度以上，农业经济活动效率极低，下辖的 4 个县均为国家级贫困县。滇西边境山区空间位置上的边缘性进一步强化了民族村寨社区的封闭性和落后性。由于地理资本不足，滇西边境山区的经济社会发展陷入"PPE 怪圈"[②]，人地关系矛盾突出。当地严重依赖自然资源和破坏生态环境的生计模式亟待改变，通过优化产业要素的空间布局，并提高贫困人口素质，并最终实现"提升人口素质—改善生计方式—实现环境恢复善—促进经济社会发展"的良性循环目标，是滇西边境山区民族村寨社区参与旅游扶贫开发的必然路径。

3. 制度性贫困与文化贫困相交织

制度性贫困体现为由于社会、经济、政治、文化制度所决定的生活资源在不同社区、区域、群体和个人之间的不平等分配所造成的贫困现象[189]。一方面，我国传统城乡二元的社会经济体制在很大程度上造成了农村的贫困状态。滇西边境少数民族聚居的农村地区生计方式主要以农业为主，农业生产投入与产出失衡，粗放式的农业生产方式导致农村剩余劳动力转移困难，产业结构单一，附加值不高。囿于经济发展水平低和地方财政收入有限，地方政府提供公共服务的水平和能力也不高，尤其是在协调区域旅游扶贫开发过程中不同利益相关者关系时的政策制定和制度保障能力比较低，容易形成区域旅游开发过程中各主体间利益分配不均的格局，导致区域性和群体性贫困现象。另一方面，由于地方经济社会发展的历史基础薄弱，封闭的地理区位和恶劣的自然环境条件相叠加，极大地限制的了市场和社会的发育程度，

---

① 滇西边境山区分布的 5 大地震带分别为：中甸—大理地震带、腾冲—龙陵地震带、澜沧—耿马地震带、思茅—普洱地震带、南华—楚雄地震带。

② "PPE 怪圈"即贫困（poverty）—人口（population）—环境（environment），"PPE 怪圈"充分体现了农村贫困人口的生活方式：贫困导致人口增加和生态环境趋向恶化，反过来人口快速增长又使贫困加剧，致使生态环境更加脆弱，而脆弱的生态环境使贫困程度进一步加深，成为一种恶行循环。具体可参见：张惠远，蔡运龙，赵昕奕. 环境重建——中国贫困地区可持续发展的根本途径 [J]. 资源科学，1999（3）：3-5.

最终形成了自给自足的生产方式，社会分工不显著。加之，由于地处偏远，交通不便，限制了不同民族间的社会文化交流，滇西边境山区少数民族中大量保持着请客礼祭的风俗习惯，资本积累的意识淡薄。部分民族文化中不符合现代社会习俗、行为规范和惯例的文化事项经过长期积淀，形成独有的"贫困文化"现象，进而深层次影响其生产和生活水平的提高。滇西边境山区制度性贫困和文化贫困相交织的特征，使其扶贫边际成本高、内生动力弱、脱贫难度达，且返贫风险高。

4. 贫困脆弱性特征显著

脆弱性同时体现为个人或群体面临风险，以及因遭受风险致使财富缩水或生活质量降低的可能性。脆弱性包括群体受到冲击和对抗冲击的实力两方面，两者相比较的结果即脆弱性[305]。脆弱性交织是滇西边境山区的贫困特征之一，由于生存环境恶劣，生态脆弱，以传统农业为主的生计方式，在自然环境的影响下抗灾能力较弱。农业生产的市场波动性较大，使得贫困人口的生存状态脆弱，极容易在自然和市场的影响下返贫。在自然、历史、社会和文化等各种因素的综合作用下，滇西边境山区城市与农村、旅游地与非旅游地、交通优势区与交通非优区等区域间经济发展不平衡，多维脆弱性特征在空间中的叠加构成了区域经济社会发展的贫困陷阱。

（二）滇西边境山区旅游发展的特殊性

在滇西边境山区贫困本底特征的影响下，该区旅游发展在旅游资源特征、旅游市场结构、旅游交通条件、旅游服务设施、旅游投融资、旅游人才供给等方面均表现出了诸多的特殊性，其在很大程度上制约了当地旅游扶贫开发模式的选择及成效。透过"社区参与旅游扶贫的动力系统"结构及其驱动机理的分析，"旅游吸引力构成社区参与旅游扶贫的直接动力，而旅游者需求构成社区参与旅游扶贫的核心动力"。因此，旅游吸引力和旅游市场结构的分析是揭示滇西边境山区旅游发展特殊性的关键所在。

1. 民族文化是滇西边境山区旅游吸引力的核心载体

民族旅游的实质是以民族文化、民俗风情、民族特产为核心旅游吸引物的旅游活动，社区居民的行为及其所有物、环境与氛围共同构成民族旅游的载体[10]。民族文化是民族地区发展旅游最重要的吸引物之一，在此背景下，民族地区的旅游发展始终面临民族文化开发与保护的双重悖论。一方面，旅游开发需要依托当地丰富而独特的民族文化旅游资源，它是民族地区旅游产品的核心竞争力所在，但是，在经济效应的驱动下，旅游开发的结果又往往会使民族地区的特色文化遭到冲击甚至毁灭。在民族村寨的旅游开发过程中，诸如民族歌舞、节庆和建筑等，最容易被市场所认可并吸引旅游者的显性文化元素会被最先搬上舞台予以展示。而民族文化中隐性的文化信仰内核却被逐渐淡化，这一过程从根本上改变了民族文化的生境。在旅游扶贫开发的过程中，按照旅游者和开发商的需求，民族村寨的各种文化景观通过符号化的方式被裁剪和包装。伴随着旅游业的发展，大量外来旅游流对旅游地的文化带来了深刻的冲击，使当地旅游社区出现"汉化、城市化"等趋同性变异，本民族的文化亦向商品化和浅表化发展[306]。旅游的发展造成了文化语境的巨大变迁，使得原本支撑地方旅游业发展的民俗文化的特色和魅力随之淡化，民族旅游地也因此而失去了赖以存在和发展的根基。大凡旅游经济越发达旅游开发所带来的文化影响也越大，这在发展民俗旅游的地区表现得尤为显著[307]。在民族文化的约束之下，贫困民族地区旅游扶贫开发的经济效益和社会文化效益之间甚至会出现相背离的情况。因此，滇西边境山区民族村寨的旅游开发必须同时处理好民族文化开发与保护的关系，其旅游扶贫开发也必须在经济效益、社会文化效益和环境生态效益之间寻求一种良性的平衡。

2.旅游资源开发的主体单一

旅游发展的综合性和关联性决定了任何一个区域在旅游发展的初期都要进行诸如道路、水电、通信等基础设施建设的投入。滇西边境山区大多地理位置偏僻、地形条件复杂，公共基础设施建设投入成本较大，其高度依赖政府部门的投入，而社区居民往往很难自发进行大规模的公共基础设施建设，对于旅游企业而言，其介入也面临投资大、见效慢和市场风险高等问题。由于旅游项目投资、建设、运营、收益的周期比较长，企业和社区居民参与旅游发展的积极性整体都不高。与此同时，对于广大的民族地区而言，政府、企业和社区居民在旅游开发的利益博弈过程中，社区居民由于参与发展的能力和水平有限，往往形成小部分居民和外来投资者掌握旅游发展先机的局面，由此导致区域经济由整体贫困向贫富两极分化，进而导致本地社区居民之间、本地社区与外来投资者和政府部门间在利益分配过程中的矛盾。因此，在滇西边境山区的旅游扶贫开发过程中，大多形成了政府或企业单一主体主导的旅游开发格局，而社区往往停留在形式上的参与，制约了旅游发展的规模拓展和效益提升。

3. 面临替代性竞争

整体来看，神奇的自然景观和古朴的民俗文化景观构成滇西边境山区旅游发展的两大核心产品。从自然景观来看，该区以高山、峡谷、草原、荒漠等为主，具有明显的大景观尺度特征。一方面，其审美需要长时间借助旅游交通工具实现位移，当游客长时间地穿行其间，审美效果将逐渐下降，容易滋生枯燥、乏味感。另一方面，从小尺度的区域范围来看，这些景观节点往往表现出极强的同质性。从民俗文化景观来看，多元民族大杂居、小聚居的分布格局之下，不同民族文化之间相互融合，文化的辨识度并不高。在民族旅游扶贫开发的实践过程中，出于摆脱贫困的强烈愿望，决策部门往往从旅游者需求的立场出发，从丰富的民族文化元素中选取那些旅游者感兴趣的符号事项，通过文化过滤和筛选，将那些较受游客欢迎、旅游价值较高的文化元素从原本的整体中分离出来，将其概念化、景观化、具象化[308]。然而，旅游者的消费具有典型的符号象征意义，其往往只会选择特定区域范围内最具典型性和代表性的民俗文化符号进行消费和体验，对于区域内部不同民族文化主体而言，必然面临客源争夺的局面。就滇西边境山区大理、丽江、德宏和西双版纳几大旅游热点目的地来看，民族文化和自然山水风光均构成其旅游扶贫开发的核心竞争力，大理强调白族风情，丽江凸显纳西族文化，德宏和西双版纳重点开发傣族和景颇族文化，在自然风光方面，大理和丽江均以高山、草甸和湖泊景观为依托，德宏州和西双版纳打造热带风情景观。各旅游目的地之间旅游产品同质化特征显著，具体到各区域内部不同民族村寨之间替代性竞争的问题则更加突出[309]。

4. 高度的外部市场依赖性

近年来，伴随着国内大众旅游市场的蓬勃发展，国内客源市场结构日益呈现出散客化和近程化的趋势，这为乡村旅游和民族村寨旅游的发展提供了前所未有的机遇。但是，一方面，我国民族旅游地尤其是以景区为依托的民族旅游地，其客源市场构成主要为中东部发达地区的外部客源市场。旅游是在资源基础之上，围绕"地域品牌"的生产和消费所形成的产业链。对于入滇旅游者而言，其并没有必要完整体验云南省 25 个少数民族风情。在旅游资源具有较高相似性的前提下，共同的客源市场结构进一步强化了滇西边境山区各旅游地间的竞争关系。另一方面，相较于近程化的内部客源市场结构，外部客源市场对于旅游产品的质量和结构往往有着更高层次的要求，这也意味着单一的政府、企业或社区主导的旅游扶贫开始模式往往很难迎合旅游者对高品质旅游体验质量的追求。

综上，滇西边境山区贫困面大、贫困程度深，多维贫困相交织的特征在很大程度上决定了旅游发展是该区摆脱贫困，实现内生发展的重要路径。民族文化滇西边境山区旅游吸引力的核心载体，这也意味着作为文化的创造者和享有者，社区居民在区域旅游扶贫开发中的参与是不可或缺的。但是，透过雨崩村和郎德苗寨的实践经验，社区参与并不能以排斥政府和企业的介入为前提。事实上，鉴于连片特困民族地区旅游发展过程中面临的外部客源结构、替代性竞争和开发主体单一的局限，政府、企业、社区等多元主体的协同共生是十分必要的。我国少数民族村寨旅游开发的实践早已表明，仅依靠社区的"内源式"发展无法解决旅游资源开发深度不够、公共产品供给不足、市场规模难以拓展等系列问题，与高度的外部市场依赖相伴生的也将是区域旅游发展的粗放经营、降低旅游品质和破坏环境的代价[3]。如何协调政府、社区和企业间的关系，实现不同利益主体间的和谐共生成为滇西边境山区民族村寨社区参与旅游发展过程中亟待解决的问题。

二、案例地选择及概况

（一）案例地选择

云南省集边疆、民族、山区和贫困于一体，其脱贫攻坚成果巩固的特殊性、复杂性、艰巨性在全国罕见。从贫困面来看，云南省 129 个县区中 88 个为国家级贫困县（区），贫困县数量占全国贫困县总数的 10.58%。从脱贫难度来看，云南省有 27 个深度贫困县，涉及 3539 个深度贫困村，深度贫困人口占全省贫困人口的 64%。从贫困村和贫困人口的分布来看，主要集中于滇西边境片区、乌蒙山片区（云南部分）、迪庆藏区和石漠化片区（云南部分）的 4 个集中连片特困地区，涉及 93 个县（市、区），总面积 32.01 万平方公里，该区 2015 年总人口约 3250 万人，其中尚有贫困人口约 515 万人，占全省贫困人口的 90% 以上。作为全国少数民族类型最多的省份，云南省有 25 个世居少数民族，其中有 15 个独有的少数民族。截至 2014 年年底，全省 574 万贫困人口中，少数民族贫困人口占比 42.99%，其中有 8 个人口较少民族是"直过民族"，分布在全省 13 个州（市）、58 个县（市、区），总人口达 232.7 万人，此外还有 120 万聚居在少数民族贫困地区的深度贫困人口[①]。由于地处边疆、生态环境保护良好，云南省拥有得天独厚的自然生态和民族文化旅游资源优势。发展旅游也成为云南省产业扶贫中最为重要的一种手段。在 2016 年 12 月 31 日云南省人民政府下发《云南省人民政府办公厅关于加快乡村旅游扶贫开发的意见》（云政办发〔2016〕151 号）中明确指出："要聚焦 4 个集中连片特困地区、聚焦世居少数民族特别是 8 个人口较少民族，到 2020 年实现全省乡村旅游就业人数达到 270 万人以上，带动 80 万以上农村贫困人口脱贫致富。"民族村寨旅游是云南省旅游扶贫开发的重要模式，作为全国最早开展旅游扶贫开发的省区之一，云南省民族村寨社区参与旅游扶贫实践经验的总结，对于其他连片特困民族地区的旅游扶贫和社区旅游发展均具有借鉴意义。

本书以云南省四大集中连片特困区中，少数民族人口最多、分布最集中，且民族村寨旅游扶贫实践经验积累最为丰富的滇西边境山区为对象，选择布朗族、佤族和怒族 3 个"直过民族"聚居的村寨作为案例，案例地的基本情况如表 4-2 所示：

---

① 上述数据来源为：云南省旅游发展委员会《云南省旅游扶贫专项规划（2016—2020 年）》。

表4-2 3个"直过民族"村寨的基本情况

案例地	民族	全村总人口	少数民族人口	少数民族占比	建档立卡贫困人口
大中村	布朗族	466户；2042人	1483人	72.6%（布朗）	236户；960人
司莫拉村①	佤族	73户；299人	271人	90.6%（佤）	16户，71人
老姆登村	怒族	345户，1221人	1036人	84.8%（怒）	179户；600人

说明：上表数据为3个村寨2019年年底统计数据，由作者通过各行政村村委会提供资料整理。

案例研究中，保山市施甸县摆榔乡大中村（布朗族）、腾冲市清水乡三家村司莫拉佤族村寨和福贡县匹河乡老姆登村（怒族）均位于云南省《滇西边境片区区域发展与扶贫攻坚规划（2011—2020年）》范围内，3个民族村寨均为云南省建档立卡贫困村，同时也是云南省旅游扶贫专项规划中重点建设的140个民族文化型旅游扶贫村。其中，腾冲市清水乡三家村和福贡县匹河乡老姆登村于2020年11月入选云南省76个"旅游扶贫示范村"。3个民族村寨均具有典型的"直过民族"聚居特征和一定的旅游发展基础，且3个村寨的旅游扶贫开发目前均主要依托社区的力量进行组织，基本没有受到外来企业和投资者的干扰，由于旅游发展和社区参与程度的不同，3个"直过民族"村寨可基本对应于社区参与旅游扶贫的初级、中级和高级阶段。具体来说，研究对象及案例地的选择主要基于以下四个方面的考虑：

其一，是研究的现实意义。滇西边境山区是我国14个集中连片特困区中边境县和少数民族数量最多的地区，辖区内19个边境线与缅甸、老挝和云南接壤，16个民族跨境而居，是云南省确保边疆稳定的前沿区域。该区的旅游扶贫开发有利于巩固祖国统一和维护边疆稳定。此外，滇西边境山区聚居了25个少数民族，各少数民族受佛教、伊斯兰教、天主教、基督教、道教和原始宗教的混合影响，多种民族和多元宗教信仰并存，情况十分复杂。其治理关系到云南省乃至全国兴边富民、巩固民族关系，促进各民族和谐共处、共同繁荣的战略大局。与此同时，滇西边境山区不仅是长江、怒江和澜沧江上

---

① 案例地中，司莫拉为自然村，大中村和老姆登村为行政村。由于目前三家村行政村的旅游发展完全集中在司莫拉自然村，国内相关报道和关注的焦点也集中在司莫拉，本书量化分析的部分司莫拉旅游统计数据也能代表"三家村"的整体情况，并不影响研究数据的比较。

游的生态屏障，也是我国西南和内陆生态安全的重要屏障，该区的生态环境优劣，直接影响到我国和全球的水资源和气候变化趋势。区域民族问题、宗教问题、边境问题和生态安全问题相交织，使得滇西边境山区的旅游扶贫开发研究具有十分重要的实践意义。

其二，是研究区域的典型性。滇西边境山区集边疆、民族、贫困和革命老区为一体，是云南省贫困程度最深，同时也是最早开展旅游扶贫开发的区域之一。作为云南省高品质旅游资源的富集区，截至 2020 年年底，云南省 8 家 5A 级旅游景区有 5 家集中在滇西边境山区，云南省 13 个国家级自然保护区中有 11 个分布在滇西边境片区，辖区内拥有丽江古城、三江并流等多个世界遗产，20 余个国家级风景名胜区、森林公园、地质公园，旅游扶贫开发潜力巨大。民族村寨旅游作为我国西南各省区普遍采用的一种扶贫开发模式，在本区也具有长期的实践基础，自 20 世纪 80 年代以来，辖区内 25 个少数民族均不同程度地开展了民族村寨旅游开发，形成了企业主导、政府主导和社区参与的多种旅游扶贫开发模式，有着丰富的实践素材。这些案例和经验能够为广大贫困民族地区发展社区旅游和旅游扶贫提供参考。

其三，是案例地的示范性。"直过民族"地区自然地理条件恶劣，从原始社会、奴隶社会直接过渡到社会主义社会，社会发育程度较低，其民族文化也有别于其他少数民族。由于社会文化整体发育水平不高，民族文化现象表现出浓厚的"乡土性"特征，大多体现为"生产性"文化，歌舞、节庆、建筑、服饰等文化元素较为古朴、原真，舞台化包装难度大，旅游开发的吸引力有限，且在与汉族和其他少数民族的文化交流中，容易被影响。本书以滇西边境山区 3 个"直过民族"村寨为案例进行跟踪和比较研究，能够实现对集中连片特困民族地区复杂人地关系地域系统演变规律和特征的揭示，为其他"直过民族"地区的旅游发展提供参考①。与此同时，本书选择的 3 个村寨

---

① "直过民族"主要聚居在边疆地区，其中，云南省最多，包括独龙、基诺、怒、佤、德昂、布朗、景颇、傈僳和部分拉祜、哈尼、瑶等民族。除云南省外，还有内蒙古和黑龙江的鄂温克族、鄂伦春族、赫哲族，西藏自治区的珞巴族，海南省的部分黎族都属于"直过民族"。在 2016 年 3 月颁布的《云南省全面打赢"直过民族"脱贫攻坚战行动计划（2016—2020 年）》中，云南省"直过民族"主要有独龙、德昂、基诺、怒、布朗、景颇、佤、傈僳、拉祜 9 个民族，"直过民族"聚居区涉及云南省 13 个州（市）58 个县（市、区）271 个乡（镇）的 1179 个行政村。

旅游扶贫开发均已具备一定基础，且从当下的旅游扶贫开发模式选择来看，基本是基于社区主导之下展开的，较少受到外来资本和力量的影响。施甸县大中布朗族村寨社区参与旅游处于起步阶段、而腾冲市司莫拉的社区旅游正处于蓬勃发展的中期阶段，福贡县老姆登村的社区旅游发展已有 20 余年的积淀，处于一种相对成熟状态。3 个案例村寨基本能够反映社区参与旅游扶贫开发不同阶段的现实情况，作为一种研究的"理想型"，其探讨不仅可以深化旅游扶贫开发影响的认识，也可以拓展对社区参与旅游过程及其作用机理的研究，对于新时期脱贫攻坚成果巩固和乡村振兴战略实施背景下社区旅游发展具有现实的示范意义。

其四，是前期研究基础。从硕士研究生阶段的学习开始，笔者就一直关注滇西边境山区的旅游产业发展问题。围绕怒江州和老姆登村的民族村寨旅游开发已进行了 10 年的跟踪研究，对于腾冲市文旅融合、滇西地区旅游发展困境与经验、民俗文化的商品化等问题也有较为系统的分析，前期以第一作者身份公开发表涉及本区旅游发展问题的学术本书 10 余篇，其中 3 篇被中国人民大学报刊资料中心《旅游管理》全文转载。近年来，先后主持及参与完成滇西边境片区福贡县、腾冲市、禄劝县等地多个旅游规划项目。攻读博士学位期间，先后参与完成大理州巍山县、昆明市禄劝县、文山市、福贡县等地的精准扶贫工作成效的第三方评估工作，以及 2017 年度临沧市和西双版纳自治州 11 个云南省特色小镇创建的第三方评估验收工作。主持云南省科技厅地方高校联合专项面上项目"连片特困民族地区旅游扶贫绩效评价及其提升机制研究——以怒江大峡谷为例"（2018FH001–100），参与国家社科基金项目"云南'直过民族'地区文化旅游深度融合模式与实践路径研究"（20BMZ133），在相关纵、横向课题研究过程中，对滇西边境山区和相关民族村寨多次进行深入调研，并与地方文旅和扶贫部门建立了良好的联系，能够为本书一手调研资料的搜集提供保障。

（二）案例地概况

1. 施甸县大中布朗族村寨

（1）社区概况。

大中村隶属保山市施甸县摆榔彝族布朗族乡（见图 4-1），施甸县下辖 13 个乡镇 138 个村（社区），总人口 34.4 万人，其中农业人口达 28.2 万人，是云南典型的少数民族聚居地，境内生活着彝、傣、回、布朗等 22 个少数民族，全县面积的 95.5%，耕地面积的 74.5% 都分布在山区。施甸县是云南省 2020 年 11 月最后脱贫出列的 8 个国家级贫困县之一。大中村所在的摆榔乡处于横断山区中部，境内地势悬殊较大，形成明显的山地立体型气候。摆榔彝族布朗族乡是施甸县两个少数民族乡之一，也是施甸县最贫困的乡镇之一。全乡面积 80.7 平方公里，辖 4 个村民委员会、36 个自然村、40 个村民小组。2017 年年末，全乡总户数为 1971 户 7405 人，其中，汉族人口为 2173 人，占总人口的 29.35%；少数民族 5232 人，占总人口的 70.65%。少数民族人口中彝族 2813 人、布朗族 2378 人，2017 年摆榔乡农民人均纯收入为 9666 元[①]。大中村面积为 23.12 平方公里，有 9 个自然村、12 个村民小组，耕地面积 11272.4 亩，林地 12841 亩，主要聚居有布朗族、汉族、彝族，其中，布朗族约占全村人口的 72%。截至 2019 年年底，大中村共有常住人口 466 户 2042 人，作为摆榔乡最后脱贫出列的建档立卡贫困村，大中村社区居民收入主要以种植业和养殖业为主，贫困特征显著。自实施精准扶贫以来，大中村共有建档立卡贫困户 236 户 962 人，到 2019 年已脱贫退出 220 户 911 人，其中 2014 年脱贫退出 1 户 5 人，2015 年脱贫退出 11 户 56 人，2016 年脱贫退出 13 户 56 人，2017 年脱贫退出 21 户 92 人，2018 年脱贫退出 174 户 702 人，贫困发生率从 2014 年 48.17% 下降到 1.4%，截至 2019 年年底尚有 10 户 28 人达不到退出标准[②]。2015 年云南省委省政府提出并实施"布朗族整乡推进整族帮扶"项目建设，由云南中烟公司进行对口支援帮扶。其间，云南中烟公司先后捐赠 5.789 亿元资金，系统实施了产业发展、基础设施、安居工程、社会事业、素质提

[①] 数据为摆榔彝族布朗族乡人民政府提供。
[②] 数据为调研过程中大中村村委会提供。

升、生态环境保护和基层党组织凝聚力战斗力提升等"七大工程",有效推进布朗族精准脱贫工作[①],到2020年4月,施甸县布朗族实现整族脱贫。2019年大中村村民收入结构如表4-3所示。

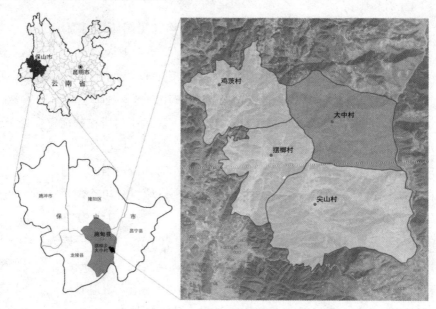

图4-1 大中布朗族村寨区位

表4-3 2019年大中村村民收入结构

序号	产业结构	产业规模	产业收益
1	种植业	玉米种植3380亩、软籽石榴种植1399亩、芦柑种植281亩、核桃2100亩、烤烟57亩	1090万元
2	养殖业	养牛800头、羊1200只、猪2500只、鸡6000羽、中华小蜜蜂220箱	801万元
3	林业	茶叶380亩	93万元
4	务工性收入	省外务工298人、市外省内31人、县外市内7人	586万元

说明:表中数据为大中村村委会提供。

———————————

① 施甸县:一梦越千年 当惊布朗山,http://baoshan. Yunnan.cn/ system/2018/11/30/030129763.shtml.

（2）社区旅游资源。

施甸县是我国布朗族的主要聚居地之一，施甸县布朗族又称濮人，他们自称为"乌""帮""布朗"或"伊瓦"；他称本人、翁拱，汉族称他们为"蒲满"，俗称"花濮蛮"。布朗族是云南省 9 个"直过民族"之一，摆榔彝族布朗族乡及其紧邻的木老元布朗族彝族乡是云南省布朗族传统文化保留较为系统和完整的地区，布朗族也是世界上最早种植茶树的民族，有"千年茶农"的美誉，大中村是一个拥有 800 多年历史的布朗族村寨，最低海拔 750 米，最高海拔 2442 米，立体性气候特征显著，村寨周边四面环山，风景秀丽。雨季整个新村被层层云雾笼罩，形成一幅雾在山中、寨在云里的优美画卷。参照《旅游资源分类、调查与评价》（GB/T 18972—2017）标准可将大中村主要旅游资源描述如表 4-4 所示：

表 4-4　大中村旅游资源概况 [①]

主类	亚类	基本类型	当地旅游单体
A 地文景观	AA 自然景观综合体	AAA 山丘型景观	台地、梯田景观
		AAC 沟谷型景观	河谷景观
	AD 自然标记与自然现象	ADC 垂直自然带	垂直气候带植被景观
B 水域景观	BA 河系	BAB 瀑布	跌水
	BB 湖沼	BBB 潭池	小水库、大中水库
	BC 地下水	BCB 埋藏水体	阿姆来温泉
C 生物景观	CA 植被景观	CAA 林地	龙上树、原始森林、竹林、茶林、蕉林
		CAB 独树与丛树	大榕树、核桃林、古茶树
	CB 野生动物栖息地	CBC 鸟类栖息地	鸟类栖息地
D 天象与气候景观	DA 天象景观	DAA 太空景象观赏地	自然观景台
	DB 天气与气候现象	DBA 云雾多发区	云海、夏季雾气
		DBC 物候景象	立体气候下的植被季相变化

---

① 本表结合国家级大学生创新创业训练计划项目"施甸布朗族特色小镇乡村旅游资源挖掘及产业链开发方案"前期调研资料整理。

续表

主类	亚类	基本类型	当地旅游单体
E 建筑与设施	EA 人文景观综合体	EAD 建设工程与生产地	农田景观、林场、茶园、茶厂、养殖基地等
		EAE 文化活动场所	"得埃乌"新村篝火晚会文化广场
		EAG 宗教与祭祀活动场所	物化树的寨神、山神
		EAI 纪念地与纪念活动场所	宗教祭祀、礼仪活动场所（四个村皆有）
	EB 实用建筑与核心设施	EBB 特性屋舍	"得埃乌"新村、老寨子
		EBG 堤坝段落	水库大坝
		EBK 景观农田	梯田景观、蕉林
		EBN 景观养殖场	海彪养殖场（小香猪）、山茂养殖专业合作社
	EC 景观与小品建筑	ECA 形象标志物	新村文化广场
F 历史遗迹	FB 非物质类文化遗存	FBA 民间文学艺术	布朗族传统民族歌舞、"神刀护寨"故事、布朗族源传说等、葫芦的故事
		FBB 地方习俗	祭祀活动（祭山神、寨神等）布朗族婚嫁习俗、布朗族年猪饭、祭刀神
		FBC 传统服饰装饰	布朗族传统服饰、花草鞋
		FBD 传统演艺	布朗族打歌、竹笛、三弦等传统器乐演奏
		FBF 传统体育赛事	布朗球、布朗族射箭活动
G 旅游购品	GA 农业产品	GAA 种植业产品及制品	软籽石榴、古树茶、核桃、板栗、酸笋、木瓜、冬桃等
		GAB 林业产品与制品	竹编制品、白鹭花、蕨菜等
		GAC 畜牧业产品与制品	黄牛、黑山羊、土鸡等
		GAE 养殖业产品与制品	土锅酒、茶叶、蜂蜜等
	GC 手工工艺品	GCB 织品、染织	布朗族民族服饰
		GCH 画作	布朗族民族壁画、民族村寨绘画
H 人文活动	HB 岁时节令	HBA 宗教活动与庙会	祭山神、刀神、寨神、龙神活动、布朗火塘茶叙、古树茶采制等

（3）社区参与旅游扶贫概况。

就旅游资源本身来看，大中村自然和人文旅游资源具有一定优势，村寨森林覆盖率为 65%，2019 年大中村被评为首批"国家森林乡村"。同年，入选第三批"国家级少数民族特色村寨"。当地的布朗族文化、自然风光、温泉旅游资源（阿姆来温泉）、茶文化等均具有一定的开发潜力。加之，大中村距云南省省级特色小镇——摆榔金布朗风情小镇① 仅 5 公里，距国家 4A 级旅游景区善洲林场仅 20 公里，距乡政府 6 公里，仅需 15 分钟车程，距施甸县城也只有 35 公里。但是，由于施甸县旅游经济发展水平整体滞后，大中村优越的旅游资源优势并未转化为经济效益。2015 年，大中村布朗族青年张海彪大学毕业后返乡创业，创办了"海彪农场"，农场采用"家庭农场 + 合作社 + 农户 + 市场"的运营模式，吸纳当地贫困群众依托地域优势，开展林下生态养殖鸡鸭。截至 2019 年，农场带动 124 户农户参与林下养殖，其中建档立卡户 108 户，年产值达 4274 万元②。自 2016 年开始，张海彪夫妇利用家庭农场开办农家乐，主要面向施甸县城游客提供餐饮和采摘服务。2016—2018 年，农场每年接待游客为 200 人次左右，经营收入约 1 万元。2019 年年底因土地利用不符合相关政策要求，已不再经营农家乐，而以鸡鸭养殖为主。从 2016 年开始，在中烟公司的援助下，大中"得埃乌"③ 新村移民搬迁安置点建设项目有序推进，安置点规划建筑面积 16550 平方米，建设 124 户（宗），安置 536 人，其中，建档立卡 95 户 386 人，同步搬迁 29 户 150 人。该项目于 2016 年 3 月 1 日开工，2017 年 11 月 30 日竣工，12 月初原居住于火石地、一碗水和楂子树 3 个自然村的 90 余户布朗族村民正式搬迁入住。目前新村中以 YGR 和 ZXC 为主的 3 户农户利用自家新房临时接待来访村寨的游客，每晚收取住宿费 50 元，但 3 户农户每家均只有 2~3 个房间能够用于接待，容纳能力十分有限，2019 年度平均每家接待游客为 100 人左右。此外，大中村村

---

① "摆榔金布朗风情小镇"于 2017 年 9 月开工建设，计划投资 11.2 亿元，主要建设金布朗山寨、布朗康养村、民族风情街、打歌广场、布朗茶山、布朗之窗、布朗民宿度假村、布朗民俗场、中业农业庄园、基础设施建设 10 个项目。

② 云南网.决战倾心尽力 决胜实干笃行——云南中烟对口施甸县布朗族整族帮扶掠影,http://www.baoshandaily.com/html/2020-04-27.

③ "得埃乌"：布朗语，为"布朗山"的意思。

民 LZQ（2020 年入选云南省民族传统文化传承优秀人才）在金布朗风情小镇开设濮人文化传播公司传播布朗族服饰文化，LXZ 等带动社区居民从事制茶、烧酒、园艺经营等活动。由于缺少必要的吸引旅游者的产品开发，大中村旅游发展氛围整体并不浓，相关产业活动与旅游发展的关联比较弱。通过走访调研，从社区居民及村委会反馈情况来看，2019 年大中村旅游接待的游客量约为 1000 人次，带来的直接经济效益仅 8 万元左右，社区参与旅游扶贫整体处于初级状态。

2. 腾冲市中寨司莫拉佤族村寨

（1）社区概况。

司莫拉佤族村寨隶属腾冲市清水乡三家村村委会，清水乡位于腾冲市中南部（见图 4-2），距腾冲市区 12 公里，面积 118.9 平方公里，辖 6 个行政村、27 个自然村、64 个村民小组，总人口 16918 人，其中少数民族 1269 人。清水乡交通便利、旅游资源丰富，距腾冲中心城市距离较近，且腾冲机场坐落其中，有机场路、热海路和保腾高速公路穿境而过。然而，清水乡也是腾冲市相对贫困的乡镇之一，有三家村和清水社区 2 个建档立卡贫困村，全乡建档立卡总规模为 384 户 1485 人，截至 2019 年已脱贫 360 户 1404 人，未脱贫 24 户 81 人，贫困发生率由 2014 年的 9.2% 下降至 2019 年的 0.5%[①]。

三家村是清水乡的建档立卡贫困村，国土面积 19.69 平方公里，下辖中寨、冯家营、三家村、团结、何家寨 5 个自然村、7 个村民小组，2019 年年底三家村有 632 户 2497 人，其中，有建档立卡贫困户 132 户 561 人，2014 年三家村贫困发生率高达 21%，到 2019 年三家村已实现脱贫 129 户 550 人，贫困发生率为 0.45%。司莫拉隶属三家村，原名箐头寨，其地处清水乡中南部，距清水乡政府 3.5 公里，距热海景区和驼峰机场分别为 9 公里、3 公里。相传，在西汉年间，族人迁至腾冲，几经辗转，聚居于现址。全村土地面积 1680 亩，村民经济收入以传统种养殖和外出务工为主，司莫拉 2013 年有建档立卡贫困户 16 户 71 人，已于 2017 年全部脱贫。

---

① 数据来源为清水乡人民政府提供。

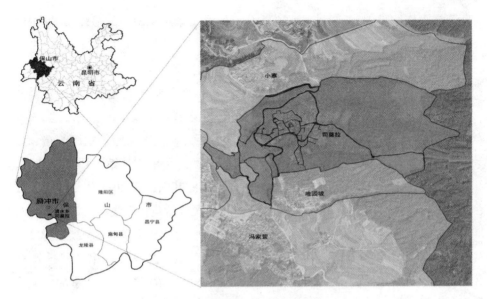

图 4-2　司莫拉佤族村寨区位

（2）社区旅游资源。

司莫拉是一个有着 500 多年历史的佤族聚居村落，先后被评为中国少数民族特色村寨、云南省省级民族村、云南省省级卫生村、云南省省级美丽村庄，2019 年创建为国家 3A 级旅游景区，景区面积为 350 亩，森林覆盖率75%。"司莫拉"为佤语"幸福的地方"之意。司莫拉海拔位于 1730~1745 米，年平均气温 15.8℃，其西南部为著名的黄瓜箐温泉和热海温泉度假区，北面紧邻腾冲驼峰机场。2020 年年初，司莫拉有人口 73 户 299 人，分为贡恩（赵、李）、司儒（毛、孟）、贡酿（张、孟、金）、贡阿（赵、孟）、涅桑（陈、赵）、阿芒（孟、王、陈）、亚木（杨、赵）七姓，其中汉族只有 16 人，其他少数民族 12 人，佤族 271 人，是典型的佤族聚居村。村寨自西南向东北方向上升成阶梯状错落分布，区域内山地、谷地、湿地、原始雨林、梯田、茶园、涌泉相间，传统民族文化与现代文明交相辉映。古树、古泉、古村彰显着原始生态之美，寨门、图腾、酒歌绽放民族文化特色，村中保存了祭寨、达牛丛、祭拜树神等佤族民俗，还分布有佤族风情广场、木鼓屋、民俗文化陈列馆、寨树、寨心桩、司莫拉礼堂、大箐古榕树群、树神祭祀平台、七子泉等多个旅游吸引物，在周边 2000 余亩的农田景观掩映下，显得格外古朴、自然。

（3）社区参与旅游扶贫概况。

作为一个佤族聚居的"直过民族"村寨，司莫拉一度是腾冲最为贫困的村寨之一，2013 年有建档立卡贫困户 16 户 71 人，贫困发生率一度高达 23%。自 2014 年以来，村中整合各类资金 2200 多万元，先后实施了危房改造、通畅工程、量化工程，建设了佤族风情广场、民俗文化陈列馆、司莫拉礼堂、旅游公厕、停车场等旅游景观和配套服务设施。其中，仅 2018 年腾冲市民政局和财政局就整合投入资金 602.8 万元，用于民族特色村建设项目，并重点对村容村貌和道路基础设施条件予以改善。由于临近腾冲机场和 5A 级旅游景区热海，自 2010 年开始已经有零星散客到访司莫拉，2014 年民宗部门投入 30 万元用于道路建设和维护，道路基础设施改善后，游客数量有所增加，但整体规模并不大。由于邻近城区，游客大多观光游览后即返回腾冲，旅游消费十分有限。村民 ZJH 在村中经营小卖部已有 10 余年历史，主要面向村民及游客出售生活用品，2015 年村支书 ZJQ 带头在村中开办了第一家农家乐"佤韵阁"，并于 2016 年 3 月 8 日正式营业为游客提供餐饮服务，随后村民 ZJX 于 2018 年开办了"佤乡情"农家乐，为游客提供餐饮服务，同时有部分村民在村中"摆地摊"向游客销售饮料、松花糕、茶叶、凉米线（豆粉）等。2019 年接待游客约 10 万人次，2020 年 1 月 19 日，习近平总书记访问中寨司莫拉，2020 年 4 月疫情形势好转，大批游客通过旅行社的组织涌入村中，截至 2020 年 7 月底，年内已接待游客逾 10 万人次。2020 年 12 月全村实现接待游客 20 万人次，并新建了 2 个农家乐。同时，以司莫拉礼堂为中心，有 10 余个摊位点出售土特产品。伴随着大众旅游市场规模的壮大，到访中寨司莫拉的游客持续增长，为了规范旅游市场，由村民 ZJQ（代表中寨党支部）、FHZ（代表三家村村党总支）等联合 62 户村民发起，成立"腾冲市清水司莫拉幸福佤乡旅游专业合作社"并于 2020 年 6 月 3 日召开设立大会，统筹全寨旅游接待及发展事宜。得益于腾冲市旅游发展的整体氛围，司莫拉佤族村寨旅游扶贫开发虽然起步较晚，但发展势头迅猛，在社区参与旅游扶贫的过程中，基层党组织积极引导，旅游扶贫开发有序进行。旅游专业合作社成立后，采用"党

支部 + 农户"的方式运作，合作社在保护村寨风貌的基础上，组织开展乡村旅游资源开发、休闲观光服务、民族舞蹈表演、民族商品加工及出售、公共设施管理等。有效地促进了村庄环境治理、公共设施的建设与维护，提升了旅游服务水平，实现了民族村寨旅游的有序开发。社区贫困人口也切实从中受益，目前司莫拉村民直接参与当地旅游发展（农家乐、商品店、小地摊、导游解说、文化演艺）的已近 100 人，73 户村民中有 62 户参与旅游专业合作社，有效地带动了村民收入的增加。村中的生计方式由传统的外出务工和农业种养向旅游服务转变，2019 年全村人均可支配收入为 11448 元。由于旅游扶贫成效显著，中寨司莫拉先后获批"云南省旅游扶贫示范村"（2019）和"全国乡村旅游重点村"（2020）。

3. 福贡县老姆登怒族村寨

（1）社区概况。

怒江州聚居着傈僳族、怒族、独龙族等 22 个少数民族，是云南省人口较少民族和"直过民族"分布最集中的区域，怒江大峡谷被誉为"世界第二大峡谷"，其所在的高黎贡山国家级自然保护区有着"世界物种基因库"的美称。怒江州也是云南省乃至全国贫困面最大、贫困程度最深的区域，2014 年贫困发生率为 56.24%，分别比云南省和全国平均水平高出 38.54 个百分点和 47.74 个百分点，怒江州下辖的 4 个县、29 个乡（镇）中，有 21 个为建档立卡贫困乡（镇）、全州 255 个行政村中有 249 个贫困村，属于典型的"三区三州"深度贫困地区，是中国脱贫攻坚的"贫中之贫、坚中之坚"。"老姆登"为怒语的音译，意为"有一片云中紫竹的地方"，隶属全国唯一的怒族自治乡——匹河乡。老姆登地处怒江大峡谷中段，全村面积 45.33 平方公里，东靠碧罗雪山与兰坪县接壤，西面以怒江东岸为界，距乡政府驻地 14 公里，距福贡县城 52 公里，如图 4-3 所示：

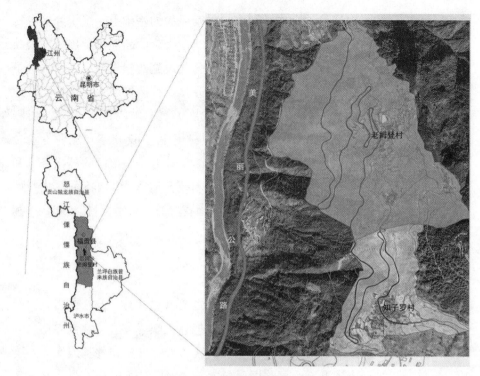

图 4-3　老姆登怒族村寨区位

老姆登村海拔范围为 1050~3100 米，落差较大，下辖茶厂、红旗、红卫、防干、月亮田、布来 6 个自然村，12 个村民小组。2019 年年底老姆登村有常住人口 345 户 1221 人，其中，怒族占全村总人口的 85%。全村耕地面积 936.6 亩，人均 0.77 亩，由于地形陡峭，海拔 2000 米以上主要为人工防护林及原始森林。老姆登村属于典型的贫困村，自 2013 年实施精准扶贫政策以来，老姆登村共识别出建档立卡户 174 户 616 人（历年已脱贫＋目前未脱贫），其中，2014 年脱贫 12 户 47 人，2015 年脱贫 20 户 71 人，2016 年脱贫 18 户 65 人，2017 年脱贫 37 户 153 人，2018 年脱贫 27 户 89 人，2019 年脱贫 61 户 199 人。其贫困情况如表 4-5 所示：

表 4-5　老姆登村贫困的基本情况

村小组	户数（户）	人口（人）	贫困户（户）	贫困人口（人）
布来	70	214	38	122
月亮田	36	110	12	51
防干	64	231	36	129
红旗	74	267	30	107
红卫	91	285	53	189
茶厂	13	49	5	18

说明：表中数据来源为老姆登村村委会提供。

（2）社区旅游资源。

在自然旅游资源方面，老姆登村坐落在碧罗雪山西侧半山腰，西望高黎贡山，山上层峦叠嶂，巍峨挺拔，云雾缭绕，幽远神秘。当地怒族有着神山、神树等的原始宗教信仰，自然生态环境保存较好。由于海拔差距较大，从江边海拔 1050 米上至 3100 米的山腰分布着梯田、鱼塘、水渠、茶林等高山田园风光。全村掩映在翠绿的龙竹和芭蕉之间，高黎贡山和碧罗雪山东西逶迤，绵延起伏。站在老姆登，可以远眺近百公里之外的石月亮，俯瞰整个怒江大峡谷全貌。

在人文旅游资源方面，老姆登是典型的怒族聚居村寨，传统聚落景观保存完整，为旅游开发奠定了良好基础。位于村寨中央的老姆登教堂是怒江流域规模最大的基督教堂，可容纳 500~800 人同时进行礼拜，每周周三和周六晚上 8 点以后和周日全天，均准时举行活动。教堂背靠碧罗雪山，视野开阔，被誉为"怒江大峡谷里最美的基督教堂"，已成为怒江大峡谷中的知名景点。与此同时，紧临老姆登村的知子罗村为原怒江州府所在地，曾经是怒江流域的政治、经济、军事和文化中心，至今保留着解放后的建筑风貌，有"记忆之城"的美誉，老姆登村周边还分布有原碧江中学遗址和烈士墓林园、七莲湖、皇冠山、杜鹃花海、竹海、云海日出等自然景观。自然与人文旅游资源交相辉映，为当地旅游发展提供了重要保障。

（3）社区参与旅游扶贫概况。

老姆登村地形条件复杂，旅游发展前村民收入主要以种植业和畜牧业为主，由于海拔较高，雨量充沛，四季分明，土地肥沃，当地产的老姆登茶具有一定知名度。一直以来，外出务工、茶叶种植加工和旅游构成老姆登村最重要的三大收入来源。务工性收入方面，2019 年老姆登村有外出务工人员300 多人，多以在怒江州及周边保山、大理务工为主。种植业收入方面，老姆登村种植有柑橘 300 亩，核桃 3500 亩，多为自产自销，经济效益并不显著。相较而言，茶叶种植和加工是村民的重要收入来源，截至 2019 年老姆登村茶叶种植面积达 6600 亩，其中投产面积 3500 亩，常年参与茶叶种植的农户有320 户，固定茶叶加工工人 28 人，并成立了 10 余家茶叶加工企业（合作社）。2019 年全村通过出售茶叶经济收入 500 万元，实现利润 200 万元[①]。与此同时，旅游也是老姆登村的重要支柱产业。作为俯瞰怒江大峡谷风光的绝佳观景地，从 20 世纪 90 年代末期开始，就陆续有"背包族"到老姆登村远眺怒江大峡谷，游览神秘的高山湖泊，并参观"记忆之城"知子罗。

老姆登社区参与旅游的发展真正起步于 2001 年，怒族青年郁伍林偕同独龙族妻子鲁冰花，在亲朋好友的资助下，利用老房子改建了一间拥有 8 张床位的石棉瓦房，开起了村中第一家客栈，即"怒苏哩农家乐"，由此拉开了老姆登村旅游接待的序幕。2004 年，怒族姑娘娅筝和姐妹一起将家里刚建好的房子改造成客栈，建成村里的第二家客栈，并取名"姐妹花客栈"。此后，村民竞相开始兴建客栈，到 2020 年年初全村已有 23 家客栈（农家乐）338 张床位，能同时接待游客就餐 1200 人。客栈经营成为老姆登村旅游收入最重要的来源渠道，2019 年老姆登村共接待游客 28.75 万人次，同比增长 28%，占福贡县旅游总接待游客数的 40%。全村旅游年收入 360 万元，旅游收入占当地居民收入的 32.85%[②]。在社区参与旅游发展的过程中，有 42 户贫困户直接参与旅游经营，有贫困人口 320 人在乡村旅游经营户中参与接待服务。另外，在观景平台旁还有 18 户农户面向游客贩卖老姆登茶、漆油、草果、石斛等土特产品。老姆登村的旅游发展主要由当地社区主导，村中客栈、农家乐、旅

---

① 数据来源为老姆登村村委会提供。

② 数据来源为福贡县文化与旅游局提供。

游商品销售的经营者均为本村村民，当地的茶叶加工与经营也借助旅游发展的契机实现提质增效。其中，种植大户"陆金茶厂"在 2008 年就结合茶叶种植、加工，提供旅游观光与餐饮服务。目前，老姆登 6 个自然村均不同程度地参与了当地的旅游开发，老姆登村也先后于 2014 年被评为"全国最美村镇"，2015 年获全国最美村镇榜样奖，2017 年入选"全国最美村镇"50 强和"全国旅游特色村"名录，老姆登村社区参与旅游扶贫开发已处于相对成熟阶段，已成为福贡县乃至整个怒江大峡谷民族村寨旅游扶贫开发的样板。

三、民族村寨社区参与旅游扶贫的空间生产效应

（一）社区参与旅游扶贫空间生产效应的表现

列斐伏尔"空间生产理论"的提出使人们对空间中事物的关注转向对空间生产的关注，空间在生产社会关系的同时，也被社会关系所形塑[310]。民族村寨社区参与旅游发展表现为"旅游空间"的生产，而这一过程主要是围绕着旅游公共空间的生产展开的。梳理 3 个案例地社区参与旅游扶贫开发的历程，村寨聚落景观、山水田园景观、民族文化广场（博物馆）均构成了社区旅游扶贫开发最为主要的旅游吸引物节点，在大中村，得益于中烟公司的帮扶，2016 年 3 月占地面积 164 亩的"得埃乌"易地扶贫安置点投入资金4663.25 万元，新建住房并改善基础设施，易地搬迁点新建了占地近 800 平方米的民族文化广场，并配套了相关绿化和供水设施，极大地提升了大中村民族传统村落景观质量，并成为社区旅游发展的重要载体。在司莫拉，2018 年4 月腾冲市民政局和财政局整合投入资金 602.8 万元，在村寨原有的七子泉、榕树群、田园景观等基础上，重点开展了民族特色村建设项目，修建了佤族文化陈列馆、佤族文化广场等旅游吸引物，并对村容村貌和道路基础设施条件予以改善，扩展了旅游吸引物的空间范围。在老姆登村，依托原有的老姆登教堂、民族村寨景观、怒江大峡谷风光、皇冠山等旅游吸引物，从 2016 年开始，通过整合旅游发展和相关扶贫项目资金新建了观景台、达比亚广场等吸引物，并实施了乡村景观量化工程，社区旅游吸引力也得以大幅提升。具

体情况如表 4-6 所示：

表 4-6　3 个"直过民族"村寨旅游扶贫开发"吸引物"建设情况

民族村寨	原有旅游吸引物	旅游扶贫新建旅游吸引物及设施	建设时间	空间范围
老姆登村	神山、皇冠山、老姆登教堂、大峡谷自然景观、怒族村落景观等	特色民居改造	2016—2018 年	200 余户
		达比亚广场	2017 年	2.5 亩
		旅游厕所（3 个）	2017—2018 年	240 平方米
		神山步道	2017 年	5400 平方米
		观景台（2 个）	2017 年	2000 平方米
		云上半山酒店	建设中	45 亩
		观景茶园	2017 年	50 亩
司莫拉	七子泉、田园景观、寨心树、司莫拉礼堂等	村村通过程	2012 年	全寨
		美丽乡村建设	2013 年	全寨
		佤族文化陈列馆	2017 年	约 3 亩
		民族文化广场	2017 年	约 1.5 亩
		旅游厕所（2 个）	2018 年	120 平方米
		民族特色村	2018 年	全寨
		旅游商品街	2020 年	约 3 亩
		旅游接待餐厅	2020 年	约 1.5 亩
		入村道路新建	2020 年	40 余亩
大中村	老寨子布朗族村落景观、茶林、气象景观等	"得埃乌"新村	2017 年	164 亩
		民族文化广场	2018 年	1500 平方米
		村寨景观提升	2018 年	全村

说明：上表数据来源为地方文化旅游部门提供及作者实地调研整理。

　　在 3 个民族村寨中，社区参与旅游空间的生产主要以"旅游吸引物"为核心展开，通过横向比较可以发现，新建旅游吸引物的形式多指向民族文化，通过"舞台化再现"和"博物馆化"的方式，怒族、佤族和布朗族隐性的文化元素得以实现场景再现，民族特色和风情因此而得以凸显。旅游吸引物空间生产作为一项社区旅游发展极具"公益性质"的活动，在 3 个不同民族村寨中，这一过程均主要由地方旅游和扶贫部门通过整合资金和项目而得以实现。社区居民为民族文化的符号化呈现提供了素材，却鲜有直接参与投资建设。作为旅游系统的重要组成部分，在地方政府部门和社区的协同作用下，旅游吸引物的空间生产进一步提升了民族村寨的旅游吸引力，伴随着旅游厕所、停车场、民族文化广场、游道等的建设，社区空间走向旅游化和景观化。在此过程中，社区民居建筑和农田用地被纳入旅游发展的范围。对于社区居民而言，参与旅游扶贫开发的收益渠道也不再局限于单一的旅游者消费。部分农户通过土地出租或出售的方式从旅游设施建设中获得一定收益，相关收益也成就了部分农户尤其是资金不足的贫困农户参与社区旅游发展的原始资本积累过程。在社区旅游刚刚起步的大中村和旅游扶贫项目建设"如火如荼"的司莫拉，目前当地社区居民参与旅游发展的收益很大程度上正是得益于政府部门的转移性支付投入。与此同时，政府在社区旅游扶贫基础设施和吸引物建设过程中的介入也从根本上改变了社区旅游发展的空间意义和效应，具体表现在：一方面，政府在旅游发展公共设施中的投入增强了社区作为旅游生产空间的可达性，在新的旅游发展语境下，实现了地处边缘的民族村寨地理资本的增值；另一方面，不断拓展的民族文化旅游吸引物也提升了社区的旅游吸引力范围，为社区旅游扶贫开发注入新的动力；政府部门出台的旅游扶持政策和措施也强化了社区居民参与旅游发展的信心，并在一定程度上降低社区参与旅游发展的门槛。通过社区与地方政府部门间的互动，社区空间生产的路径由此发生演化，由封闭空间走向开放空间、地方空间走向流动空间，社区走向旅游化和景观化。这一过程在旅游发展已具有一定规模的司莫拉和老姆登村表现已经十分显著，两个村寨社区参与旅游扶贫的空间变化情况具体如图 4-4 和 4-5 所示：

列斐伏尔认为，"每个社会，每种生产方式与其特定的生产关系，都会形成自己特殊的社会空间"[259]。生产方式的转变必然伴随着新的空间生产，旅游业在社区的兴起必然改变社区原有的空间结构，并形成与旅游业发展相适应的空间功能，以满足旅游消费与景区管理的需要[311]。社区空间的景观化和社区功能的旅游化打破了民族村寨传统的以农业生计方式为主的土地破碎化经营状态，为了壮大旅游市场的规模和效益，在旅游者的凝视之下，各种隐性的民族文化元素得以复兴和再造。在司莫拉，原本当地佤族的语言和服饰文化均已消失殆尽，民居建筑也融入了腾冲地方多元文化特征，借助旅游扶贫开发的契机，佤族博物馆、民族文化广场得以修建，以地名景观为例：汉语"中寨"的表述被佤语"司莫拉"（意为"幸福的地方"）所取代，村寨中的几条主干道也分别用佤族七大姓氏命名为贡恩巷、司儒巷、贡酿巷、贡阿巷、涅桑巷、阿芒巷和亚木巷。道路两侧以佤族象征性的牛头骨进行装饰，村中房屋墙面均点缀反映佤族生产、生活的各种壁画、图腾，彰显着民族和异域的风格与特色。

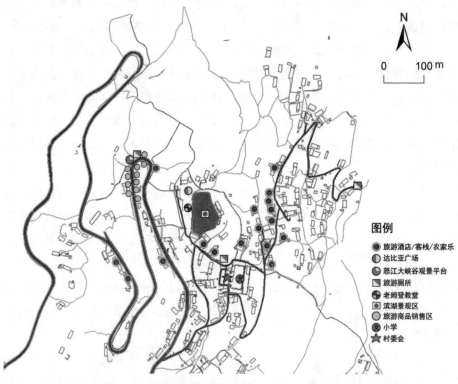

图 4-4　老姆登村旅游扶贫吸引物及设施分布现状

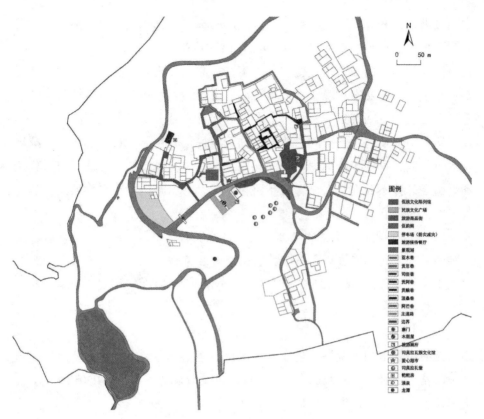

图 4-5　司莫拉旅游扶贫吸引物及设施分布现状

　　在老姆登村，以老姆登教堂为核心，修建了"达比亚广场"，怒族狩猎、农耕、节日等文化元素均在其中予以展示，为突出民族村寨的特色，2017 年借助特色小镇创建契机，村中的钢筋混凝土建筑通过"穿衣戴帽"工程，在外观上统一包裹上竹篾。作为国家级非物质文化遗产传承人同时也是老姆登村旅游扶贫带头人的郁伍林常年邀请怒族老艺人到自家经营的农家乐中进行怒族音乐和歌舞表演，每年通过数百场的演出向住店游客展示怒族的传统文化。即便是在旅游者涉足不多的大中村，新建的村民活动广场和"得埃乌"新村的建筑外观、墙壁壁画等无一不在诉说着布朗族生产、生活习俗与文化。通过商品化包装和舞台化设计，民族村寨传统文化景观由一种"生活"空间转变为吸引旅游者的"生产"空间，旅游的发展使文化从民族传统生活方式中脱嵌出来，变成可以不断复制和再生产的资本，民族文化因旅游扶贫开发而实现增值。民族村寨一般地处偏远，以农业生产为主且发展滞后等特征，在旅游发展的"场域"中演变成了经济、社会和文化的效益，传统的地理资本在旅游发展的业态环境中得以焕发新的生命力。伴随着旅游生产要素和旅游者在社区的空间集聚，民族村寨在区域社会、经济发展中的空间正义也得以重塑。中国乡村生产空间正普遍面临着农村空心化、务农老龄化、资源环境约束趋紧、青壮年劳动力紧缺等问题，在旅游发展具有一定基础的司莫拉和老姆登却并不存在，大量青壮年留在社区参与旅游接待和文化展演，部分外出务工的人员也返乡创业。

"我身体有残疾又去不得远处，前几年就在村子周边收废铁、废塑料，我媳妇去外面打工，现在游客多了，我们全部在家捣粑粑卖，毛收入一个月也有几千块，老的、小的都顾得着。"（访谈者编号：SML05，LFS，司莫拉旅游商品销售经营者）

"我们老姆登人是很勤快的，以前，我们村的人都出去打工，泸水、保山、昆明、外省到处都有，现在都不消出去喽。有游客么，在村子里边摆点地摊、整个小卖部，一天也有百十块收入。"（访谈者编号：LMD012，YHM，老姆登村旅游商品销售经营者）

得益于社区旅游的发展，在参与社区旅游空间生产的过程中，3 个"直过民族"村寨中最早参与旅游发展的个体经营户目前均已经有了比较可观的收入，具体如表 4-7 所示：

表 4-7　3 个"直过民族"村寨参与旅游扶贫示范户收入情况

民族村寨	户主	参与旅游扶贫类型	收入情况（万元）
大中村	LXZH	旅游商品加工、销售（茶叶）	10
	ZHHB	农家乐（养殖）	5（80）
司莫拉村	ZHHT	农家乐经营	10
	LFSH	餐饮、旅游商品销售	12

续表

民族村寨	户主	参与旅游扶贫类型	收入情况（万元）
老姆登村	YWL	客栈经营	80~100
	SY	客栈经营	20
	HDL	旅游商品加工、销售（茶叶）	130

说明：表中收入数据为作者通过入户访谈所得。

相较于经济方面的影响，3 个"直过民族"村寨在旅游化的空间生产过程中所伴生的社会文化影响同样不可忽视。旅游发展拓展了民族村寨旅游空间的功能，原本承载村民生活功能的空间成为兼具旅游者活动功能的生活和生产空间。在此过程中，社区空间的封闭状态也因多元主体的介入及其所带来的空间生产而得以被打破，并催生了相应的社会文化效应，具体表现在：

强化了社区的地方感。"地方"是相对"空间"的一个概念，段义孚认为空间被赋予文化意义的过程就是空间变为地方的过程[233]。而这个过程也是一个"人化"的过程[8]。空间本身是抽象的，因其承载了文化被赋予丰富的意义和内涵，而地方不仅仅是一个可测量的空间或区域，其最重要的特征之一就是主体性，旅游发展的过程推动了空间意义叠写的地方认同①，社区居民通过与外界的主客互动，以"我"为前提，凸显出与"他者"比较的"我们"[270]。无论是社区旅游刚刚起步的大中村，还是发展相对成熟的司莫拉和老姆登，借助社区旅游吸引物的开发，民族村寨的文化元素通过图腾、服饰、歌舞、建筑等方式被视觉化呈现与再造。这一过程凸显了民族村寨的空间特色，并因旅游开发为社区创造的经济收益而进一步强化了社区居民的"族群"和"地方"认同意识。

"以前我们老姆登人都去外面打工，也晓不得我们怒族的文化是咋回事，游客来了，他们对我们怒族的东西还是感兴趣的，连电视台都来拍宣传片。"（访谈者编号：LMD04，YWL，老姆登村省级非物质文化遗产传承人、客栈

---

① 郭文认为：空间意义叠写的地方认同是指在原有空间基础之上生产出新空间意义，并引发地方主体认同程度和心理结构的实践过程。具体而言，是指在旅游背景下社区不同主体对公共空间生产引发的意义承认、认可或赞成的心理程度与认同结构。

经营者)

"我们大中村的布朗族文化还是保存得很好的，西双版纳的布朗族文化么早就变了，我们的文化就是缺乏包装和打造。大中是施甸县布朗族最集中的村子，文化保护得也好，是完全有机会发展旅游的。"(访谈者编号：DZ05，ZXG，大中村布朗族教师)

相较于地方和族群的认同，3个民族村寨参与旅游扶贫对社区居民思想观念的影响也是十分显著的。商品经济和市场观念正潜移默化地影响着当地居民的发展意识和性别意识。调研过程中发现，老姆登观景台周边有18户旅游商品经营者，司莫拉礼堂周边有近20户经营摊贩，大部分为青年妇女在操持，仅个别摊位为青年男性经营，两个民族村寨的客栈和农家乐的日常经营也大多为女户主在打理。其中，老姆登村两户最早经营客栈老板的访谈记录颇具代表性：

"以前我们怒族妇女是相当传统、保守的，见着外面的人都会害羞，咋个好意思去卖东西。你看看现在观景台旁边卖东西的，都是些婆娘。她们平时还拍点抖音呢！"(访谈者编号：LMD04，YWL，老姆登村省级非物质文化遗产传承人、客栈经营者)

"以前，我就是在小学(老姆登小学)门口卖点凉粉，1999年昆明艺术学院的几个老师带着学生来我们村，到我们家问可不可以给他们做点吃的，在我们家住。咋会不可以嘛！后来我就拿我们家的老房子搞农家乐喽，这几个老师也经常来，姐妹花农家乐的名字都是他们起的。那个时候住一晚才收10块钱。"(访谈者编号：LMD05，YZ，姐妹花农家乐经营者)

在社区参与旅游扶贫的过程中，通过主客互动，社区居民的思想观念发生了深刻变化，商品经济和市场交换的意识也得以强化。由于民族旅游的一些特性，在其中发挥显性作用的一些地方性知识大多掌握在女性手中，使得少数民族妇女在参与旅游业发展的同时具备男性所不具备的优势[3]。在旅游扶贫开发经济利益的驱动下，越来越多的社区居民，尤其是原本处于家庭弱势地位的妇女参与到社区旅游空间的再生产过程中，并形塑着社区社会网络空间的结构。

与此同时，为了进一步壮大旅游发展的经济收益，维护旅游发展的良好环境，社区居民对于民族村寨空间环境保护的意识也得到了提升。在3个"直过民族"村寨的村规民约中均设置有专门条款，约定全体村民在维护村寨环境景观中的义务。具体如表 4-8 所示：

表 4-8　3 个村寨"村规民约"中保护村落环境的内容约定

民族村寨	具体约定	执行时间
大中村	第三条：建立环境卫生管理制度，实行门前"三包"。村民在责任区乱倒垃圾、乱堆杂物粪草，经批评教育仍不整改，监督执行小组有权向其收缴违约金，用于监督执行小组清理垃圾支付的费用；村民在公共区域乱扔垃圾、打场晒粮、挖沟开渠、摆摊设点、乱堆放建筑物、建筑垃圾以及柴草或粪土的，经要求限期整改，拒不整改的，监督执行	2018 年 11 月 6 日起执行
老姆登村	第十八条：要求自家生活垃圾，自己焚烧处理。不能自己焚烧处理的生活垃圾，生活垃圾要集中到村公共垃圾池。不得随地堆放垃圾、保持环境清洁。若有违反则勒令本人处理干净。若经劝导无效，则予以全村公示通报，并由该小组村民集体清理打扫 第十九条：公共场所及道路两旁不得随意停车或堆放建筑材料，若情况特殊，需向村委会说明情况，并定期维护、打扫该区域内环境卫生 第二十条：所有村民禁止将生产、生活污水排放到公共道路路面及其他公共区域；若经发现而劝告无效的，不予以享受国家一切惠农政策 第二十二条：爱护环境卫生，严禁在江边、河边、公路沿线倒垃圾。自家负责房前及周围环境清扫，要随脏随扫，做到干净、卫生、整洁、并协助管理环卫设施，使爱护环境卫生成为一种常态，则成长效机制 第二十八条：死禽、死畜要挖坑深埋，作无公害化处理；发现多数家禽、家畜得病，要及时向村委会报告，以防发生大面积的疫情；若有管理不当造成他人经济损失，本人承当相应责任。猪圈、牛栏、厕所要勤清理，以免臭气、脏水污染环境	2017 年 6 月 25 日起执行
司莫拉村	中寨村实施"最美庭院"评比制度，评价标准如下： 1. 庭院布局美。下设两个二级指标：（1）布局合理：庭院布局合理，设计创意与实用美观兼具。（2）环境协调：庭院内外与周边环境协调一致，景致优美 2. 摆放有序美。下设两个二级指标：（1）庭院有序：无乱堆乱放、乱贴乱画、乱拉乱接等现象，物件摆放有序。（2）居室整齐：住房内干净整洁，物品摆放整齐 3. 卫生整洁美。设三个二级指标：（1）卫生户厕：改造或新建无害化卫生户厕，达到"水冲厕＋装配式三格化粪池"标准。（2）干净整洁：房前屋后无卫生死角，无垃圾堆放，无污水、污渍；落实好"门前三包"责任制。（3）人畜分离：庭院内无畜禽养殖，无畜禽粪污和气味 4. 养花种树美。下设两个二级指标：（1）合理种花植树合理种花植树，呈现"房在景中"的效果。（2）庭院实现"硬化、绿化、美化"结合 5. 文明和谐美。下设三个二级指标：（1）无违法建筑：无私搭乱建、少批多建、未批先建等。（2）内在外在美：家庭成员仪容整洁；遵守村规民约。（3）家庭和睦：家庭成员互敬互爱、平安和睦，邻里团结互助、热心公益、乐于助人	2018 年 9 月 11 日起执行

为了改变落后的思想观念，司莫拉佤族村寨以"最美庭院"评比为导向，提高社区居民的家园意识，评比活动每季度开展一次，每次取前 10 户人家，并在村寨人居环境整治方面探索"巷长制"，由巷长督促各家各户管理好巷道的环境卫生、门前三包，形成自我管理、自我服务、自我约束机制。自 2020 年 4 月开始设立爱心脱贫超市[①]，爱心脱贫超市以建档立卡贫困户为对象，秉持"扶贫"与"扶志"相结合的原则，以最美庭院、自强、诚信、感恩以及参加公益事业为标准进行评比，每户积分上限最高为每年 500 分，并按照一分兑换一元的比例进行兑换，每个季度兑换一次。通过物质奖励激发社区居民的环境意识，树立良好的社会风尚。从 3 个"直过民族"村寨参与旅游扶贫的空间生产过程来看，社区旅游发展极大地推动了旅游吸引物的开发利用，增强了社区的旅游吸引力，促进了社区的文化、地域和族群认同，在参与空间生产的过程中，社区居民的市场观念、商品意识和环境意识均获得了明显提升、改变。

（二）社区参与旅游扶贫空间生产效应的异化

与郎德苗寨、雨崩藏族村寨等国内早期社区主导的旅游扶贫开发模式一样，3 个"直过民族"村寨社区参与旅游扶贫空间生产过程中也同样暴露出了局限性。在 3 个村寨旅游空间生产的过程中，社区影响空间生产的手段及其参与旅游扶贫获益的渠道均十分有限。参与经营农家乐、客栈，出售旅游商品和文化演艺成为主要的途径，参与方式的单一在很大程度上制约了社区参与旅游扶贫过程中旅游空间生产，尤其是旅游吸引物空间生产的规模，并因此制约了社区旅游扶贫开发综合效益的提升。在此过程中不可避免地出现了"同质化"竞争和"公地悲剧"的问题。在老姆登和司莫拉，农家乐和旅游商品销售摊贩经营的产品大同小异，老姆登观景台旁边有 5 户农户同时经营"凉粉"生意[②]，由于竞争激烈，5 户农户协商每天 1 户轮流开展经营活动。

---

① 司莫拉爱心脱贫超市的具体运作依照腾冲市扶贫开发领导小组办公室研究制定的《腾冲市"爱心脱贫超市"助力脱贫攻坚实施方案》和《三家村村脱贫攻坚"爱心脱贫超市"积分标准》。爱心脱贫超市覆盖了三家村的 132 户建档立卡以及中寨 57 户非卡户，共计 189 户农户。2020 年第一次季度评选中，累计入户评分总分为 9142 分，兑换了 8210 分。

② 云南民间一种小吃，豆粉制作，价格一般为每碗 6~10 元。

调研期间，司莫拉礼堂周边固定出摊经营的商户仅 17 户左右，每天均有 3~4 户农户未正常参与经营。在社区旅游刚刚起步的大中村，旅游扶贫参与也主要局限于个别农户的自发经营状态，旅游标识牌、旅游厕所、停车场等必备的旅游公共服务设施建设基本处于空白状态。在社区参与旅游扶贫开发已逾 20 年且发展相对成熟的老姆登同样面临窘境。2017 年政府投入公共资金在村中新建了 3 个旅游厕所，但面临严重的维护资金不足问题，从 2020 年 1 月开始要求观景台旁 18 户地摊经营户每个月缴纳 28 元卫生费，用于旅游厕所的日常清扫。为了实现空间收益的最大化，以户为单位，社区居民在房前屋后杂乱种植玉米、蔬菜、核桃、漆树等经济作物，景观和空间利用的协调性较差。两位参与实地调研并接受访谈的地方旅游行政管理部门人员的观点颇具代表性：

老姆登本身是很美的，但你看看老百姓种的这些玉米和菜园子，乱七八糟的，到处是大粪味，太影响效果了，以后资金到位还是需要统一规划的。（访谈者编号：LMD02，WF，福贡县文化与旅游局工作人员）

老姆登基础设施建设还是有点差，现在大家都看到利益，征地协调起来很困难，我们概算一下扩建美丽公路上来到村子里的这条路就要 9000 万元，村子里面的房子也是村民自己盖的，没有人会干预，像月亮田根本就不该搞养殖场。（访谈者编号：LMD01，CLJ，福贡县文化与旅游局副局长）

调研过程中发现，目前老姆登村的客栈和旅游商品销售均主要集中在观景台周边进村主干道两侧，司莫拉的农家乐和旅游经营摊贩也集中在司莫拉礼堂周边的道路两侧，十分影响社区内部的通行条件和旅游者观光体验。由于缺少必要的统筹与规划，极大地影响了民族村寨旅游景观效果，这也成为旅游者停留时间短、消费水平不高和社区参与旅游扶贫收益有限的重要原因。

在社区参与旅游扶贫的空间生产过程中，土地发挥着基础性作用。空间生产依赖土地资源，而土地资源的稀缺性和经济性制约着民族村寨空间生产和再生产的过程，资本驱动下的空间价值分化建构了分化的社区空间[312]。在文化及经济资本拥有量、社区参与的历史以及区位条件（尤其是于社区核心旅游吸引物的空间距离）等因素的影响下，社区居民在社区旅游空间生产博弈过程中是存在明显的核心—边缘差异的。以 3 个民族村寨中，社区参与程度最深、发展效益最显著的老姆登村为例,最早参与客栈经营的"150
客栈"在观景台和老姆登教堂旁分别拥有两栋客栈,每年接待游客逾万人
次,年收入近 100 万元,并常年吸纳本村 15 人参与客栈经营,房间定价为
200~300 元。相较而言,地处月亮田且同样开办较早的月亮田农家乐(2009
年),由于远离老姆登教堂和观景台核心区,房间定价仅为 100 元 / 晚,由于
住宿客人不多,家中劳力不足,已有 2 年未正常开展经营。与此同时,老姆
登社区农户参与客栈经营过程中家庭负债情况也成为十分显著的问题。由于
参与社区旅游空间生产的途径有限,大部分村民均利用自家农房、改建或新
建为农家乐,其间大量举债(见表 4-9)。一方面,由于家庭原因,部分农家
乐已放弃经营(如怒苏人家和卡丹如农家乐等),另一方面村中多家农家乐正
处于建设中(2020 年 9 月调研期间有"亚舅宝"等 3 家农家乐正筹备开业),
相较于当地社区居民如火如荼的农家乐发展热情,大部分农家乐坐等游客上
门,客房价格定价从 80~300 元不等,在旅游季节性和脆弱性影响之下,当地
社区日趋激烈的农家乐经营竞争状态无疑是十分令人担忧的。

表 4-9 老姆登村主要客栈(农家乐)经营规模及欠债情况

序号	客栈名称	开业时间	客房规模(间)	年均接待量(人次)	年均经营收入(万元)	欠债情况(万元)
1	150 客栈	2000 年	34	8000	80~100	100
2	姐妹花客栈	2004 年	7	1000	10	20
3	月亮田农家乐[①]	2009 年	7	300	1	10
4	达比亚	2013 年	12	1500	20	100
5	假老外客栈	2017 年	16	1200	10	30
6	猴子树客栈	2017 年	10	1000	5~8	80
7	认嘎客栈	2019 年	4	500	3~6	30

说明:作者根据问卷调查和访谈资料整理,相关数据为疫情前 2019 年度正常经营状态。

对于少数民族村寨的家庭旅馆经营而言,利用宅基地经营,其进入和退
出的门槛并不高,且投资少、利润高,这与传统的"小农经济"思想吻合,

---

① 月亮田农家乐 2020 年重新开业经营,表中数据为 2020 年 1 月至 2020 年 9 月份数据。

容易为广大村寨居民所接受。在早期参与经营且成功的社区旅游精英示范作用之下，缺少市场竞争意识和综合分析能力的社区居民会纷纷进入该行业。但是，随着市场竞争的加剧，将不断迫使业主加大投入力度，这与老姆登村客栈经营收入越高、欠债越多的现象无疑是完全切合的。问题的关键在于，对于广大的民族村寨而言，客栈经营过程中在客房翻新、园林绿化和公卫设施改建等环节的投入，会形成资产专用性障碍，很难改作其他用途，这在无形中形成路径依赖，削弱经营者退出的积极性[3]，并由此导致民族村寨社区参与旅游扶贫开发过程中客栈"抱残守缺"的经营状态。

与此同时，3 个"直过民族"村寨社区参与旅游扶贫的空间生产过程中，社区内部社会空间的网络结构也正悄然发生变化。正如苏贾强调的：消费主义的空间使用逻辑在巧妙地利用地方性元素的同时，正在瓦解和颠覆社会生活的多样性和地方性的文化传统[313]。就民族村寨社区内部的人群关系来看，伴随着旅游者、政府等多元利益主体的嵌入，社区内部的初级群体关系越来越多地被次级群体关系所取代①，社区相对稳定的"熟人社会"结构被打破，并呈现出多样性、复杂性、流动性等特征，对于社区内部的人际交往而言，大量旅游者和经营者的介入，使得社区"居民"构成的异质性增强，在旅游消费功利性和世俗性的影响之下，土著居民之间因利益的分化而缺少相互交流的动机，邻里间的关系开始趋于淡漠和疏离[314]。对此，老一辈社区居民的感知无疑更加显著。

"以前村子里面哪家有点什么事，像盖房起屋这种，村乡都会去帮忙，哪家还不是都会遇着点事。现在就不一样了，都忙着搞接待，做什么都要说钱呢！"（访谈者编号：LMD014，YZF，老姆登村居民）

"现在小辈呢都在外面打工，乡里乡亲走动都少喽，游客又多，有时候为点小利益，还是会有些摩擦。"（访谈者编号：SML07，MHZ，司莫拉村退休教师）

---

　　①　社会学区分了群体的两个基本类型：初级群体和次级群体。初级群体是一个相对较小、有多重目的的群体，成员间互动亲密无间，并存在一种强烈的群体认同感。次级群体是为达到特殊目标而特别设计的群体，其成员主要以次级关系来相互联系。与初级关系相比，次级关系是一种特殊的、缺乏情感深度的关系。

以一种乡土知识和村规民约的方式，民族文化与认同在村寨社会经济发展中扮演着重要角色，其可以成为民族村寨自我发展能力有限条件下的一种理性选择，降低社会经济发展过程中的交易成本，增强自我发展能力，同时提升社区居民在与外来主体旅游空间生产和利益分配过程中的议价能力。然而，社区参与旅游扶贫过程中社区空间网络关系的世俗化和功利化无疑会对此构成一种破坏。

事实上，由于发展背景及阶段的差异，大中、司莫拉和老姆登3个"直过民族"村寨在社区参与旅游扶贫具体的空间生产方式上是有所异同的。比较其旅游扶贫开发的过程，相似之处表现为：其一，社区主导了村寨旅游扶贫空间生产的过程，外来企业均未涉足其中。3个民族村寨社区旅游扶贫开发的话语权均由本地居民所主导，共享的民族文化和公共性的旅游资源构成社区旅游扶贫的核心载体，旅游吸引物的共享特征也为社区居民的参与提供了前提。其二，政府在3个民族村寨社区参与旅游扶贫的空间产生过程中扮演重要角色。一方面，通过整合扶贫项目和资金，政府主导的道路、水电、通讯、停车场等基础设施的建设为民族村寨旅游空间生产提供了重要保障。另一方面，通过提供旅游技能培训、创业指导、品牌宣传、金融政策支持等方式为社区旅游空间的生产提供了动力。政府的介入在很大程度上有效弥补了3个民族村寨旅游公共基础设施建设不足和市场规模壮大的问题。在老姆登社区参与旅游扶贫开发的过程中，政府部门通过贴息8~15年最高贷款50万元的方式，为社区农家乐的经营提供了资金保障，旅游行政管理部门整合资金修建了旅游公厕和景观步道，推动社会空间的景观化和旅游化，2018年政府部门给予村寨中12家农家乐每户2万元，8户土特产经营示范户每户3万元，在观景平台带头经营的4户摊贩每户5000元的奖励，有效激发了社区居民参与旅游扶贫开发的热情。与此同时，还针对管理人员开展旅游培训，培训次数达480人次，覆盖率达全村旅游从业人员的38%[①]。司莫拉村自2014年以来，政府部门先后投资建设了司莫拉礼堂、民族文化广场、民族文化陈列馆、景观栈道、停车场、旅游公厕等20余个项目，整合项目资金2200多万元，开

[①] 数据来源为福贡县文化与旅游局。

展了厨艺、茶艺、乡村旅游等免费培训 320 人次 ①。相较而言，大中村社区参与旅游扶贫空间生产过程中，仅依托新农村建设项目在民族文化广场建设和道路基础设施建设方面得到政府扶持，在旅游公共基础设施建设、旅游就业和创业指导及品牌形象宣传推广等方面，基本没有获得政策扶持。因此，社区旅游扶贫开发也基本处于居民自发组织状态，旅游公厕、停车场、旅游标识牌、垃圾桶等旅游必备实施建设处于空白状态，"国家级少数民族特色村寨"的口碑在旅游扶贫过程中的品牌效应并未发挥出来。其三，民族精英在 3 个民族村寨社区参与旅游扶贫空间生产过程中发挥了至关重要的作用。国内学者在总结早期旅游扶贫开发的成功经验时就特别强调了"旅游扶贫带头人"的引领作用[315]。老姆登的 YWL、YZ、SY，司莫拉的 ZJQ、LFS，大中村的 LXZ、ZHB 等在社区参与旅游空间生产过程中发挥了重要的示范和带头作用。他们分别以经济精英、文化精英和政治精英的角色，成为社区旅游开发积极的响应者和致富的先行者。作为本土化的旅游精英，一方面，他们通过自己的行为对社区居民的旅游参与产生示范作用，为社区旅游发展的"观望者"树立信心，打破社区贫困文化陷阱。另一方面，作为地方文化和旅游发展诉求的代言人，通过资源整合，他们往往成为社区、政府、企业不同利益相关者之间开展对话与交流的媒介，引导社区居民与外来利益主体展开博弈，为社区旅游空间的生产注入动力。

抛开旅游扶贫开发相对"温冷"的大中村，单就社区参与旅游扶贫已经具有一定基础的司莫拉和老姆登来看，其社区参与旅游扶贫开发和空间生产的过程又存在明显的差异性。集中表现在以下两个方面：

第一，客源市场的结构不同。老姆登村的客源市场主要以怒江大峡谷观光、探险的深度旅游者群体为主，鲜有旅游团队问津。由于交通限制，进入大峡谷的旅游者大多会到地处怒江大峡谷中段的老姆登停留 1 晚，旅游者消费所产生的经济收益绝大部分直接流入当地社区家庭，经营业绩最好的"150客栈"年收入近 100 万元。在当地的旅游扶贫开发中，政府更多扮演辅助角色，并未对个体家庭农户的旅游经营收益构成直接影响。因此，老姆登社区

---

① 数据来源为三家村村委会。

参与旅游扶贫的空间生产过程也显得相对缓慢，除观景台和达比亚广场外，公共性旅游吸引物建设并不多。与其不同的是，司莫拉佤族村寨所在的清水乡是云南旅游发展热点城市腾冲市的重要旅游地，清水乡境内名胜古迹众多，有面积约 9 平方公里的热海国家 5A 级旅游景区，3A 级旅游景区 2 家，辖区内 2 个自然村被列入中国传统村落名录。进入司莫拉村寨的也多为旅游团队游客[①]，由于距离腾冲市区较近，基本没有旅游者在村中住宿，村中经营业绩最好的"佤韵阁"农家乐年收入也仅在 10 万元左右。然而，在规模浩大的大众旅游市场推动下，地方政府部门积极介入社区旅游发展，推动旅游吸引物的建设，并围绕道路交通、旅游标识、形象宣传乃至产品开发等投入大量资金。社区居民从旅游者直接消费中获得的收益虽然有限，但在政府的支持下，自 2013 年以来，旅游吸引物建设持续推进，2020 年 1 月 19 日习近平总书记到访后当地兴起的旅游热，从根本上颠覆了社区旅游发展的空间格局。政府部门越来越多地介入社区旅游扶贫开发的过程，社区居民的旅游发展收益也并不完全局限于旅游者本身，地租性和务工性收入构成社区旅游扶贫发展经济收入的重要来源。其发展势头和前景十分令人期待。

第二，社区参与旅游扶贫的组织形式不同。老姆登怒族村寨社区参与旅游扶贫开发过程中政府扮演的是"有限型"角色，当地社区主导下的旅游发展和空间生产过程主要以个体农户家庭为单元展开，缺少组织性和协调性。怒族传统文化中"守望相助"的习俗在社区参与旅游扶贫的组织及利益分配过程中发挥重要作用。

"我们家客栈开得最早，现在村里边别人家开客栈，我们也会给人家一点建议。都是一个地方的，也希望别人少走一些弯路。"（"150 客栈"经营者访谈）

"一个村都是左邻右舍的，好多都有点亲戚关系，我们家的床位也不多，人多的时候我也会介绍到别人家去处，别家的客人多了还不是会介绍到我家

---

① 在实地调研中获悉，腾冲市旅行社组织的司莫拉一日游线路一般为 500~800 元不等，因司莫拉没有收门票，自 2020 年 1 月习近平总书记到访后，腾冲多家旅行社将其列入线路中。截至 2020 年 7 月下旬，其间已接待旅游者逾 10 万人次。下半年因村中道路限制，进村道路处于建设中，旅游团队人数有所递减。

来。"（"姐妹花客栈"经营者访谈）

作为一种基于地域和族群认同的地方感，在老姆登社区参与旅游扶贫开发的过程中，当客栈容量超标、餐饮生意竞争加剧（卖凉粉）时，地方感发挥了自发的调节作用，其有效地规避了社区参与旅游扶贫空间生产过程中的"异化现象"和民族村寨社区商业化所带来的人际关系疏离，降低了社区参与旅游扶贫的隐形成本，实现了不同个体家庭间的互惠共生①。司莫拉则通过成立"旅游专业合作社"的方式，以"集体公权"的形式来调节社区内部不同利益主体的关系。从旅游摊位经营权的分割、旅游接待参与及收入分配（导游、歌舞表演、环卫等），甚至是客栈经营权属的划分，合作社均强势介入予以协调②。在合作社的统一管理下，村寨旅游设施的规划建设、景观空间布局、居民旅游经营参与活动等均表现出了良好的协调性③。与此同时，司莫拉幸福佤乡旅游专业合作社主要由三家村和中寨村地方党支部牵头成立④，作为地方政府部门在基层社区治理的代言人，旅游合作社可以有效开展与上级政府部门的衔接与沟通，最大限度地争取地方政府部门的旅游资金和政策支持。在各项政策的支持下，司莫拉社区参与旅游扶贫的空间生产过程被赋予了极强的效率和影响力。

---

①　实地调研过程中发现，老姆登和司莫拉村寨中客栈经营者和旅游商品销售经营者之间均存在普遍的"亲属性"联系，一般全家人均参与旅游，家庭成员中个别出售旅游商品、个别参与旅游演艺、个别在农家乐务工。老姆登村的 150 客栈、猴子树客栈、姐妹花客栈和即将开业的亚舅宝农家乐经营者之间均存在宗亲关系。

②　腾冲市清水司莫拉幸福佤乡旅游专业合作社章程第四条规定，合作社的工作内容为："在保护好中赛村赛风貌的基础上，组织成员开展乡村旅游资源开发、休闲观光服务、食品制造农副产品加工、餐饮服务、小吃服务、民族舞蹈表演，民间民俗工艺品加工及销售民宿服务，保洁服务、施工劳务、公共设施管理服务；采购、供应成员所需的生产资料；引进新品种新技术；开展相关技术培训、技术交流和信息咨询服务；组织销售成员及同类生产经营者的产品。"

③　作者 2020 年 1 月至 2021 年 1 月 4 次调研期间，司莫拉旅游摊贩经营地点先后从司门附近搬到司莫拉礼堂道路两侧再到合作社统一规划的摊位点，其间多次调整，村口的 5 家小卖部除了赵家海家外，其余 4 户 7 月份以后已不再允许经营。通过统一规划，村支书家的"佤韵阁"农家乐也要求停业，在规划区内进行建设由合作社统一招标出租经营，2020 年 11 月 25 日，村中 1 户住宅建设因违反规划被村小组认定为违规建筑并予以公示。

④　腾冲市清水司莫拉幸福佤乡旅游专业合作社于 2020 年 6 月 3 日召开设立大会成立，合作社由赵家清（代表中寨党支部）、冯怀照（代表三家村村党总支）、孟家明、李应顺、赵家富等 62 人发起，成员出资总额为 1000620 元。其中：赵家清（代表中寨党支部）出资 836010 元、冯怀照（代表三家村村党总支）出资 164010 元、中寨村民小组 60 户成员每户成员出资 10 元。

（三）研究小结

通过 3 个"直过民族"村寨案例地的研究可以发现：一方面，伴随着民族村寨旅游的发展，政府包括外来资本的力量将越来越多地介入到当地社区，这在无形之中也诠释了早期雨崩藏族社区和郎德苗寨社区参与旅游扶贫路径演化的必然性。对于特定民族村寨而言，其旅游发展必然依赖与周边社区及背景区域的互动，腾冲市的旅游发展氛围和客源市场条件为司莫拉佤族村寨旅游扶贫空间生产提供了强大的动力，相较而言，大中布朗族村寨和老姆登怒族村寨则并不具备这样的机会。由此，我们也可以得出结论，政府的介入和区域旅游发展能够为社区旅游扶贫空间生产效应的发挥提供良好的背景和条件，提高旅游扶贫空间生产效率，壮大并提高民族村寨社区旅游扶贫开发的规模和水平。另一方面，由于缺乏必要的协调机制，社区主导下的民族村寨旅游扶贫空间生产过程也存在局限，表现为社区内部旅游发展的路径依赖与同质化竞争，社区居民贫富分化过程中的空间正义缺失，以及民族村寨社会网络空间变迁所带来的邻里关系恶化等。作为社区参与旅游扶贫的负效应，它们会从根本上破坏民族村寨社区旅游的良性发展。最后，对于如何协调旅游扶贫开发过程中的社区内部利益矛盾问题，司莫拉佤族村寨和老姆登怒族村寨的实践探索为我们提供了两种经验。其一，通过强化社区组织的建设，以制度化的方式来规范社区参与过程中居民间的利益关系。其二，强化民族村寨社区内部的族群及地域认同，通过乡土知识和文化力量来约束、协调社区内部关系。善用民族文化和加强社区组织建设可以被视为协调民族村寨社区参与旅游扶贫利益内部分配的两种长效机制。

四、民族村寨社区参与旅游扶贫的空间关联效应

（一）社区参与旅游扶贫的空间关联分析

在传统的农业生计方式下，社区内部的人们在相对封闭的有限区域内从事生产实践活动，由于劳动分工没有形成，不同地域中人们之间的交换尚未

产生，空间的生产主要属于自然积累过程[310]。旅游使地理区域形成空间关系，空间关系致使地理尺度重组，进而会带来旅游地景观尺度重组和地理生产[316]。旅游的发展带动资本、技术、人员等要素在不同空间尺度范围内跨界流动，传统的以农业为主的经济形态，逐渐为以旅游业为主的服务业经济形态所代替。旅游吸引力构成民族村寨社区参与旅游扶贫的直接动力，因此，这一过程首先是以旅游吸引物的建构和空间生产为前提的，根据陆大道"点—轴系统"理论，区域发展过程中，产业要素首先在特点区域"节点"上集聚，要素禀赋对产业集聚的影响构成"第一性先天优势"（first nature advantages），而旅游吸引物的建构提升了社区的吸引力，从而实现旅游者在特定社区的空间集聚和流动。作为旅游系统的核心，旅游者的集散运动催生了一系列的连锁反应。具体表现为：旅游者消费在空间中的集聚无形中吸引了企业服务和资本的投入，为社区旅游发展规模的壮大提供了动力。旅游者消费和旅游企业投资在特定社区（区域）的集中，又形成对外部区域的资本、技术、劳动力等经济资源的吸引力，并通过旅游产业发展要素的空间集聚，实现区域产业结构的升级与替代，最终促进区域经济发展。与此同时，政府部门出于推动区域旅游经济发展和实现区域协调发展的目标，也会将政策红利优先投入具有旅游吸引物基础和市场发展潜力的社区，在此过程中，具有旅游扶贫开发比较优势的贫困社区的初始优势因"路径依赖"而被放大，从而形成"锁定效应"。这一过程可具体描述如图 4-6 所示：

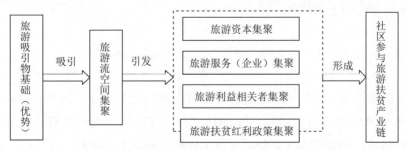

图 4-6   社区参与旅游扶贫空间关联效应的形成过程

在社区参与旅游扶贫中，旅游者虽然不是原生空间的主要生产主体，但正是由于旅游者带来的经济利益，使各利益相关主体对社区自然空间进行重新建构,并引发社会空间结构的变迁,并最终形成多主体共生的多元消费空间。通过与社区空间生产的主体建立起某种关系,旅游者对旅游地的社会空间施加影响。旅游空间本身也成为一种由旅游者活动所促生的流动空间,旅游流将社区、目的地与大量的非本地社区联系到一起,使得社区居民的生产生活不断突破相对封闭的社区空间范畴,人地关系的时空边缘不断向外扩展,多种超社区的力量介入社区的空间生产之中,这一过程引发社区空间的变革及社会关系的重构,并从中彰显社区参与旅游扶贫的综合效应。

旅游者需求构成社区参与旅游扶贫的核心动力。旅游流作为体现现代大众旅游群体性特征的一个学术范畴,其强度大小、空间分布状态和等级结构的差异等直接关系到区域旅游产业发展的空间布局,旅游发展战略的制定与实施,影响旅游地的经济、社会和环境效益等[286]。旅游者构成整个旅游系统的核心,对于特定民族村寨社区而言,吸引旅游流的多少客观上可以反映其在区域中对旅游产业发展相关要素的集聚能力。Lundgren 认为地区之间的旅游流流动可以看作是地区间相互作用的过程[317]。当社区成为旅游目的地,其吸引旅游流流量的大小成为衡量旅游目的地级别最直接和主要的指标,为了描述民族村寨社区在区域旅游扶贫系统中的空间集聚能力,借鉴旅游流空间结构分析经典方法[318],可以通过地理集中指数模型来衡量民族村寨社区作为旅游目的地的吸引和集聚效应。空间集聚指数是指特定旅游地吸引的客流量占该区域入境客流总量的比例。令 x^{it} 为第 i 个旅游区第 t 年的入境游客人数,α_i 为空间集聚指数。则:

$$\alpha_i = \frac{x^{it}}{\sum_{i=1}^{n} x^{it}} \times 100\% \qquad (4-1)$$

α_i 的值越大,说明该旅游地的吸引和集聚效应越明显,在研究区域范围内作为旅游地的级别就越高。以 2019 年度 3 个"直过民族"村寨及其所在县域旅游统计相关数据为基础,可分别计算其地理集中指数,具体如表 4—10 所示:

表 4-10　3 个民族村寨旅游流流量及地理集中指数比较 [①]

村寨	旅游接待量（万人次）	县域	县（市）旅游接待总量（万人次）	县（市）乡村旅游接待量（万人次）	地理集中指数
大中村	0.1	施甸县 [②]	160	60	0.167
司莫拉（三家村）[③]	10	腾冲市 [④]	1626	487.57	0.206
老姆登村	28.75	福贡县	71.9	71.9	39.97

　　通过地理集中指数分析可以发现，大中村和司莫拉村在各自县域乡村旅游发展中的地位均不高，在区域旅游发展背景中对旅游者的集聚能力还比较弱，而老姆登村在福贡县乡村旅游中占有重要地位，具有极强的旅游流空间集聚能力。由于地理集中指数仅能从"旅游者吸引"的静态结构上反映社区在区域旅游发展系统中的集聚能力，并不能揭示民族村寨社区与其所依托的背景区域间的关系。在国内外旅游流空间结构及其演变的相关研究中，为了描述旅游流的空间运动规律和特征，Stewart 和 Vogt 提出了多目的地旅游流流动模式 [319]，Lundgren 提出旅游流在城市间的相互流动以及大城市向旅游地的垂直流动模式 [317]。国内学者吴必虎提出了旅游流沿"环城休憩带（ReBAM）"的集聚模式 [320]，保继刚对大中小 3 种不同空间尺度的旅游流空间流动特征予以描述 [321]。在前人涉及旅游流空间结构研究的相关理论模型中，区域中心城市均构成旅游流集散的"焦点"，旅游流的空间集聚和扩散总是表现出以区域中心城市为依托的特征。3 个民族村寨社区旅游流的空间运动

---

　　① 表中统计数据来源为各县（市）文化和旅游局和政府部门公布 2019 年度数据。由于福贡县目前还没有任何一个严格意义上的景区，全县旅游发展均依托乡村聚落，因此，全县旅游接待量即视为乡村旅游接待量。大中村目前没有官方统计数据，表中数据为作者根据访谈资料整理并与村委会干部和摆榔乡分管文化工作领导核实所得。

　　② 2019 年施甸县乡村旅游接待游客约 60 万人次，旅游业收入约 8000 万元，http://baoshan.yunnan.cn/system/2019/11/25/030528831.shtml.

　　③ 说明：3 个案例地中大中村和老姆登村均为行政村，司莫拉所在的中寨为三家村下辖的自然村，比较的空间尺度不一致，鉴于目前三家村的旅游均集中在中寨司莫拉，周边村寨暂未涉及旅游，司莫拉的旅游统计数据可以代表三家村的情况进行比较研究。

　　④ 2019 年腾冲市接待旅游者 1626 万人次，其中乡村旅游接待旅客 487.57 万人次，实现旅游总收入 20.93 亿元，分别占全市接待人数的 30% 和旅游总收入的 11.3%（数据来源为腾冲市委政研室）。

同样具备上述特征，结合龙祖坤等对县域旅游扶贫效率分析的方法[58]、[322]，借鉴旅游经济联系强度分析方法[323-324]，引入"旅游扶贫经济联系强度"模型，可进一步描述 3 个民族村寨与背景区域间的互动关系。旅游经济联系强度作为衡量地区之间旅游经济联系紧密程度的主要指标，其可以量化反映旅游地间的相互作用关系，计算公式可以表示为：

$$F_{ij} = \frac{\sqrt{P_i G_i} \times \sqrt{P_j G_j}}{D_{ij^2}} \qquad (4-2)$$

旅游经济联系强度反映区域旅游网络空间关联状况。F_{ij} 为两地区间乡村旅游经济联系强度，数值越大反映区域旅游网络空间关联越紧密；P_i、P_j 为两地区乡村旅游者总人数，G_i、G_j 为两地区乡村旅游总收入；D_{ij} 为两地区间的旅游交通距离[①]。结合表 4-10 旅游流量数据，可分别计算出 3 个民族村寨社区参与旅游扶贫开发过程中与区域中心城市间的关联关系，具体如表 4-11 所示：

表 4-11　3 个民族村寨旅游扶贫收入及经济联系强度比较[②]

村寨	旅游收入（万元）	县域	乡村旅游收入（亿元）	旅游经济联系强度
大中村	8	施甸县	0.8	1.6
司莫拉（三家村）	100	腾冲市	20.93	1890.2
老姆登村	360	福贡县	9.13	96.4

从数据分析结果来看，大中村和老姆登村与其所在县（市）域旅游经济联系强度均比较弱，老姆登虽然在福贡县县域旅游经济发展中占据重要位置，但是其经济关联性却远不及司莫拉。分析其中原因，一方面是因为司莫拉拥有邻近腾冲市的区位空间优势，另一方面是腾冲市区域旅游经济的整体发展

---

①　由于 3 个村寨的旅游交通均为公路交通，计算过程中用 3 个村村委会距县政府的距离代替。其中，大中村为 35 公里，老姆登为 52 公里，司莫拉为 13 公里。

②　表中统计数据来源于各县（市）文化和旅游局和政府部门公布的 2019 年度数据。其中，司莫拉和大中村村级层面 2019 年度没有具体的官方统计数据，为作者根据访谈和问卷调研过程整理并与村委会干部核实所得。

能够为司莫拉民族村寨社区旅游的发展提供消费市场，为其后期发展注入动力，同时也为其社区参与旅游扶贫开发经济效益的提升提供了重要保障。3 个案例地的比较也在一定程度上佐证了国内学者早期旅游扶贫研究的经验和结论，即旅游扶贫开发要兼顾区域旅游发展的整体效应。

20 世纪 70 年代后，后结构主义地理学兴起，其对"间性关联"的阐释把空间结构的关联性，看作社会文化研究的方式，并呼吁人们关注空间的开放性与关系性[261]。在后结构主义地理学空间开放与关联视角之下，地理学尺度及尺度间关联的研究传统被再次强调。地理学在进行区域研究时，需要把握的是不能仅仅停留在小区域研究上，还需要强调小区域与大区域研究的关系[325]。民族村寨社区是一种地域共同体，作为一种面状地理单元，社区地理界面①的变化在一定程度上也可以从社区内部直观地反映其与背景区域的作用关系。因此，在民族村寨社区参与旅游扶贫过程中，追踪社区旅游活动边界的变化情况具有现实意义。事实上，透过社区参与旅游扶贫开发最早且发展已经十分成熟的郎德苗寨和雨崩村的案例，空间影响范围有限（主要局限于社区内部）是国内民族村寨社区参与旅游扶贫的共性问题。这一现象在大中、司莫拉和老姆登均不同程度地存在。在大中村，社区参与旅游扶贫仍处于自发性参与状态，主要的旅游活动集中在"得埃乌"新村搬迁点，周边的摆椰村、鸡茨村和尖山村 3 个自然村并未实质性涉及旅游发展，其较低的区域旅游经济联系强度指数就是这一状态的直观反映。在民族村寨社区参与旅游扶贫程度最高的老姆登村，社区参与也主要以农户个体家庭为单元参与客栈经营和旅游商品销售，客栈经营主要依托自家宅院，大多为家庭成员自主经营，少部分客栈在旅游旺季临时雇用劳动力也局限于本村本寨，旅游商品的生产和销售的主体也完全为本村村民，主要销售本村出产的茶叶、漆油、雪菜、蜂蜜、草果、核桃和少量的怒族服饰、挎包，大部分土特商品均使用真空塑料袋包装，标明物品是什么，并统一命名为"怒江怒族土特产"。目

---

①　地理界面是指相邻的不同性质地理系统互相作用所形成的独具特点的交界带，又称地理交界带。地理界面研究的意义和价值可具体参见：乔家君 . 乡村社区空间界面理论研究［J］. 经济地理，2012，32（5）：107—112.

前，老姆登村村民在紧邻的知子罗村^①开设了3家客栈，并出售部分本村出产商品，客栈均由家庭成员自己打理。无论是旅游客栈还是旅游土特商品经营都主要局限于行政村的地域范围内。老姆登村规模最大的几家客栈及旅游商品店雇用人员情况如表4-12和表4-13所示：

表4-12　老姆登村客栈（农家乐）雇用人员情况

客栈名称	客房规模（间）	雇用员工数（人）	薪酬水平
150客栈	34	15	每人每月3000元
姐妹花客栈	7	女主人经营	0
月亮田农家乐	7	2~3	100元/天
达比亚	12	5~6	100元/天
假老外客栈	16	夫妻经营	0
猴子树客栈	10	夫妻经营	0
认嘎客栈	4	2	每人每月2400元

表4-13　老姆登村旅游商品店经营情况^②

旅游商店名称	经营类型	雇用员工数（人）	薪酬（收入）水平
老姆登高山茶厂	茶叶种植、加工、销售，兼营农家乐	20	每人每月3000~4000元；加班10元/小时
陆金茶厂	茶叶种植、加工、销售，兼营农庄	10	每人每月3000~4000元
蓝海茶业	茶叶种植、加工、销售	200~300（工天）	100元/天

---

① 知子罗是原怒江州府所在地，曾经是怒江流域的政治、经济、军事和文化中心，至今保留着解放后的建筑风貌，有"记忆之城"的美誉。知子罗村毗邻老姆登，两村中心距离不到1公里，且到知子罗均必须先通过老姆登。由于知子罗村吸引物相对单一，旅游发展规模远不及老姆登。根据福贡县文化和旅游局提供的最新数据，知子罗村现有客栈和农家乐5家、60个床位，从业人员26人，2019年度全村旅游总收入为55万元。

② 老姆登村旅游商品经营涉及两种主要形式，一种是在观景台旁18户以地摊形式出售特色商品。另一种是以茶叶合作社或茶厂方式出售红茶和绿茶。2020年调研期间，老姆登村常年参与茶叶种植农户有136户，固定茶叶加工工人29人。其中最大的三家茶叶种植、加工基地为和大林经营的老姆登高山茶厂、陆金经营的陆金茶厂和蓝海经营的蓝海茶业。

旅游商店名称	经营类型	雇用员工数（人）	薪酬（收入）水平
旅游摊贩 1	茶叶、漆油、雪菜、蜂蜜、草果等	0	1500 元 / 月
旅游摊贩 2	茶叶、漆油、雪菜、蜂蜜、草果	0	800~900 元 / 月
旅游摊贩 3	核桃、五谷杂粮等	0	800~1000 元 / 月
旅游摊贩 4	怒族服饰、挎包	0	1300 元 / 月
旅游摊贩 5	旅游小吃（凉粉、豆浆）	0	900 元 / 月

在司莫拉佤族村寨，从佤族文化展演、导游解说、地摊摆设到农家乐经营等各项旅游参与活动均由旅游合作社来统一安排，参与人员一般也仅限于本村村民。作为社区旅游扶贫参与面最大、收入占比最高的一种途径，司莫拉旅游商品销售和地摊经营有着完善的"村寨利益"维护机制。2020 年 6 月旅游合作社与村中 4 户村民通过土地流转建设了固定商品销售铺面，2020 年 11 月，建设完成的 26 阁铺面统一面向村民以 2000 元 / 月的竞标底价出租，招租公告明确规定："铺面招租范围优先于中寨农户，禁止任何人在其他公共区域摆摊设点，租户中标后不得将铺面流转给他人"。司莫拉村试图以"合作社"的方式来维护其在社区旅游发展中的既得利益。然而，这样的愿景并不切合地方政府部门发展旅游和扶贫的初衷。在 2013 年司莫拉佤族村寨社区参与旅游扶贫之初，当地的旅游发展就一直是在地方政府部门的支持下展开的，而政府部门的介入始终立足于丰富腾冲旅游产品内容、壮大区域旅游市场规模的背景之下。2020 年司莫拉先后获批"云南旅游扶贫示范村"和第二批"全国乡村旅游重点村"的殊荣，自 2020 年 1 月习近平总书记到访之后，司莫拉迅速成为腾冲热门旅游打卡地之一，腾冲市各大旅行社纷纷将其作为市内一日游的线路产品。腾冲市政府也乘势而上于 2020 年 5 月 22 日成立"腾冲清水司莫拉幸福佤乡景区管理有限公司"，推进司莫拉旅游景区综合开发项目，项目以"发展乡村旅游、实现乡村振兴"为主线，结合腾冲健康旅游发展实际，突出佤寨的保护与开发，对传统村落资源进行挖掘和改造提升，建成集党建教育、自然观光、乡村体验、康养度假、餐饮购物等多功能于一体

的知名旅游景区和乡村振兴示范区。

鉴于司莫拉存在旅游吸引物元素单一，制约了旅游市场规模的壮大，腾冲市政府结合佤族文化的深度包装、挖掘，将腾冲的腾药、藤编、制陶、抗战等多元文化元素，以新建或改建的方式移植到司莫拉。按照中寨最新的"一轴一环二集群，七巷八馆五十六朵花"七大功能分区的规划布局，整个司莫拉包括周边的小陈家寨、三家村等均将被纳入民族村寨旅游扶贫开发核心区的建设范围，核心区规划面积将达4.2平方公里（见图4-7）。司莫拉社区参与旅游扶贫的空间范围也将拓展至整个三家村及其周边区域，并与周边的热海（5A级旅游景区）、高黎贡山茶博园（3A级旅游景区）等形成互动效应①。

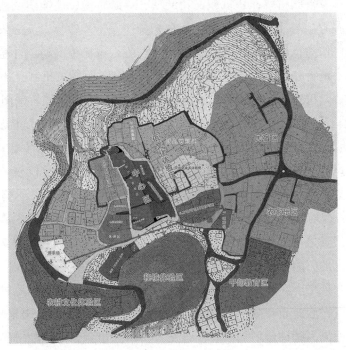

图4-7　腾冲司莫拉旅游景区综合开发项目空间规划布局

由此，司莫拉社区参与旅游扶贫经济获益的渠道也不再局限于旅游者消

_____

① 作者12月份调研期间，项目规划已处于建设之中。村中农家乐被搬迁至规划区，云南建投公司正着手干部教育基地建设，进村道路于2021年年初贯通，旅游接待餐厅、粑粑房、村寨核心景观美化等项目处于紧张建设中。

费的单一渠道，村中民宅被出租给外来经营户用于手艺传习馆、佤色传习馆等的开发，从小陈家寨开始由政府部门统筹修建新的进村道路，并扩大停车场面积，干部培训基地也正处于紧张建设之中，房屋出租和土地出售为社区居民带来了可观的收益。为期不远的将来，司莫拉完全由社区主导的旅游扶贫开发模式也必将被打破。

（二）社区参与旅游扶贫的产业链分析

在空间关联分析中，民族村寨社区被视为"节点"以探讨其与背景区域的互动关系，然而这一过程并不足以揭示社区在参与旅游扶贫开发过程中的内部结构与功能。空间关联分析强调了旅游扶贫开发的区域影响，但忽略了对贫困人口及家庭的微观作用，为了进一步探讨 3 个"直过民族"村寨参与旅游扶贫过程中贫困人口及家庭在社区旅游产业链中所处的环节及受益情况，可进一步对 3 个民族村寨参与旅游扶贫的产业链结构予以剖析。从旅游活动的"产业集群"特征层面来进行考察，旅游扶贫的绩效在很大程度上就取决于旅游业对相关产业的关联带动作用，旅游产业链越长，旅游收入进入当地经济循环系统中的比例就越高，旅游业的带动作用也就越大。目前学术界对"产业链"的概念认识并不统一，国外学者更多是基于企业角度来分析产业之间的关联性，并提出了企业价值链、供应链以及产品链等概念。旅游产业链主要是从旅游者需求或旅游产品生产带来的物质流动来予以定义[326]。传统的产业链分析方法在旅游扶贫中的作用类似于关联分析，通过"链"的方式解释旅游活动与经济现象之间的联系，再通过"解构"的方式反映产业的整体轮廓[65]，而旅游产业链分析主要通过实践活动的方式，如个体访谈、样本分析及其追踪调查的方式对动态的、历史的信息进行历时性追踪和掌握[327]。

目前，产业链分析的方法已被国内外学者大量运用于旅游扶贫问题研究。引入产业链分析的方法不仅可以深度揭示民族村寨社区参与旅游扶贫的经济效应，还可以帮助诊断供应链对旅游扶贫产生的影响，并开展不同目的地间旅游扶贫经济效应的比较，从而确定最好的干预方式，增强贫困人群参与旅游业中各利益主体的可能性，为贫困人口提供市场进入机会，降低贫困人口的旅游行业准入门槛[4]。结合对 3 个民族村寨旅游扶贫个体经营者及社区居民的调查问卷，可大致掌握 3 个村寨社区参与旅游扶贫的收入情况，并对其参与旅游扶贫的产业链结构予以描述。

1. 大中村社区参与旅游扶贫产业链结构

大中布朗族村寨的社区旅游扶贫开发起步较晚，由于施甸县旅游业发展整体滞后，目前摆榔金布朗风情小镇和善洲林场（国家 4A 级旅游景区）并未对大中村的社区旅游发展产生实质性影响。社区旅游基本处于社区居民自发参与状态，当地社区参与旅游扶贫的主要项目及基本情况如表 4-14 所示：

表 4-14　大中布朗族村寨社区居民参与旅游扶贫基本情况

参与项目	参与类型	参与名称	参与规模	旅游收益
旅游经营性收入	经营农家乐	海彪农场	2016 年"农家乐"开业经营，2018 年接待游客 200 人次，2019 年开始不再经营	农场餐饮和采摘的经营收入约 1 万元，绝大部分收入来源为鸡鸭养殖，农家乐为夫妻二人打理
		"得埃乌"新村	从 2018 年开始，有 3 户农户利用自家新房接待来访村寨的游客，每晚收取住宿费 50 元，但 3 户农户家均只有 2~3 个房间能够用于接待，2019 年度平均每家接待游客为 100 人次左右	3 户农户每年的住宿接待收入为 5000 元左右，合计约为 1.5 万元
	土特产品销售①	濮人文化传播公司②	2014 年 4 月开业，注册资本 20 万元。主要出售布朗族服饰和土特产品	年收入约 15 万元，未雇用本地村居民参与经营
		李新照家	2016 年带头种植软籽石榴 40 亩，种植茶叶 800 多亩，产量为 4 吨	2019 年收入为 20 万元，雇用工人数为 10 人

说明：上表数据资料为作者 2020 年 7 月—2021 年 1 月期间 3 次到大中村调研整理。

---

①　大中村特色种植和养殖业具有一定基础，甜笋、软籽石榴、芦柑和茶叶种植均有一定规模，成立有土鸡养殖合作社，2019 年调研期间有 6 户农户烤制小锅酒。但这些产业主要面向本地市场而非游者，与旅游业的关联比较弱。其中，仅濮人文化传播公司和李新照家的茶叶通过精细包装，以旅游商品形式进行销售，故仅将其统计在内。

②　濮人文化传播公司现位于摆榔金布朗风情小镇，2014 年由李枝清出资 20 万元成立。主要出售布朗族服饰、茶叶、蜂蜜等土特产品，2018 年公司注册资本增加至 260 万元，经营业务范围也拓展至：布朗族文化传播与推广；广告设计、制作、发布；工艺品、民族服饰、农副土特产品销售；水果、蔬菜种植、销售；蜜蜂养殖等。

整体来看，大中村社区参与旅游发展处于起步阶段，社区居民参与旅游扶贫的收益方式主要为旅游经营性收入，由于客源市场规模十分有限，目前没有外来资本的介入，社区居民基本没有参与旅游的务工性和地租性收益。社区参与旅游扶贫的产业链结构基本还未形成，旅游活动对社区相关产业发展影响的边界还十分模糊。

2. 司莫拉社区参与旅游扶贫产业链结构

在 3 个民族村寨中，司莫拉参与旅游发展的时间较晚，但发展势头最为迅猛。由于地处滇西旅游发展热点城市腾冲，且区位和交通条件优越，司莫拉佤族村寨的客源市场能够实现短期内井喷式增长。加之，腾冲各级政府部门均十分重视旅游产业发展，在司莫拉佤族村寨旅游扶贫的基础设施建设中给予了大量支持，但是由于村寨内旅游吸引物单一、旅游者停留时间不长、旅游消费项目有限，当下庞大的客源市场规模并未产生较高的经济效益。司莫拉佤族村寨社区参与旅游扶贫的主要项目及基本情况如表 4-15 所示：

表 4-15　司莫拉佤族村寨社区居民参与旅游扶贫基本情况

参与项目	参与类型	参与名称	参与规模	旅游收益
旅游经营性收入	经营农家乐[①]	佤韵阁	2016 年 3 月 8 日开业，每年接待游客 8000 人次	收入约 15 万元，平时家中妻子 1 人经营，客人多时雇用村中居民参与经营，多时 5~6 人，少时 2~3 人，工资为 80 元 / 天。固定员工工资为 2400 元 / 月
		佤乡情	2018 年开业，每年接待游客 5000 人次	收入约 8 万元，雇用本地村中居民 2 人参与经营，工资为 2500 元 / 月
		忠贤佤庄	2020 年 11 月开业	2020 年度收益约 4000 元
		李发顺家（餐饮及土特产）	2020 年 2 月参与经营，接待游客量约 2 万人次	旅游收入约 10 万元。全家参与，未雇用劳动力
	土特产品销售	小吃及土特产品	14 家摊贩参与经营	每个摊位收入为 150~200 元 / 天

① 截至 2020 年 12 月中寨司莫拉佤族村寨有 4 家农家乐，其中一家位于"忠贤佤庄"对面，未正式挂牌开业。

续表

参与项目	参与类型	参与名称	参与规模	旅游收益
旅游务工性收入	民族文化演艺	歌舞展演	根据游客规模组织村民开展民族歌舞展演，由旅游专业合作社统一雇用并支付工资	工资形式有两种：一种形式为 80 元 / 天，一种为 1000~1500 元 / 月基本工资 + 提成，特定场合外聘表演人员
	旅游相关服务	旅游解说	5 名本地村民担任解说员（由合作社雇用并支付报酬）	按带团场数，每场 80 元
		保安、卫生、绿化等	10 人左右（旅游合作社雇用并支付报酬）	每人每天 80 元
旅游发展地租性收入	土地租赁及出售	房屋出租	6 户农户涉及旅游用途的房屋出租	房屋租金为 2 万 ~4 万元 / 年不等
		土地流转	进村柏油路、村寨景观美化、干部培训学校、餐厅、粑粑房等建设和农特产品售卖区建设流转农户土地	从 2020 年 7 月开始政府投入力度较大，涉及范围比较广，初步估计达 120 亩左右，流转价格为山林、山地等非建筑用地每亩 5 万元左右（一般 700 元 / 平方米）

说明：数据为作者根据 2020 年 7 月至 2021 年 1 月期间 4 次到中寨司莫拉佤族村寨调研整理。

　　旅游扶贫是一种产业扶贫手段，旅游扶贫绩效的高低很大程度上在于产业链的价值创造和价值分配能力，因而从产业链角度对旅游扶贫效益进行评估是具有可行性的。以旅游业"食、住、行、游、购、娱"六大产业要素构成为依据，结合问卷调查数据，可大致对司莫拉佤族村寨社区参与旅游扶贫的产业链结构进行描述。如表 4-16 所示：

表 4-16　司莫拉社区参与旅游扶贫产业链结构①

	旅游住宿及餐饮	旅游商品销售	交通及旅游服务	其他①
年均产值（万元）	3000	300	1000	800
贫困人口（社区）收益率（%）	3	20	7	
贫困人口（社区）收入（万元）	70~100	45~65	60~90	620~700
贫困人口及主要收入群体	①农家乐经营及务工（50万~70万元）②旅游小吃地摊经营（20万~30万元）	①旅游手工艺品销售②农产品销售	①导游解说（20万~40万元）②卫生、安全秩序维护（30万元）③民族文化演艺（10万~20万元）	①房屋出租（12万~21万元）②土地出售（600万元）
贫困人口收入渠道	无住宿接待收入，餐饮接待构成社区收入的重要渠道，目前有4家农家乐，5家小吃经营地摊	从事旅游商品地摊销售，目前有9家，每个地摊日均收入150~200元	从事导游解说员（5人）及民俗文化表演（10~15人），在景区负责卫生、安全秩序维护等（10人左右）	在参与旅游发展过程中，将土地出租或出售给政府、旅游投资企业
贫困人口潜在收入机会	延长旅游者停留时间，提供住宿服务	丰富旅游商品类型，提升文化附加值	实施旅游团队分流，提供景区内部交通服务	立足长远，以股份形式参与经营，提升参与能力，扩展参与渠道

3.老姆登社区参与旅游扶贫产业链结构

从旅游空间结构来看，整个怒江大峡谷南北纵贯近 300 公里，具有典型

---

① 本表的绘制参考杨德进等对老挝琅勃拉邦省贫困人口参与产业链的分析方法。表中数据为作者根据问卷调查和访谈结果汇总测算。其中，年均产值以 2019 年度腾冲市内旅行社提供的司莫拉旅游线路一日游线路价格 500~800 元 / 人标准，按照下限 500 元标准和同年司莫拉接待游客量 10 万人次估算。

① 其他收益，特指并非直接源自旅游者的消费支出，而是得益于社区旅游发展后贫困人口从中实现经济受益的项目和活动。

的单轴串点特征，旅长而游短，地处大峡谷中段且交通相对便利的老姆登村成为往返怒江大峡谷的深度旅游者停留休整的重要节点。作为怒江大峡谷中旅游开发相对成熟的景点，老姆登社区参与旅游扶贫起步较早且相对成熟。当地悠久的茶叶种植、加工历史很好地嵌入社区旅游发展中，形成良好的互动效应。自 2015 年以来，其始终稳步占据福贡县旅游市场近 50% 的规模体量。2017 年怒江大峡谷美丽公路贯通，老姆登客源市场规模保持稳定增长，但是，由于整个怒江州旅游客源市场结构主要以追求深度观光、探险体验的散客为主，老姆登村客源市场规模整体并不大。当地旅游发展目前仍完全处于社区居民自发参与状态，外来资本还没有介入而政府对当地社区的影响也仅局限于旅游服务设施的建设①。老姆登村社区参与旅游扶贫的主要项目及基本情况如表 4–17 所示：

表 4–17 老姆登村社区居民参与旅游扶贫基本情况

参与项目	参与类型	参与名称	参与规模	旅游收益
旅游经营性收入	经营农家乐①	150 客栈、姐妹花客栈、老姆登客栈、月亮田农家乐、达比亚、假老外客栈、猴子树客栈、认嘎客栈等	截至 2020 年 9 月，老姆登村有 23 家客栈，其中 18 家处于经营状态。每家房间从 2 间到 30 余间不等	不同客栈经营规模及收益差距从 100 万元到数千元不等，2019 年村委会统计全村农家乐经营收入为 360 万元
	旅游商品销售	小吃及土特产品销售	18 家摊贩在观景台附近参与经营，部分农家乐也销售当地土特产品	18 个摊位，每个经营收入平均为 30~50 元 / 天。全年收益概算为 20 万 ~32 万元

---

① 依托特色小镇建设项目，2017 年政府资金投入近 200 万元在老姆登村委会对面建设了 4 层楼的建筑设施，由福贡县文化和旅游局代管准备用于招商引资，但截至 2020 年 9 月作者调研期间仍处于洽谈中。

① 老姆登农家乐经营以提供住宿和餐饮服务为主，部分农家乐仅提供住宿服务。

续表

参与项目	参与类型	参与名称	参与规模	旅游收益
旅游经营性收入	特色农产品种植、加工、销售（茶叶、漆油、石斛、重楼、黄连等）[①]	老姆登高山茶厂、陆金茶厂、蓝海茶业等	2019 年老姆登村有 10 余个茶叶合作社，茶叶种植农户有 320 余户，固定茶叶加工工人 28 人	茶叶种植不同农户经营收益从 130 万元到数千元不等，全村茶叶种植、加工销售吸纳劳动力就业规模为 300~500 人。2019 年村委会统计全村特色种植收入为 500 万 ~700 万元。根据调研期间了解到的旅游发展介入的程度，约 30% 可纳入旅游产业范畴。概算为 150 万 ~210 万元
旅游务工性收入	民族歌舞演艺	歌舞展演	仅有 150 客栈邀请怒族老艺人进行怒族音乐和歌舞表演，2019 年为 200 场左右	一般 200 元 / 场，全年歌舞展演产生的务工性收益为 5 万元左右
	农家乐务工	客房清扫、厨师等	大部分农家乐为家庭经营状态。旅游旺季会从村中临时雇用人手，一般每个工天为 100 元	结合农家乐问卷调查及访谈信息汇总，老姆登村农家乐 2019 年度雇用规模为 10000~15000 个工时，创造的务工性收益为 100 万 ~150 万元
旅游发展地租性收入	土地租赁及出售	涉及规模有限（2017 年 3 月 9 日，福贡县人民政府与能投怒江分公司签订协议，框定 1400 万元建设知子罗—老姆登民族旅游特色小镇项目，特色小镇项目推动期间，主要依托村中公用地开展旅游厕所、文化广场等建设），老姆登村客栈全部为村民自主经营，未对外出租		

说明：上表数据为作者 2020 年 9 月 1—5 日在老姆登村调研整理。

　　相较而言，老姆登村社区参与旅游扶贫的收益渠道主要来自旅游者的直接消费及其对农产品的转化，由于旅游吸引物内容比较单一，旅游者消费项目十分有限，大部分游客仅观光拍照以后就离开村寨，少部分旅游者在当地停留过夜，消费结构主要以住宿、餐饮和商品购物为主。即便已具有 20 余年

---

　　① 老姆登村特色农产品种植、加工、销售并不能完全纳入旅游扶贫效应范畴，例如，茶叶加工销售三大茶厂通过微信平台面向全国销售，部分产品也流入当地商贩和农家乐成为旅游商品。石斛、重楼、黄连等同样如此，少部分晒干后简单包装以"怒族土特商品"的形式出现，而大部分则外销。

的社区旅游扶贫开发历程，但怒族传统文化在社区旅游产品开发中所产生的经济效应却并不显著，贫困人口从旅游发展中的受益情况也不尽如人意，如表 4-18 所示：

表 4-18　老姆登村社区参与旅游扶贫产业链结构 [1]

	旅游住宿及餐饮	旅游商品销售	交通及旅游服务	其他 [1]
年均产值（万元）	7500	1000	1200	320
贫困人口（社区）收益率（%）	1	20	1	
贫困人口（社区）收入（万元）	400	170~245	10~15	150~210
贫困人口及主要收入群体	①农家乐经营（360万元）②旅游小吃地摊经营（10万~20万元）	①旅游土特商品销售（20万~35万元）②参与特色农产品种植、加工（150万~210万元）	游客运送、景区维护等（10万~15万元）	①参与特色农产品的生产和加工②少部分社区旅游基础设施建设过程中的土地流转收益
贫困人口收入渠道	当地18户经营农家乐并从当地雇用劳动力参与，4家小吃经营地摊	从事旅游商品地摊销售，目前有14家，每个地摊日均为30~50元/天	提供游客临时接待服务及部分景区设施维护	在参与旅游发展过程中，提高技术和规模化水平，推动农产品向特色化方向发展
贫困人口潜在收入机会	延长旅游者停留时间，提供住宿服务	丰富旅游商品类型，提升文化附加值	加大民族文化开发力度，提供景区内部交通服务	了解市场信息，提升参与能力，扩展参与渠道

---

[1]　本表的绘制参考杨德进等对老挝琅勃拉邦省贫困人口参与产业链的分析方法。表中数据根据作者问卷调查和访谈结果汇总测算。其中，由于老姆登主要以散客游市场为主，年均产值估算以福贡县文旅局提供的县域接待游客平均停留 1.5 天、日均消费 358 元测算，2019 年老姆登接待游客为 28.75 万人次。

[1]　其他收益，特指并非直接源自旅游者的消费支出，而是得益于社区旅游发展后贫困人口从中实现经济受益的项目和活动。

（三）研究小结

综上，如果仅将 3 个"直过民族"村寨视为孤立的单元，从社区内部和贫困人口收入改变的角度来考察，对于社区旅游发展已具有一定基础的司莫拉和老姆登来说，旅游扶贫的经济效应无疑是十分显著的，这从司莫拉 2019 年全村人均可支配收入已接近 1.2 万元①，老姆登全村人均可支配收入逾万元的指标统计中可以直观地反映出来。当地农产品不断向旅游商品转化，社区日渐完善的旅游公共基础设施，以及不断被翻新、美化的民居建筑也在一定程度上彰显着民族村寨社区参与旅游发展的扶贫成效。但是，如果从产业链和更为宏观的县域尺度来审视 3 个民族村寨社区参与旅游扶贫开发过程会发现，一方面，村寨中诸多"景观"和"产业"走向"旅游化"事实上是政府项目资金和政策扶持下的后果，其并非源自旅游市场规律下旅游者的消费实践，甚至从某种程度上来说，旅游者的增加也只能算作是政府扶贫行为的后果。另一方面，即便是在没有外来资本介入的前提下，民族村寨社区主导的旅游开发过程同样存在严重的"效益漏损"情况，对于司莫拉和老姆登而言，当下村寨社区能够从旅游扶贫产业链中获得的收益也仅占旅游者消费收益的 30% 左右，"漏损"问题依然十分严重。事实上，单一的旅游吸引物类型、滞后的旅游基础设施建设、不完善的旅游产品谱系和体量有限的客源市场规模在很大程度上已经决定 3 个"直过民族"村寨社区参与旅游扶贫开发效应漏损的必然性。2020 年司莫拉接待游客量达 20.1 万人次，单日最高接待甚至达 4000 余人，但旅游专业合作社集体收入仅 32 万元②。2019 年老姆登近 30 万人次的游客接待量为全村创造的直接收入也仅为 500 万元左右，两个村寨的收益规模放到腾冲市和福贡县的县域空间中无疑是不值一提的。相较而言，司莫拉通过景观的复制拓展旅游吸引物空间，引入社会资本投资项目建设和政府投入改善旅游设施协同并进的做法似乎更显成效，对于当下司莫拉的社区居民而言，其参与旅游开发的获益方式正在走向多元化，地租性收益成为重要的收入渠道。

一直以来，在国内理论和案例的相关研究中，论及社区参与旅游问题时

---

① 参见：司莫拉村：日子过得像大米粑粑那样甜［N］.中国青年报，2020-09-07（04）.
② 参见：欢迎来到佤寨司莫拉［N］.光明日报，2021-02-02（04）.

大多将其与政府主导和企业主导的旅游发展模式并列比较，并一致强调了其在旅游发展过程中的效益漏损和弱势地位，尤其纠结于社区（居民）在旅游发展中收益占比低的问题。回望郎德苗寨、雨崩藏族社区和本文研究中的 3 个案例地，从区域视角来看，旅游扶贫开发中问题的关键并不在于"谁来主导"，而在于"以什么样的方式主导"，在于如何协调政府、企业、社区等多元主体的关系，以确保区域旅游扶贫开发系统的良性运行，并兼顾效率和公平。并不能断言企业和政府主导的模式下，对于社区而言一定会产生更多的漏损效应。除非能以个案为对象建立历时性比较的维度，否则以不同主体主导的不同案例地为对象进行比较，难免有失公允。在旅游实践和市场规律之下，在多元利益主体共同博弈的旅游扶贫开发过程中，相较于旅游发展前期面临的诸多风险和投入，社区收益占比的高低本身也只是一个相对的概念。纵观国内外社区参与旅游发展的实践案例，完全由社区主导的旅游发展模式大多只存在于特定历史时期的特别个案中，对于雨崩村而言，在社区居民可以坐享每年数十万元的客栈租金收益，而旅游者在同样成本支出中可以享受"外地老板"优质服务的前提下，纠结于"谁来主导社区旅游发展"的意义并不大。

五、民族村寨社区参与旅游扶贫的感知效应

自 1998 年 3 月全国旅游工作会议提出实施"政府主导型发展战略"以来，我国的旅游扶贫开发一直采用的是自上而下的方式，在政府部门的主导作用下，尤为强调旅游发展对目的地的宏观扶贫绩效，特别是经济绩效。以至于在很长一段时期内，旅游扶贫效应研究在很大程度上被等同于欠发达地区旅游绩效研究。PPT 理念引入国内后，旅游扶贫问题研究的重心开始由贫困地区向贫困人口转向。效应研究的焦点不再局限于经济层面而走向社会、文化和生态的综合。研究者们强调："扶贫的出发点应该是以贫困者为本，贫困人口参与旅游扶贫过程是根本缓解其贫困和实现目的地旅游发展的有效途径。"[23]、[328]事实上，单独从宏观的区域和产业发展层面来剖析旅游扶贫效应在学理层面本身也存在诸多局限。表现为：一方面，旅游扶贫作用的发挥

是以旅游者活动和消费为前提的，然而，伴随着大众旅游市场的崛起以及旅游者需求走向定制化，旅游与休闲之间的边界日益融合，在诸多"非景区化"的旅游体验和消费中，我们甚至对"谁是旅游者"均无从区分。由于统计指标口径及空间尺度差异带来的重复统计问题，旅游者数据统计在国内外一直是充满分歧的，与旅游者活动相伴生的旅游交通、旅游住宿、旅游购物等的统计也存在诸多争议，将其放到扶贫效应分析的不同空间尺度和区域范围内，必然面临将所有的对象均纳入旅游扶贫系统或忽略区域内部不同层次单元之间内部差异的风险。另一方面，是旅游活动本身的关联性问题。旅游是关联性和综合性极强的产业集群，在不同国家和地区、不同区域旅游发展规模和水平之下，旅游业与其他产业间的关联程度无疑是存在差异性的。从民族村寨社区层面来看，当地居民参与旅游发展的方式、规模与程度都不是静止的，而是随着旅游发展的时间、发展规模、发展方式而变化的动态系统。贫困人口在旅游扶贫开发中的受益情况也受贫困程度、资源情况、区位条件及相关政策等因素影响[329]。因此，要想将旅游扶贫效应从不同产业和区域尺度背景下单独剥离出来难免面临"挂一漏万"和"以偏概全"的尴尬。

　　民族地区社区居民参与旅游扶贫的感知效应体现为民族地区居民在地区旅游业发展过程中所感知的旅游业影响扶贫工作的效用[330]，是旅游目的地社区居民对旅游效应所产生的认知和印象。因此，居民感知效应是旅游扶贫实际绩效程度的重要体现，也是微观旅游扶贫绩效研究领域的重点之一，在很大程度上决定着居民对旅游发展的态度和参与旅游扶贫的意向[35]。由于个人在旅游产业中的参与程度不同，从中获得的收益也不同，作为一种个体对旅游扶贫工作开展结果的反馈，其可以为旅游扶贫工作提供重要参考，深度反映民族村寨社区参与旅游扶贫的实际成效。在学术界，关于目的地居民对旅游感知与态度的研究最早可以追溯到 20 世纪 70 年代，1975 年 Doxey 在研究旅游的主客关系，探讨旅游发展过程中目的地居民对旅游的态度变化时，就提出了"愤怒指数理论"[①]，Allen（1988）借鉴社会交换理论来解释目的地居民对旅游效应的感知特征，强调社会个体成员会通过收益和代价之间的度

---

① 该理论认为，目的地居民对旅游者的态度会随着旅游发展进程的不同而发生变化，变化的过程包括高度兴奋、淡漠、厌恶和对抗 4 个阶段。

量关系来表达自己在交换关系中的态度[331]。在国内旅游扶贫效应的微观研究中，基于问卷调查和访谈法搜集资料的旅游扶贫感知效应评价方法也被广泛运用[332-333]。

为深入了解3个"直过民族"村寨社区居民对当地旅游扶贫开发综合效应的感知情况，本书通过问卷调查法系统搜集相关信息予以分析。结合前期的理论研究和判断，问卷设计和调查立足以下两个基本前提假设，其一，在社区旅游发展的不同阶段，社区居民参与旅游的形式和程度存在差异，其对旅游扶贫开发效应的感知也会有所不同。其二，社区居民并非一个均质的群体，作为一种地域单元的"社区"也不是均质的空间。实际参与社区旅游扶贫开发的个体经营户和普通社区居民，以及在社区中占据不同旅游发展区位、交通等条件的社区居民在旅游发展中的获益情况不同，其感知效应也会有所差别。基于上述假设，问卷调查对代表社区参与旅游发展不同阶段的3个村寨的调查问卷、3个村寨的旅游个体经营户与一般社区居民的调查问卷分别予以分析、比较。问卷调查过程中为保证信息的客观性和真实性，问卷设计中大部分问题采用一对一访谈式调研，由调研者根据调研对象提供的信息进行填写，"感知效应"部分20个选项的内容由调研对象独立判断填写，问卷调查过程从2020年7月持续至2021年1月，共完成社区旅游个体经营者调研问卷31份，社区普通居民调研问卷117份，分别占比研究村寨样本总量的27%和15%，问卷样本结构如表4-19所示：

表4-19 3个"直过民族"村寨问卷调查样本量及结构（单位：户）

村名	基本情况		调查情况		
	总户数	旅游经营户	调研总户数	旅游经营户	普通农户
大中村	466	7	50	5	45
司莫拉佤族村寨	73	21	49	7	42
老姆登村	345	85	49	19	30
总计	884	113	148	31	117

（一）社区参与旅游扶贫现状的感知

1. 参与现状及成效

为了深入了解社区居民在民族村寨旅游扶贫开发过程中的实际收益情况，通过回收的 31 份旅游个体经营户调查问卷对 3 个村寨社区居民参与旅游发展的收入情况、吸纳本地劳动力的就业情况、旅游发展过程中实际享受的政策支持情况，以及未来政策期许予以调查分析，具体情况如表 4-20 所示：

表 4-20　社区居民参与旅游扶贫收入的家庭占比及雇用劳动力情况

调查对象	调查内容	调查选项	样本量	比例（%）
大中布朗族村寨（5 份）	您家参与旅游发展获得的收入占家庭收入的比例大概是多少	20% 以下	2	40
		20%~40%	1	20
		41%~60%	0	0
		61%~80%	1	20
		81% 及以上	1	20
司莫拉佤族村寨（7 份）		20% 以下	4	57.1
		20%~40%	1	14.3
		41%~60%	1	14.3
		61%~80%	0	0
		81% 及以上	1	14.3
老姆登怒族村寨（19 份）		20% 以下	0	0
		20%~40%	4	21.1
		41%~60%	6	31.6
		61%~80%	3	15.7
		81% 及以上	6	31.6
大中布朗族村寨（5 份）	您家旅游经营过程中常年雇用的本地劳动力有多少人	0 人	4	80.0
		1~3 人	0	0
		4~6 人	0	0
		7 人以上	1	20.0

调查对象	调查内容	调查选项	样本量	比例（%）
司莫拉佤族村寨 （7份）	您家旅游经营过程中常年雇用的本地劳动力有多少人	0人	4	57.1
		1~3人	3	42.9
		4~6人	0	0
		7人以上	0	0
老姆登怒族村寨 （19份）		0人	12	63.1
		1~3人	4	21.1
		4~6人	1	5.3
		7人以上	2	10.5

通过数据分析，3个"直过民族"村寨社区参与旅游扶贫的收入在家庭总收入的占比存在显著差异，老姆登村旅游发展相对成熟，接近80%参与旅游经营户的旅游发展收入在家庭总收入中的占比达到一半以上，家庭经济结构对于旅游发展具有较强的依赖性，而司莫拉和大中村大部分参与旅游经营的家庭中，旅游收入占比均低于20%。这在一定程度上也反映了3个村寨参与旅游扶贫开发的规模和深度，老姆登村处于相对较高的参与水平，而司莫拉处于中级阶段。相较而言，大中村社区参与旅游发展的程度最低，但个别农户旅游收益较高，这主要是得益于当地悠久的茶叶种植、加工基础在旅游发展中实现部分转化。从社区旅游经营者雇用劳动力的情况来看，大部分经营者均处于自主经营状态，未雇用本地劳动力或雇用规模仅1~3人，这在一定程度上反映了民族村寨社区参与旅游扶贫规模小而散的特征，未实际参与旅游经营的普通社区居民较少能够通过参与务工分享旅游经济收益，这有别于企业和政府主导的旅游扶贫开发模式影响。

民族村寨社区薄弱的经济基础和以农户为基本单元的家庭形态，在很大程度上带来了社区参与旅游扶贫开发过程中营销宣传不到位、旅游基础设施薄弱、旅游公共产品供给不足等问题。因此，需要通过政府部门的介入与支持以打破困境。本书研究特别关注了3个"直过民族"村寨社区参与旅游扶贫开发过程，以及社区居民所享受的政府政策优惠情况和诉求。通过调查发现，3 个民族村寨旅游扶贫开发过程中政府部门均不同程度的介入，其中，大中布朗族村寨政府部门仅为社区旅游扶贫开发提供了培训和创业指导，司莫拉佤族村寨则从资金项目、政策优惠、创业及培训等方面提供了大量支持，但是也有个别旅游个体经营户存在未曾享受过政府优惠政策的情况。相较而言，福贡县地方政府部门对老姆登村的旅游扶贫开发给予了全方位支持，技术和技能培训实现了全面覆盖，有 60% 以上的旅游个体经营户享受了政府 3 项以上的政策扶持，政府的介入有效地推动了社区参与旅游扶贫的深度。具体如表 4-21 所示：

表 4-21　3 个民族村寨参与旅游扶贫个体经营者享受的政策优惠情况

调查对象	调查内容	调查选项	样本量	比例（%）
大中布朗族村寨 （5 份）	在参与本地旅游发展的过程中，您享受过哪些政府提供的优惠政策	没有	4	80
		项目扶持	0	0
		资金补助	0	0
		技术、技能培训	2	40
		税收减免	0	0
		创业指导	1	20
		场地无偿使用	0	0
		其他	0	0
司莫拉佤族村寨 （7 份）		没有	2	28.6
		项目扶持	3	42.9
		资金补助	1	14.3
		技术、技能培训	4	57.1
		税收减免	1	14.3
		创业指导	4	57.1
		场地无偿使用	0	0
		其他	0	0

调查对象	调查内容	调查选项	样本量	比例（%）
老姆登怒族村寨 （19份）	在参与本地旅游发展的过程中，您享受过哪些政府提供的优惠政策	没有	1	5.3
		项目扶持	5	26.3
		资金补助	7	36.8
		技术、技能培训	19	100
		税收减免	6	31.6
		创业指导	8	42.1
		场地无偿使用	1	5.3
		其他	1	5.3

从社区参与旅游扶贫个体经营者反馈的信息来看，资金不足和不懂管理是第一位的制约因素，特别值得关注的是，在调研的 3 个案例地中，旅游个体经营者均明确表达了政府扶持力度不够制约了社区旅游发展，但对于政府部门的组织和领导作用的发挥却持谨慎的态度。其更倾向于政府部门在支持社区旅游扶贫开发的基础上以一种"温和"的方式介入。在政策诉求方面，社区旅游个体经营者也表达了对于资金、技术培训与指导的诉求，十分期待政府部门能够加大对民族村寨旅游开发的宣传力度。具体情况如表 4-22 所示：

表 4-22   3 个民族村寨参与旅游扶贫个体经营者面临困境及政策诉求

调查对象	调查内容	调查选项	样本量	比例（%）
大中布朗族村寨 （5份）	在您看来参与本地旅游发展的障碍有哪些	不懂管理，经营困难	2	40
		没有社会关系，难于参与	1	20
		缺乏资金	4	80
		政策扶持的力度太小	2	40
		本地旅游发展氛围不浓，经营风险太大	4	80
		缺乏政府部门的组织和领导	1	20
		其他	0	0

续表

调查对象	调查内容	调查选项	样本量	比例（%）
司莫拉佤族村寨（7份）	在您看来参与本地旅游发展的障碍有哪些	不懂管理，经营困难	3	42.9
		没有社会关系，难于参与	2	28.6
		缺乏资金	4	57.1
		政策扶持的力度太小	1	14.3
		本地旅游发展氛围不浓，经营风险太大	1	14.3
		缺乏政府部门的组织和领导	1	14.3
		其他	0	0
老姆登怒族村寨（19份）		不懂管理，经营困难	5	26.3
		没有社会关系，难于参与	1	5.3
		缺乏资金	16	84.2
		政策扶持的力度太小	5	26.3
		本地旅游发展氛围不浓，经营风险太大	5	26.3
		缺乏政府部门的组织和领导	1	5.3
		其他	2	10.5
大中布朗族村寨（5份）	如果政府部门深入进行旅游扶持开发，您最希望得到以下哪些方面的支持	加强道路基础设施建设	2	40
		加大宣传力度，吸引更多游客	4	80
		给予一定的资金扶持	3	60
		加强经营管理的培训	5	100
		其他方面	1	20
司莫拉佤族村寨（7份）		加强道路基础设施建设	5	71.4
		加大宣传力度，吸引更多游客	4	57.1
		给予一定的资金扶持	5	71.4
		加强经营管理的培训	7	100
		其他方面	2	28.6
老姆登怒族村寨（19份）		加强道路基础设施建设	8	42.1
		加大宣传力度，吸引更多游客	10	52.6
		给予一定的资金扶持	18	94.7
		加强经营管理的培训	8	42.1
		其他方面	0	0

2. 参与意愿及障碍

通过 3 个被调查的民族村寨 117 份普通社区居民的有效调查问卷分析，社区居民的基本特征如表 4-23 所示，抽样调查样本包含了不同性别、年龄、民族、职业、文化程度等方面的调查者。从性别来看，被调查者样本中男性占比 65%，女性占比 35%，从民族来看，怒族、佤族、布朗族 3 个少数民族的样本相对均衡，各约占 1/3 比重。从年龄来看，主要以青壮年为主。从文化程度来看，调查对象 60% 为初中及以下受教育水平，这也反映出民族村寨社区当下整体文化程度不高的现实情况。从职业情况来看，接近 70% 的社区居民主要从事农业生产活动。从收入水平来看，超过 70% 的社区居民月均收入为 3000 元以下，其中 13% 的社区居民月均收入不到 500 元。从家庭纯收入结构来看，家庭年均纯收入超过 3 万元的占比仅为 19%。

表 4-23　被调查社区居民基本特征

项目	类别	人数（人）	比例（%）
性别	男	76	65.0
	女	41	35.0
民族	怒族	30	25.6
	佤族	36	30.8
	布朗族	37	31.7
	彝族	8	6.8
	其他（包括汉族）	6	5.1
年龄	18 岁以下	3	2.6
	18~25 岁	19	16.2
	26~40 岁	61	52.1
	41~60 岁	33	28.2
	61 岁及以上	1	0.9
文化程度	小学及以下	15	12.8
	初中	55	47.0
	中专或高中	16	13.7
	大专及以上	31	26.5

续表

项目	类别	人数（人）	比例（%）
职业	本地务农	79	67.5
	本地务工	19	16.2
	外来务工	3	2.6
	政府及事业单位工作人员	4	3.4
	村委会工作人员	5	4.3
	私营业主	5	4.3
	其他	2	1.7
个人月均收入	500 元以下	15	12.8
	500~1000 元	28	23.9
	1001~2000 元	23	19.7
	2001~3000 元	20	17.1
	3001 元及以上	31	26.5
家庭纯收入（年）	5000 元以下	22	18.8
	5000~10000 元	31	26.5
	10001~20000 元	25	21.4
	20001~30000 元	17	14.5
	30001 元及以上	22	18.8

　　从社区居民参与旅游扶贫开发的障碍来看，资金不足和从业技能水平不够同样是社区居民面临的主要的因素（见表 4-24）。具体到 3 个民族村寨社区内部又存在一定差异，大中布朗族村寨参与旅游扶贫开发刚刚起步，社区居民认为"组织领导""发展氛围"和"政策支持"是制约的主要因素，其间接地表达了对地方政府在村寨旅游发展过程中的参与期待。对于司莫拉而言，由于政府已经开始介入，社区居民对社区参与旅游扶贫各相关制约因素的认识相对均衡。对于老姆登村而言，地方政府部门在旅游从业人员培训和项目资金投入方面已着手进行了相应的扶持。社区居民更多从自身技能和资本的角度看待参与的障碍，同时，对于社区内部旅游发展中存在的问题已经有所反馈。整体来看，相对于实际参与旅游的个体经营户，普通社区居民对政府

部门的领导、组织作用的发挥持更加开放和欢迎的态度。

表 4-24　社区居民参与旅游扶贫的障碍

调查对象	调查内容	调查选项	样本量	比例（%）
大中布朗族村寨（45 份）	您认为目前参与本地旅游发展的障碍有哪些	缺乏资金	41	91.1
		本地旅游发展氛围不好，从业风险大	18	40.0
		缺乏组织领导	23	51.1
		没有社会关系，无法参与	5	11.1
		从业技能水平不够，经营困难	28	62.2
		政策支持力度小	14	31.1
		其他	2	4.4
司莫拉佤族村寨（42 份）		缺乏资金	26	61.9
		本地旅游发展氛围不好，从业风险大	6	14.3
		缺乏组织领导	11	26.2
		没有社会关系，无法参与	10	23.8
		从业技能水平不够，经营困难	26	61.9
		政策支持力度小	7	16.7
		其他	7	16.7
老姆登怒族村寨（30 份）		缺乏资金	26	86.7
		本地旅游发展氛围不好，从业风险大	4	13.3
		缺乏组织领导	5	16.7
		没有社会关系，无法参与	2	6.7
		从业技能水平不够，经营困难	9	30.0
		政策支持力度小	1	3.3
		其他	2	6.7

　　从参与社区旅游扶贫开发的意愿来看（见表 4-25），3 个民族村寨均表现出了极强的"参与经营"兴趣，但大多倾向于参与农家乐经营和贩卖旅游小商品，而对于"务工性参与项目"的意向相对较低。这也在一定程度上反映了社区居民参与旅游扶贫开发过程中存在极强的"路径依赖"特征，由于

经营农家乐和贩卖旅游商品相较于"务工性参与项目"有着更高的收益回报和更低的技术要求，即便是在"同质化竞争"问题已经十分显著的老姆登村，社区居民也仍倾向于继续加入农家乐和旅游土特商品售卖的经营队伍。相关指标也在一定程度上反映了民族村寨社区参与旅游扶贫开发过程中"参与方式单一""同质竞争""参与能力不足"等问题存在的必然性。值得强调的是，在区域旅游发展氛围浓厚的司莫拉佤族村寨，社区居民对参与"景区管理"表达了强烈的意愿。

表 4-25　社区居民参与旅游扶贫的意愿

调查对象	调查内容	调查选项	样本量	比例（%）
大中布朗族村寨 （45 份）	如果有机会参与旅游，您希望从事哪些方面的工作	经营农家乐	38	84.4
		景区内小商店经营者	19	42.2
		景区保安、保洁工作	8	17.8
		提供旅游交通服务	12	26.7
		景区管理者	8	17.8
		经营小摊贩	17	37.8
		其他	4	8.9
司莫拉佤族村寨 （42 份）		经营农家乐	14	33.3
		景区内小商店经营者	11	26.2
		景区保安、保洁工作	8	19.0
		提供旅游交通服务	11	26.2
		景区管理者	12	28.6
		经营小摊贩	14	33.3
		其他	8	19.0
老姆登怒族村寨 （30 份）		经营农家乐	24	80.0
		景区内小商店经营者	6	20.0
		景区保安、保洁工作	2	6.7
		提供旅游交通服务	7	23.3
		景区管理者	2	6.7
		经营小摊贩	8	26.7
		其他	3	10.0

（二）社区参与旅游扶贫不同阶段的感知效应差异

理论上讲，由于在社区旅游扶贫开发的不同阶段，社区居民参与的方式、规模及其从中获得的收益有所不同。因此，社区居民对于旅游扶贫开发的综合效应感知也会呈现出差异性。结合调查问卷分析，可以从经济效应感知、社会文化效应感知和旅游环境效应感知 3 个层面对处于社区旅游发展不同阶段的大中村、司莫拉村和老姆登村的村民感知效应情况进行分析，具体情况如下。

1. 旅游扶贫经济效应感知

民族村寨社区参与旅游扶贫层次越高，社区居民对旅游扶贫开发所产生的经济效应感知越明显。对于"促进本地经济发展""农产品更畅销"和"减少贫困户数量"这 3 项指标，在处于社区旅游发展初级阶段的大中村，社区居民表达了较高的认可度，这种"认同"很大程度上是根植于社区居民对旅游发展效应的预期而非实际成效。从"贫富差距扩大"这项指标来看，社区参与旅游扶贫开发程度越深，社区居民对贫富差距扩大的感知效应也越发显著。这在一定程度上也反映了民族村寨旅游扶贫开发过程中，社区内部"空间正义"日益缺失的问题。由于旅游者消费在空间中的集聚，社区旅游发展水平越高，社区居民对物价上涨的效应感知越明显，如表 4-26 所示：

表 4-26　社区参与旅游扶贫不同阶段的经济效应感知差异

问题	大中布朗族村			司莫拉佤族村			老姆登怒族村		
	均值	赞成率（%）	反对率（%）	均值	赞成率（%）	反对率（%）	均值	赞成率（%）	反对率（%）
旅游能促进本地经济发展	3.92	84.4	6.7	3.69	63.0	4.3	3.68	68.4	3.2
旅游能带动居民就业	3.67	72.2	6.6	3.74	80.4	8.7	3.95	84.2	4.7
旅游提高了居民的生活质量	3.51	61.3	17.8	3.52	58.7	10.9	3.84	73.4	3.4

续表

问题	大中布朗族村			司莫拉佤族村			老姆登怒族村		
	均值	赞成率（%）	反对率（%）	均值	赞成率（%）	反对率（%）	均值	赞成率（%）	反对率（%）
旅游能增加居民收入来源	3.27	60.2	6.6	3.65	65.2	6.5	3.74	68.4	8.4
旅游使农产品比过去畅销	3.23	75.6	7.8	3.63	60.1	6.5	3.94	78.9	7.2
旅游发展减少了本地贫困户的数量	3.41	77.8	6.7	3.52	50.0	4.3	3.68	68.4	10.5
旅游加剧了本地的贫富差距	2.99	26.7	42.1	3.07	26.1	23.9	3.05	36.8	36.8
旅游开发促使本地物价上涨	2.87	33.3	31.1	2.91	23.9	26.0	3.14	47.4	36.8

说明：赞成率为"同意"和"非常同意"所占比例之和，反对率为"不同意"和"非常不同意"所占比例之和，下表同。

2. 旅游扶贫社会文化效应感知

从"知名度提升""思想观念更新"和"从业技能水平提高"几项指标来看，社区参与旅游发展程度越深，其感知效应越明显。但"民族文化保护"和"传统生活方式冲击"与社区参与旅游扶贫却表现为负相关关系。这反映了民族村寨社区参与旅游扶贫过程中，社区经济效应获得提升，但文化传统却遭受破坏的困境。就旅游对社区居民的干扰来看，处于社区旅游发展初级阶段的大中村更加认可旅游发展的干扰作用，而司莫拉和老姆登对干扰效应的感知相对较弱。这主要是因为司莫拉和老姆登社区居民从地方旅游扶贫开发中获得切实收益，无形中提升了社区旅游发展的社会文化和心理容量。从"旅游破坏风俗"和"社会不良现象增加"两项指标来看，社区参与旅游扶贫开发的层次越高，社区居民对负面影响的效应感知越明显。其在一定程度上反映了民族村寨传统和文化结构在旅游发展中的尴尬处境，如表 4-27 所示：

表 4-27　社区参与旅游扶贫不同阶段的社会文化效应感知差异

问题	大中布朗族村			司莫拉佤族村			老姆登怒族村		
	均值	赞成率（%）	反对率（%）	均值	赞成率（%）	反对率（%）	均值	赞成率（%）	反对率（%）
旅游提高了本地的知名度	3.21	69.0	8.9	3.83	78.3	4.3	4.21	90.7	5.2
旅游使民族文化得到保护和复兴	3.92	80.0	6.1	3.87	78.3	2.2	3.68	73.7	10.5
旅游更新了本地人的思想观念	3.53	61.2	5.6	3.72	69.6	2.2	3.79	73.7	10.5
旅游提高了本地居民的从业技能和水平	3.25	53.4	23.4	3.61	60.9	2.2	3.63	73.2	11.1
旅游使传统生活方式受到冲击	2.52	32.3	28.8	3.17	37	21.7	2.79	31.6	57.9
旅游干扰了本地居民的生活	2.04	25.1	62.1	2.89	21.7	34.8	2.47	21.1	63.2
旅游破坏了本地风俗	2.23	7.8	62.2	2.52	15.2	60.9	2.42	15.8	63.2
旅游使社会不良现象增加	2.06	12.6	51.2	2.67	19.6	45.7	2.53	26.3	63.5

3. 旅游扶贫环境效应感知

从社区参与旅游扶贫的环境效应感知来看，旅游发展客观上促进了社区旅游基础设施和环境质量提升。在客源市场规模并不十分庞大的前提下，为了提升民族村寨的旅游环境，地方政府部门通过转移性支付的方式投入资金改善旅游环境，这在无形之中提升了社区居民对旅游发展环境效应的感知。在此过程中，本土居民对社区旅游扶贫开发的支持度也因旅游发展的实践成效而获得提升。这在一定程度上也佐证了"社区利益是社区参与旅游扶贫重要驱动力"的观点。从 3 个民族村寨"旅游发展占用耕地"这项指标来看，司莫拉近半数的社区居民认为旅游发展占用了耕地，这也符合目前当地政府和社会资本大量介入新建旅游项目的现实情况。相较而言，完全由社区居民主导旅游扶贫开发的大中村和老姆登村，旅游发展占用耕地的问题并不十分显著，如表 4-28 所示：

表 4-28　社区参与旅游扶贫不同阶段的环境效应感知差异

问题	大中布朗族村			司莫拉佤族村			老姆登怒族村		
	均值	赞成率（％）	反对率（％）	均值	赞成率（％）	反对率（％）	均值	赞成率（％）	反对率（％）
旅游开发改善了本地的基础设施环境和社会保障	3.16	70.8	8.8	3.83	76.1	2.2	3.42	78.9	10.5
旅游加重了环境污染、生态破坏	2.11	22.3	48.9	2.61	15.2	50	2.68	21.1	52.6
旅游发展占用了地方大量耕地	2.17	24.4	33.2	3.31	45.7	19.6	2.58	26.3	63.2
我非常支持本地发展旅游	3.89	91.1	4.3	4.26	89.1	2.1	4.43	91.3	1.2

（三）社区参与旅游扶贫不同主体的感知效应差异

对于社区居民而言，参与社区旅游发展个体经营户和未直接参与经营的农户能够从村寨社区扶贫开发中获得的收益不同，其对旅游扶贫开发的综合效应感知也有所差别。为进一步描述这种差异性，分别以 3 个民族村寨汇总的 31 份参与社区旅游经营个体户和 117 份普通社区居民问卷信息为基础进行比较，基本情况如表 4-29 所示：

表 4-29 不同参与主体的综合效应感知差异

效应内容	效应表现	参与经营个体户			普通社区居民		
		均值	赞成率（%）	反对率（%）	均值	赞成率（%）	反对率（%）
经济效应感知	旅游能促进本地经济发展	4.29	92.86	3.23	3.69	68.63	5.88
	旅游能带动居民就业	4.07	91.88	7.14	3.73	78.43	9.80
	旅游提高了居民的生活质量	4.03	90.83	6.45	3.49	54.90	11.76
	旅游能增加居民收入来源	4.22	92.86	3.23	3.57	60.78	9.80
	旅游使农产品比过去畅销	4.21	85.71	0	3.56	58.82	8.82
	旅游发展减少了本地贫困户的数量	3.64	71.43	7.14	3.53	50.98	5.77
	旅游加剧了本地的贫富差距	2.64	14.29	57.14	3.18	33.33	19.61
	旅游开发促使本地物价上涨	2.86	35.71	42.86	3.10	29.41	23.53
社会文化效应感知	旅游提高了本地的知名度	4.07	85.71	7.14	3.90	82.35	3.92
	旅游使民族文化得到保护和复兴	3.64	71.43	7.14	3.86	78.43	3.81
	旅游更新了本地人的思想观念	4.01	85.71	0	3.65	64.71	5.88
	旅游提高了本地居民的从业技能和水平	3.66	62.29	14.29	3.59	58.82	5.89
	旅游使传统生活方式受到冲击	2.57	20.43	78.57	3.19	39.22	19.61
	旅游干扰了本地居民的生活	2.21	14.29	71.43	2.88	23.53	37.25
	旅游破坏了本地风俗	2.14	21.43	78.57	2.55	13.73	58.83
	旅游使社会不良现象增加	2.29	14.29	78.57	2.76	25.52	45.09

效应内容	效应表现	参与经营个体户			普通社区居民		
		均值	赞成率（％）	反对率（％）	均值	赞成率（％）	反对率（％）
环境效应感知	旅游开发改善了本地的基础设施环境和社会保障	4.08	85.71	0	3.78	76.47	5.80
	旅游加重了环境污染、生态破坏	2.63	21.43	57.14	2.67	17.65	47.06
	旅游发展占用了地方大量耕地	2.22	14.29	78.57	3.33	49.02	19.61
	我非常支持本地发展旅游	4.11	85.12	3.23	4.04	80.39	3.92

通过上表分析，对于旅游扶贫开发在促进经济发展、就业、提高生活质量等"正向"经济效应感知方面，旅游个体经营户要明显高于普通社区居民，而对于旅游发展在"加剧贫富差距"与"物价上涨"两项指标上，普通社区居民的效应感知又更加强烈。在社会文化效应感知差异方面，旅游个体经营户更认可社区旅游发展在诸如"提高地方知名度""更新思想观念""提高从业技能"方面的积极影响，而对于旅游发展所带来的民族文化变迁和传统生活方式影响，普通社区居民持更高的"认可度"。这主要是因为他们从民族村寨旅游扶贫开发过程中获得的收益有限，却同步承担了社区社会文化变迁的不良后果。从环境感知效应来看，普通社区居民对于旅游扶贫开发过程中暴露出的消极环境效应表现出了更低的耐受性，他们对于社区旅游扶贫开发的支持度也明显低于旅游个体经营者。

（四）研究小结

综上，通过大中布朗族村寨、司莫拉佤族村寨和老姆登怒族村寨社区参与旅游扶贫感知效应的分析，我们可以发现：民族村寨社区参与旅游扶贫具有规模小而散的特征，未实际参与旅游经营的普通社区居民较少能够通过参与务工的途径分享旅游扶贫的经济效益。由于旅游扶贫开发市场规模整体有限，实际参与经营的社区居民收入也并不高，而资金不足和技术水平不够对于民族村寨全体居民而言均构成参与旅游发展的约束条件。在民族村寨社区参与旅游扶贫开发中，"社区"并不是均质的单元，社区旅游发展层次较高且实际参与旅游经营的社区和居民对地方旅游发展在经济、社会、文化和环境方面的正向效应感知较强，相较而言，普通社区居民对于旅游发展的负面效应感知则更为显著。对于身处社区旅游扶贫开发不同阶段、不同参与层次的居民而言，旅游扶贫开发的经济、社会、文化和环境效应之间并不存在绝对的一致性。因此，从旅游扶贫空间效应提升和优化的视角出发，在强调民族村寨社区参与旅游扶贫正向经济效应的同时，有必要对其在地方文化传统变迁和贫富差距扩大等方面的负面影响同步予以关注，重视民族村寨社区内部群体间的差异性，通过分类指导，制订更具针对性的扶贫措施。

第5章　滇西边境山区民族村寨社区参与旅游扶贫空间效应的优化机制

　　滇西边境山区贫困和旅游发展的特质性决定了其社区旅游扶贫开发不能采取常规手段，对于民族村寨的旅游扶贫而言，社区参与是实现旅游可持续发展和贫困人口受益最行之有效的措施。在国内政府、企业和社区分别主导的3种旅游扶贫开发模式实践中，社区参与是有效规避贫困地区旅游扶贫效益漏损风险的手段。但是，作为一种西方的发展理念，社区参与和社区增权的理论运用到国内，尤其是民族村寨的旅游发展中也存在诸多不足。一方面，西方的社区参与强调的是深度参与，社区能够全面参与规划、管理、运营、利益分享和文化保护等各个方面，这样的预设对于国内大部分民族村寨而言是可望而不可及的。另一方面，在国内民族村寨的旅游发展实践中，即便没有参与规划和管理，社区居民同样能从区域旅游发展中受益。事实上，社区居民的弱势地位是相对的，旅游社区居民也可以利用自己的土地资源等进行权利争取，并进行合法的或"踩线但不越界"的对抗[334]。

　　具体到旅游扶贫开发中，受国外PPT理念的影响，国内社区参与旅游扶贫研究更多是基于"社区贫困人口"，即贫困家庭和个体的视角，其指向的是农户而非社区整体的参与。在此过程中暴露出诸多的问题和局限，透过郎德苗寨和雨崩藏族村落的经典案例回溯，并结合大中布朗族、老姆登怒族和司莫拉佤族3个"直过民族"村寨的深入调查和分析，相关局限性普遍表现为：社区参与方式单一，经济体量低下，区域带动作用不显著；社区旅游发展过程公共产品供给不足，公共资源过度利用和社区内部同质竞争；社区整体经济效益获得提升但内部"空间正义"缺失，差距扩大；社区旅游发展的经济效益获得了提升，但社会文化和环境效益出现负向漏损等。在郎德苗寨和雨崩藏族村落，民族村寨社区在旅游扶贫开发中的获益，在很长一段时期内是以社区的"封闭"为前提的，社区在旅游扶贫开发中的收益最大化以排斥政府、企业和周边社区的介入为基础，这样的旅游发展和扶贫模式选择终究是不可持续的。作为中国少数民族特色村寨的大中布朗族村寨由于区域旅游发展整体水平不高，而缺少政府和外来企业的介入，社区旅游扶贫开发始终处于一种"温冷"状态。对于社区参与旅游扶贫已逾20年且成效显著的老姆登村而言，在个体农户的自发主导和参与之下，暴露出来的旅游产品单一、旅游扶贫规模效益不显著、内部竞争激烈和贫富差距拉大等问题也十分值得关注。作为新兴的旅游地，得益于腾冲市旅游发展的良好氛围，通过旅游合作社的方式进行组织，司莫拉佤族村寨以"社区"为整体介入当地的旅游发展格局之中，并因政府的扶持而得以实现迅速的空间生产效应，并对周边区域产生了很好的关联带动作用，社区居民参与旅游发展的收益渠道也不局限于参与旅游经营和务工性收入，地租性收益也构成其重要的收入来源。当然，目前司莫拉社区居民内部旅游扶贫效应感知的差异也十分显著，若得不到妥善的处理必然危及社区旅游的长远发展。

旅游发展是一种产业经济活动，效益和效率优先。而扶贫则是一种民生工程，其特别强调公平性原则，将旅游与扶贫放到一起必然面临调和的尴尬。毋庸置疑的是，旅游和扶贫都是系统性工程，在实践过程中必然要对各相关影响因素予以综合考虑，社区参与是确保旅游扶贫系统良性运行的重要条件。从地理学的视角出发来审视民族村寨社区参与旅游扶贫的空间效应，如何充分发挥民族村寨社区作为"节点"对区域的关联带动作用是尤为值得关注的。事实上，对于广大的连片特困民族地区而言，在资金、人才、公共基础设施均严重不足，且高度依赖外部客源市场的前提下，政府和企业的介入有其必然性。梳理国内学者早期的理论研究，以及近40年来旅游扶贫开发的本土化实践经验，旅游扶贫的对象同时指向了"贫困人口"和"贫困区域"，强调"贫困人口受益"并不能以割裂"贫困地区旅游发展"为前提。从二者的辩证关系来看，贫困人口切实受益是贫困社区乃至区域旅游扶贫开发的前提和保障，而贫困区域旅游发展又能为贫困人口受益提供反哺机会。

因此，民族村寨社区参与旅游扶贫空间效应的优化既要强调社区贫困人群在社区旅游发展中的收益，也要关注社区及其背景区域旅游发展整体规模的壮大。前者指向了民族村寨社区内部空间生产的效率与效益，以及空间生产过程中"空间正义"的实现，而后者指向了如何充分发挥"民族村寨社区"与背景区域间的空间关联效应，以获得区域的整体发展与最优。问题的核心是要在贫困人口受益和贫困地区的旅游发展之间实现一种平衡。基于滇西边境山区民族村寨社区参与旅游扶贫开发中存在的现实问题，研究认为可以从构建民族村寨社区参与旅游扶贫的嵌入机制、多元利益主体共生机制、区域联动机制和要素协同机制 4 个方面着手，如图 5-1 所示：

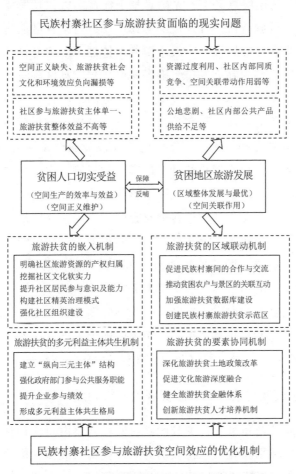

图 5-1　民族村寨社区参与旅游扶贫空间效应的优化机制

一、民族村寨社区参与旅游扶贫的嵌入机制

虽然，中外旅游学界对社区参与旅游发展的成效不乏质疑之声。但是，更多的学者仍坚持认为：社区参与程度越高，越能确保当地旅游业可持续发展（Haywoog，1998；Murphy，1983；保继刚，2002；孙九霞，2006）。对于以共享的自然山水、民俗文化为主要吸引物的民族村寨而言，社区的参与显得更加重要和迫切。一方面，民族村寨社区居民兼具资源利用主体和资源本体双重身份，社区居民文化"活态"载体角色使其天然拥有对自身人力资本的产权[162]。从这层意义上，无论是基于让贫困人口切实受益，还是实现贫困社区乃至区域旅游可持续发展的考虑，民族村寨社区旅游开发与保护都必须紧紧围绕少数民族居民这个最重要的主体展开。提升社区居民的参与意识和能力，通过合理的制度安排，确保居民从参与社区旅游发展中真正获得实惠。另外，在国内的本土化实践中，并不能简单将社区参与等同于国外宏观的参与规划、参与发展决策和参与利益分配的理论前提预设，而更应该立足于中国的土地制度和社区组织结构的差异以及旅游发展背景的不同语境，深入探讨社区居民参与旅游扶贫开发的本土化机制。更为重要的是，民族村寨的"社区参与"应该着眼于"社区"整体而非个体农户的参与，从根本上破解社区农户个体式参与过程中普遍存在的"空间正义"缺失、社会文化和环境效应负向漏损等问题。由于社区参与的程度受到居民的组成和对社区的认同程度，社区居委会的威信和能力，居民的利益所在及动员居民的能力，以及区域旅游发展的背景等各种内部和外部因素的影响[335]，因此构建民族村寨社区参与旅游扶贫的嵌入机制，一方面体现为要改变社区农户的弱势地位，提升其参与能力和质量。另一方面还体现为丰富社区参与旅游发展的路径，提升社区整体的参与水平以及同外来利益主体的博弈能力。

（一）明确民族村寨社区旅游资源的产权归属

从旅游发展的视角来看，少数民族村寨社区旅游资源包括3个层次：最核心的民族民俗风情文化、独特吸引力的外在物质载体和优美和谐的外部环境。其构成一个完整的"民族村寨旅游资源系统"[162]。整个民族村寨的旅游

资源属于典型的"公共产权"，具有共享性。作为旅游吸引物核心的各种民族文化元素凝聚了当地社区的民族特征和生存智慧，作为一种共享的生活方式，在少数民族村寨旅游开发中，很难清晰地界定其产权。但是，从制度上厘清旅游吸引物的权属性质又构成旅游收益分配的前提。没有完全界定的产权把少数民族村寨资产的部分有价值的资源留在了"公共领域"，为各利益相关者提供了在"公共领域"寻租的潜在机会[336]，并引发社区参与旅游扶贫过程中"公地悲剧"和"空间正义"缺失等问题。民族村寨社区旅游资源的公共产权和共享特征在为社区参与旅游扶贫提供前提和保障的同时，也为外来资本降低成本介入社区和引发同质化竞争埋下了伏笔。市场配置资源的前提是产权完整而清晰。唯有产权界定明确和清晰，其所有权人才能面对不同的市场合约进行自由选择，并为自己的选择承担责任。不同利益主体才能在一个规范的法律框架内博弈并最终实现力量的平衡[337]。因此，一方面，在少数民族村寨的旅游开发实践中，无论是政府还是外来企业，当其实质性介入民族村寨的旅游经营开发，均有必要通过合理的产权制度安排或以契约方式明确其责任，确保在任何一种旅游开发方式之下，作为民族村寨资源载体的社区居民都具有相应的议价能力且能从旅游发展中受益。另一方面，要强化社区自治组织对社区旅游资源的掌控能力。早期郎德苗寨和雨崩藏族社区通过村委会（工作小组）抽成，然后重新分配旅游收益的方式虽然简单粗暴，但并不失为对民族村寨旅游资源公共属性确权，并合理分配旅游收益的一种有效机制。对此，可予以借鉴和优化，通过面向游客适当收取村寨公共资源体验费，面向经营大户及外来投资企业适当收取景区维护管理费用等方式，强化基层社区自治组织在民族村寨公共资源开发过程中的"守门人"角色和作用。与此同时，围绕社区旅游资源公共收益，配套建立并完善民族村寨旅游开发的村级财务制度，进行相关收益的规范化管理，确保相关收益能有效运用于村寨基础设施建设、文化传承与保护、旅游资源的深度挖掘等旅游公共服务领域。

（二）挖掘民族村寨社区文化软实力

居民是否参与社区公共事物，在多大程度上参与，受到文化习俗的影响[165]。社会资本对提高社会的经济绩效、推动和维护民主化进程、减缓贫困、保证社会的可持续发展等起着不可或缺的作用[338]。社区社会资本是存在于社区共同体之中的那些能够促进人们协调一致以实现预定目标的社会规范、价值观、习惯以及社会网络等社会因素[219]。基于社区"认同"基础上所形成的"地方感"是驱动社区参与旅游发展的重要动力。族源和地缘的认同在民族村寨的社区参与旅游扶贫开发中至关重要。一方面,我国乡村社区尤其是民族村寨社区是由同质性较高的社区居民组成的一个"熟人"社区,居民间有着类似的价值取向和文化基础,在这样的传统社群中,规范的力量更多依托于"礼"而非"法",往往不需要有形的权力机构来执行,而更多依靠村规民约、乡土人情的传统力量[339]。另一方面,民族村寨社区能够吸引旅游者前来观光的"根基"就在于其淳朴的民风和独特的乡土文化。"一个社区的人们对那些和他们传统价值观念及组织形式有连续性的或相似的促进因素最容易接受,即使他们是在探求一种全新的事物,他们也常用他们熟悉的旧的结构和原则来表示他们的新的组织结构。"[340]社区参与旅游发展模式一旦有机融入社区传统,将大大降低其执行成本。在老姆登怒族村寨,通过怒族传统文化的调适作用,社区居民在参与客栈经营、游客住宿安排、民族文化展演等环节建立起了有效的利益协调共生机制,调节村寨内部旅游经营竞争关系,为民族村寨社区旅游良性运行提供了保障。这一点十分值得吸收和借鉴。因此,在民族村寨社区参与旅游扶贫的过程中,一方面,在政策制定和制度设计等环节,要充分尊重民族村寨乡村社会的地方性知识和乡土智慧,发挥乡村社会非正式制度的作用,推动政策、规章、制度的执行合理嵌入当地民族文化传统中。另一方面,要组织并引导社区居民总结、提炼,并传承民族村寨旅游资源系统中的相关文化传统,形成良好的社区文化氛围。与此同时,建立关注民族村寨社区旅游扶贫开发过程中文化变迁的监测机制,培育社区传统和社区规范,引导民族传统文化在旅游开发背景下现代性语境中的良性变迁,消解旅游扶贫开发在社会文化方面的负面影响。

(三)提升民族村寨社区居民的参与意识和参与能力

参与意识和参与能力不强是制约民族地区贫困人口参与旅游发展和获得

收益权限的重要因素。由于民族村寨社区居民整体受教育水平偏低，对于旅游发展信息掌握不多，对政府的扶贫政策了解不够，大多思想保守、创业意识不强、创业能力不足。为此，首先，地方政府部门和基层社区自治组织要加大宣传力度，引导村民转变观念，调动社区居民积极参与旅游扶贫开发的自觉性和主动性，引导农户树立共享发展意识，愿意通过各种共享机制实现脱贫，提升村民对旅游开发的支持度，减少村民与外来资本以及村民之间的矛盾和冲突。其次，要提升社区居民对旅游扶贫的参与及获益能力。打破民族村寨社区参与农家乐经营和旅游商品销售的单一路径依赖特征，根据民族村寨社区旅游发展的现实需要，围绕交通运输、服务礼仪与技能、经营能力、环保知识、文化展演等方面开展多元化培训，并重点对社区干部、旅游产业带头人、文化传承人等社区精英进行旅游发展培训，提升社区居民的参与能力，创新旅游发展理念，减少社区旅游发展过程中的经济效益漏损。最后，充分发挥民族村寨社区自治组织和社会组织的动员、协调作用。一方面，通过基层组织的动员，发挥基层党员干部的先锋模范作用，号召并扶持村寨内的各类经济、文化精英参与社区旅游产品的开发，形成示范效应。另一方面，以民族村寨社区组织为单元，加强对外沟通交流，围绕民族文化展演、旅游商品开发、农家乐经营等方面的内容，加强与其他村寨和成熟景区、景点间的交流，凝练成功经验，从根本上提升社区参与旅游发展的水平和质量。

（四）构建民族村寨旅游扶贫的社区精英治理模式

国内民族村寨旅游扶贫开发的实践经验表明，社区精英作用的发挥至关重要。乡村精英具有乡村社区的地域属性，调动资源的价值属性，给社区带来更大利益的社会属性。对于以地方文化为吸引力的传统社区往往具有较强的宗族意识和社区意识，而社区精英，尤其是传统精英在当地社区具有强大的群众基础和参与自主性[339]。民族村寨精英是推动旅游扶贫同乡村振兴战略有效衔接的重要力量。社区精英包括政治精英（村干部）、文化精英（文化传承人、寨老）、经济精英（创业带头人、致富带头人）具有较强的社区影响力和权威性，他们拥有更强的参与社区公共事物的意识和能力，并在一定程度上代表了社区居民的利益。一方面，社区精英承担着社区与政府间上传下达的工作，比普通的居民具有更强的关系联结能力，因此，精英治理模式能扩宽社区居民参与的渠道，社区居民可以用自己习惯的方式和渠道表达自己的意愿。另一方面，通过民族村寨社区精英引领作用的发挥，可以减少社区居民对风险的预期，增加对合作者的信任程度，也将会产生出更多合作的意愿和个人承诺，从而培育和发展社会资本[339]。因此，在民族村寨社区参与旅游扶贫尤其是初级阶段的开发过程中，要赋予村委会、文化传承人、致富带头人等社区精英力量更多的决策权和管理权，并予以必要的资金和政策扶持，调动和激发他们的积极性，通过社区精英在社区的权威性和引领带动作用，拓展社区参与旅游扶贫的深度和广度。与此同时，对于社区旅游发展相对成熟的民族村寨，也要注意发挥地方政府部门和基层村委会组织的调节功能，避免社区中少数几个接待大户垄断社区旅游经营活动的现象，维护民族村寨旅游扶贫开发过程中社区内部的空间正义。

（五）强化民族村寨的社区组织建设

社区居民在旅游产业发展中表现出来的整体"乏力"现实，一个根本原因在于社区居民作为一个数目众多但缺乏组织的弱势群体，其权益遭到一定程度的忽视或侵犯[341]。民族村寨唯有通过组织化，才能避免独立行动的不利后果，解决旅游资源系统使用问题。成功的民族村寨社区参与旅游发展案例，都能将社区居民动员和组织起来，构建社区居民表达利益的公共领域，将社区居民享有的旅游决策权有机融入旅游发展事务中，让社区居民参与旅游发展并成为真正的主体。在民族村寨社区参与旅游扶贫的过程中，首先，要充分发挥社区自治组织的代理功能。以社区居民委员会为主要形式的社区组织以社区为生长点，其承担着"多重代理"功能。基于自上而下的一种行政安排，社区自治组织全方位参与社区公共事务，并承担着大量社区公共产品供给的功能，在司莫拉和老姆登的民族村寨社区参与旅游扶贫实践中，通过发挥社区自治组织（党支部）的作用，不仅有效争取上级政府部门的政策支持，也可以规范社区旅游扶贫开发的秩序。其次，是加强给社区社会组织的建设。社区社会组织生成于社区，直接服务社区居民，其参与动机在于增进组织成员的福利。社区社会组织建设可以赋予社区居民参与旅游发展的灵活性，对于社区居民而言，他们既可以以个人身份直接参与社区公共事务，也可以通过自身所加入的组织参与社区公共事务。老姆登村的茶叶合作社和司莫拉的旅游专业合作社都以社区社会组织的形式，在社区旅游扶贫过程中直接参与社区公共事务，营造了社区旅游发展的氛围，增进了社区的团结，提升了社区居民在民族村寨旅游扶贫开发过程中与其他利益相关者，尤其是外来投资企业的博弈能力。最后，是丰富社区组织建设的形式。马林诺斯基说："一切组织和一切协调行为都是传统的延续性的后果，并且在每个文化中，都有其不同的形式"[342]。以社区自治组织和社会组织为基础，民族村寨社区参与旅游扶贫过程中可以结合地方旅游发展的需要和文化传统，围绕民族传统文化大力发展社区文化组织，为协调与政府和开发商的关系，围绕征地、经营管理、文化商品化等问题设立维权组织，通过农民组织化，提升民族村寨社区居民参与旅游扶贫的绩效。

二、民族村寨社区参与旅游扶贫的多元利益主体共生机制

民族村寨的旅游发展主要依托共享性的自然和民族文化旅游吸引物，而社区参与旅游扶贫的过程也是一个公共性旅游吸引物建构和空间拓展的过程，旅游公共基础设施建设不足是制约民族村寨旅游扶贫空间效应提升的普遍性问题。社区参与旅游扶贫主体单一、社区旅游扶贫整体效益不高，以及公地悲剧等诸多问题的关键均指向了社区公共产品的供给，而社区公共产品的供给是一个庞大的系统工程，需要大量的人力、物力、财力，单靠政府资源或民间资源供给社区公共产品很不现实，建立多元筹资机制，整合资源成为社区公共产品供给的关键[165]。从社区治理的视角出发，奥斯特罗姆提出了"多中心"的概念，其认为：政府只是社区治理的一个主体，社区组织、社区非营利组织、社区居民等都是社区治理主体，它们合作共同参与社区公共事物，共同供应和生产社区公共产品[343]。从扶贫工作本身的性质来看，民族村寨社区参与旅游扶贫的过程也可以看作是一个社区治理的过程，这一过程需要建构一种"多主体秩序"，社区居民是社区治理的一个主体，政府、社区组织包括外来企业都应该成为主体，通过广泛动员参与社区公共事务，协同生

产并供应社区公共产品。通过郎德苗寨、雨崩藏族社区的演化和 3 个"直过民族"村寨的案例比较，社区和企业在民族村寨社区旅游发展过程中的介入有其必然性，且它们的参与也是有效提升社区旅游扶贫空间生产效率和效益的重要途径。问题的关键在于如何根据社区旅游发展的不同阶段和层次特征，有效约束和规范它们之间的关系，并围绕旅游扶贫的目标形成合力。

（一）建立旅游扶贫的"纵向三元主体"结构

社区旅游扶贫的影响涉及经济、社会文化和生态环境等不同方面，为了统筹好民族村寨旅游扶贫开发过程中的综合效益，社区参与的过程要在社区居民广泛参与的前提下采取自下而上和自上而下相结合的方法，在政府的引导下，处理好地方政府与基层社区组织和社区居民间的关系。仅依靠社区"内源式"发展无法解决旅游吸引物（资源）开发深度不够、公共产品供给不足、市场规模难以壮大等一系列问题。随着旅游业规模的逐渐扩大，同质化竞争和由于制度供给不足引发的"公地悲剧"、矛盾与冲突等问题也将日益严重，依靠社区内部自发地由个人理性走向集体理性是不明智的，需要一个长期认知和博弈的过程，而社区赖以生存的公共资源是极其脆弱和珍贵的。为此，需要引入政府的力量[3]。事实上，回溯国内社区参与旅游扶贫和民族村寨旅游开发的历程，完全游离于政府政策之外的旅游社区本身也是不存在的。大中村、老姆登村和司莫拉的社区参与旅游扶贫一直是在村委会这一社区基层自治组织和地方政府部门对旅游基础设施和吸引物建设的扶持背景下展开的。博克斯在《公民治理：引领 21 世纪的美国社区》一书中，运用三维角色分析方法，即透过公民、代议者、行政管理职业者的角色关系期待，来界定和表达公民在社区自主治理中发挥的作用，这个分析途径对于我们思考政府与社区之间的关系具有一定的启发意义[344]。借鉴博克斯的分析框架可以构建一个民族村寨社区参与旅游扶贫的"纵向三元主体"角色结构，如图 5-2 所示：

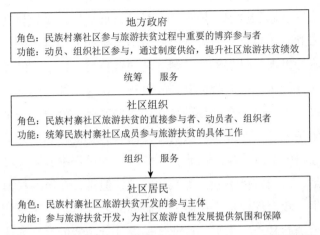

图 5-2   民族村寨社区参与旅游扶贫的"纵向三元主体"结构

在图 5-2 中，一方面，要充分发挥地方政府部门在社区参与旅游扶贫开发过程中的参与职能，地方政府部门应重点关注旅游资源的保护、旅游产业监督管理、协调利益相关者间的矛盾、旅游营销宣传等公益性的旅游参与项目，以监督产业运行、延长产业链和构建大产业为重心，聚焦民族村寨和区域旅游的良性发展，而非以获取经济利益为目的去激化社区矛盾。伴随民族村寨社区旅游扶贫规模的壮大，逐步实现由"政府主导"向"政府引导"的转变，为企业和社区的市场化运作留下充足的空间。并从顶层设计中给予社区充分的自治权和政策倾斜，保证社区旅游扶贫政策的持续性获得。另一方面，要充分发挥社区组织尤其是社区自治组织的协调、带动作用。针对少数民族村寨社区的弱组织状态，要以村委会、党支部活动、旅游合作社、农家乐协会等为载体，实现民族村寨社区居民的组织化，增强社区整体的自我发展能力。作为社区居民，要养成参与社区公共事务的集体意识，并主动维护社区旅游发展过程中的个人权益。强化"地方"和"民族文化"认同感，在与外来旅游者的"主—客"互动中，塑造民族村寨社区旅游发展的良好氛围。

（二）强化政府部门参与社区旅游扶贫的公共服务职能

政府主导型的旅游发展模式在经济落后、基础设施薄弱、市场发育程度低、旅游业起步较晚的地区，对推动旅游产业发展有着明显的促进作用。由于滇西边境山区贫困程度深，地方社会经济发展滞后，民族村寨社区参与旅游发展的能力和水平较低，政府部门以恰当时机和恰当方式的介入显得至关重要，这在旅游发展粗具规模的老姆登和司莫拉村寨社区旅游发展中均有体现。在民族村寨社区参与旅游扶贫开发过程中，政府部门的介入不仅有利于统一社区居民对发展旅游重要性的认识，协调文旅、交通、扶贫、住建等部门参与村寨旅游发展，形成旅游扶贫开发的合力。也有利于充分整合地方的人力、物力和财力，解决制约民族村寨旅游开发过程中基础设施薄弱、公共产品供给不足、营销宣传不到位等瓶颈问题。但是，在民族村寨社区参与旅游扶贫过程中，政府部门提供旅游公共服务的内容也是不断变化的。其不仅随着社区旅游消费种类、水平、产业规模等社会功能的改变而改变，对于旅游发展处于不同发展阶段的民族村寨而言，公共部门为其提供的"旅游公共服务"范围也应该有所区别[345]。具体如表 5-1 所示：

表 5-1　民族村寨社区参与旅游扶贫不同阶段政府公共服务措施选择

社区旅游发展阶段	社区旅游发展特征	政府公共服务措施
初级阶段	社区参与体现为个别农户的参与，参与面不广；社区旅游发展的产品供应能力和市场影响力相对有限	加强对社区居民技能培训；指导社区旅游产品开发；投资社区旅游公共基础设施建设等
中级阶段	社区旅游产业活动边界向外延伸；社区参与旅游扶贫的范围拓展；社区旅游服务供给能力显著增强；参与形式的丰富，参与影响的空间范围扩大	加强社区组织化建设；推动社区与社区、社区与背景区域间的合作交流；培育社区旅游的内部客源市场；辅助民族村寨旅游营销、宣传等
高级阶段	外来企业强势介入社区；贫困社区对外部区域的空间关联性和依赖性显著增强；社区参与旅游扶贫效益的漏损现象日益严重	协调社区内部矛盾；监督并调控外来企业的参与行为；调控社区内部利益分配机制并减少旅游扶贫效益漏损等

（三）提升企业参与社区旅游扶贫的绩效

旅游扶贫的前提离不开旅游业发展及其所产生的整体经济效益，讨论旅游扶贫问题首先应关注贫困地区旅游发展的成效，进而关注旅游扶贫效益的流动及其分配问题。滇西边境山区具有贫困面大、贫困程度深、地理资本不足、空间贫困问题突出、贫困脆弱性特征显著、制度性贫困与文化贫困相交织的贫困复杂性，以及民族文化构成旅游吸引力的核心载体、旅游资源开发的主体单一、替代性竞争、高度外部市场依赖等旅游发展的特殊性。这些特征决定了单靠政府的投入很难实现资源价值的经济转换。旅游企业尤其是外来企业具有雄厚的资金实力以及稳固的市场、先进的制造和管理技术，外来企业的介入会将其资金和品牌优势注入本地企业，不仅可以带动地方企业更好地发展，带动社区居民参与就业，还可以推动地方手工艺品和土特产向旅游商品的转化[4]。

　　因此，首先，要创新企业参与民族村寨旅游扶贫的路径，提升企业参与能力。从资源整合入手，通过打造资源共享平台，以股份制、联营等方式改变企业介入民族村寨旅游扶贫的短期行为，减少企业为追求短期绩效而实施运动式投资、掠夺式开发的问题。通过创客引领、村民参与等多样化的形式，丰富民族村寨旅游扶贫开发的投资主体。其次，引导旅游企业提升旅游吸引物开发的质量，打造核心竞争力。在旅游资源品质好、类型丰富，旅游发展环境氛围佳的民族村寨，要大力支持企业进行资源和资金的整合，提升旅游开发品质和扶贫效益。以民族特色为灵魂，提炼和挖掘以民族歌舞、节日、体育、饮食和建筑等为载体的民族文化产品，形成特色鲜明的旅游吸引物，避免民族村寨社区参与旅游扶贫过程中"散小弱差"和同质化竞争的问题。最后，扶持本土中小企业的发展，促进产业链的融合。私营企业是旅游扶贫社会化和市场化运营的主体，是联系本地政府、旅游市场、扶贫对象的桥梁和纽带。亦农亦旅并主要以农家乐和旅游土特商品经营为主体的民族村寨旅游扶贫模式主要根植于地方农业传统。支持本土中小企业的参与，以及推动产业链向地方相关产业的延伸是有效提升社区参与旅游扶贫内生动力，减少旅游发展经济效益漏损最行之有效的手段之一。对此，一方面要充分利用旅游业辐射性、关联性强的特点，打造完整的、本地化的旅游扶贫开发产业链。延伸发展有本地特色的种植业、餐饮旅店经营、农副产品加工销售、运输等相关产业，延长乡村旅游扶贫的产业链，打造一条以旅游业为龙头的、完整的本地化产业链[189]。另一方面要适当降低社区参与旅游扶贫的市场准入门槛，助推本土小微企业发展。问卷调查发现，"没有资金"和"不懂经营管理"是连片特困民族地区社区居民参与旅游发展最主要的障碍因素。2016 年以来，老姆登怒族村寨客栈的蓬勃发展很大程度上正是得益于政府部门提供的信贷支持和服务管理技能培训。有限的金融资本是限制中小企业发展的首要因素，但对中小企业而言大多又不具备从商业银行或其他正规金融机构获得贷款的条件，对此，民族地区的地方政府部门完全有必要为小微企业发展提供便捷的信贷支持，并建立社会化服务体系，包括为中小企业提供融资担保、人才培训、技术支持、信息网络、创业辅导、市场开拓、管理资源、法律维权等服务。

（四）形成政府、企业和社区的多元利益主体共生格局

滇西边境山区民族村寨社区参与旅游扶贫开发面临着诸多自身及外部环境和条件的约束，仅仅依靠政府、企业或社区等单一主体的力量很难突破旅游发展的瓶颈，只有通过多方参与和协同，才能从根本上提升社区参与旅游扶贫的效应。对于政府、企业和社区而言，它们参与民族村寨社区旅游扶贫开发的利益诉求是存在差异的，且不同主体在旅游扶贫开发过程中所掌握的话语权也不一样。外来企业的进入不仅刺激地方旅游企业的快速发展，而且有助于政府出业绩，在这样的背景下，企业追求经济利益的天然秉性与地方政府以外来企业彰显政绩的非公共性动机为二者形成利益共同体提供了可能[346]。相较而言，社区则处于相对弱势的地位。由于社区居民、地方政府及外来企业在博弈过程中地位的不平等和权利的失衡，导致民族村寨社区旅游开发多元主体互惠共生的局面难以形成和维系。

首先，要丰富民族村寨社区参与旅游扶贫的利益主体，引入第三方力量以打破政府和企业的垄断局面。针对民族村寨社区居民参与旅游发展整体处于弱势地位的不足，广泛动员社会各界力量，制定针对不同旅游扶贫主体的激励行动和计划，如针对行业协会的旅游扶贫行动计划、旅游相关科研院所的旅游扶贫公益规划和旅游社区服务志愿者计划、旅游者的善行旅游计划、社区旅游精英的贫困户结对帮扶计划、贫困户的旅游参与共享计划等。推动旅游相关企业、科研院所、旅游与扶贫相关协会等社会组织、社区旅游精英、旅游者等社会各方面力量参与民族村寨社区旅游扶贫[62]，建立多元利益主体的共生机制，如图5-3所示：

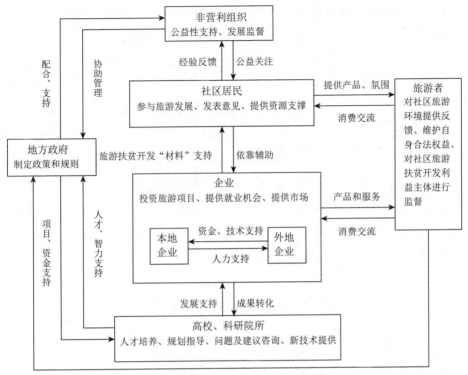

图 5-3　多元主体参与民族村寨旅游扶贫的共生机制①

　　其次，建构民族村寨旅游扶贫开发过程中，政府、企业和社区三大利益主体间的利益均衡机制。在社区参与旅游扶贫开发过程中，由于不同利益主体关注的利益焦点不同（见表 5-2），因此有必要建立相应的利益协调、监督机制。以社区的可持续发展为前提，兼顾旅游扶贫开发的经济、社会、文化和生态环境多重效益，作为政府部门应立足公权，为民族村寨社区的旅游扶贫开发创建良好平台和优越环境。作为旅游扶贫的企业应更多承担旅游开发的社会责任，吸纳贫困人口和企业参与旅游企业经营，作为社区要通过社区的组织化不断提升参与地方旅游发展的能力和水平，并对外来利益主体的强势地位形成制约。

---

　　①　本图绘制参考：杨德进.旅游扶贫——国际经验与中国实践［M］.北京：中国旅游出版社，2015：207.

表 5-2 民族村寨社区参与旅游扶贫不同主体关注的"利益"差异

利益相关者	关注的利益焦点	利益分配形式
村寨社区	社区收益	相应的补偿、参股分红、参与旅游扶贫开发收入（务工性收入，提供餐饮、住宿服务收入，销售旅游商品收入等）
外来企业	企业利润	经营性收入（餐饮、娱乐、住宿、商品销售等），提供导游、交通等服务收入
地方政府	区域旅游发展和扶贫绩效	税收、区域产业发展、土地增值、旅游扶贫综合效益等

旅游扶贫的动力很大程度上来自利益分配，通过制度化的设计，合理安排政府、企业和社区的权利和角色，构建起利益约束机制和行为监督机制，处理好三者间的利益尤其是经济利益的分配问题，通过利益监督、协调、分配等机制的建设，最终形成政府、企业和社区的互惠共生局面。

三、民族村寨社区参与旅游扶贫的区域联动机制

旅游空间的相互作用是区域旅游发展的基本动力[347]，区域联动是破解民族村寨社区旅游扶贫过程社区内部同质化竞争、资源过度利用和空间关联带动作用弱等问题的可靠路径。所谓区域旅游联动开发，是指在一定的地域范围内，结合旅游资源的特征和地理空间邻近关系，旅游地之间通过"市场"和"资源"的共享，实现跨区域协作，打破行政区划的界限，从而增强区域旅游整体吸引力，实现各旅游地的持续发展[348]。联动开发是区域合作的一种方式，从区域联动的视角探讨民族村寨社区参与旅游扶贫的相关问题，可以打破传统的将"社区参与"局限于贫困人口和个别贫困民族村寨的单一视角，从民族村寨社区、景区以及整个县域层面的空间关联与互动视角，来思考旅游扶贫空间效应的优化问题，其关键在于将民族村寨社区培育为区域旅游发展的重要支撑。从地理学视角出发来审视民族村寨的旅游扶贫开发过程，一方面，其效应和影响不能局限于民族村寨社区"节点"本身，还应考虑社区与周边区域的辐射关联效应，即通过壮大旅游市场规模，以发挥减贫带动效应。另一方面，社区的构成本身也是异质的，对旅游存在着不同的价值观、

政治主张和态度[349]。从地理资本视角切入来看社区内部的差异，社区居民所处的空间位置、交通条件、文化资本等往往直接影响其参与旅游扶贫开发的成效和收益，因此在强调社区参与整体效应提升的同时，还应关注社区内部的空间正义问题。

（一）促进民族村寨间的合作与交流

旅游业是综合性和关联性极强的服务行业，食、住、行、游、购、娱六大要素为旅游者提供直接供给服务，具有规模报酬递增功能、外部经济循环功能、提高产业竞争功能、带动关联产业功能等[350]。我国少数民族的分布整体呈现为"大杂居、小聚居"交错分布的格局，以村寨为单元的旅游扶贫开发无形中会强化村寨内部不同经营者，以及不同村寨和区域间的空间竞争关系，同时制约发展的规模和效应。以行政区为边界所带来的条块分割问题在民族村寨旅游扶贫开发中应引起高度重视。政府部门要转变观念，通过跨区域协作，加强对民族村寨旅游资源的调查、研究，统筹规划打破条块分割，以市场为导向优化资源要素，避免不同民族村寨各自为政的无序竞争和急功近利的短期行为。与此同时，不同民族村寨景区之间，要围绕旅游文化展演、市场接待、营销宣传等加强沟通与合作，树立大旅游、大市场、大品牌和民族文化大景观的观念，协同推动民俗旅游的健康发展。针对滇西边境山区民族村寨零散分布、村庄规模体量小、旅游开发同质化竞争、重复建设以及对原生态文化破坏的问题。一方面，要加强民族村寨间的联系与合作，对同一县域乃至州（市）范围内，分布零散但有同类文化底蕴、生态环境的村寨进行整合，在传承保护中发展，协作共享，打造"全域"型乡村旅游和民俗旅游目的地。另一方面，充分考虑民族村寨的区位、交通、市场以及旅游发展对民族文化的影响等因素，处理好民族文化旅游开发过程中"前台"和"后台"区域的关系，合理规划和设计，以"民族生态博物馆"的形式实现对多村寨、多民族文化的整合利用，提升民族村寨旅游产品的吸引力和规模效应。

（二）推动少数民族贫困户与景区的关联互动

"景区"是旅游吸引力的核心所在，也是旅游者消费最密集的场所，构成区域旅游扶贫开发的重要载体。根据地理资本理论，空间位置、地理因素、地域文化等因素对经济发展有重要影响，民族村寨贫困农户所处的位置，尤其是距离景区的距离将直接影响贫困农户参与区域旅游发展的能力及成效。腾冲市司莫拉佤族村寨由于邻近热海景区（5A 级旅游景区）和高黎贡山茶博园（3A 级旅游景区），部分村民常年在周边景区务工，强化了参与旅游发展的意识，并通过与成熟景区间互动实现客源共享，在极短的时间内壮大了村寨旅游市场规模，不仅很好地带动了周边区域的旅游开发，社区居民对于参与旅游管理和决策也表现出了较高的积极性。推动民族村寨贫困户与景区的关联互动，不仅可以实现资本积累，提升社区居民参与旅游发展的能力和意识，也是民族村寨社区旅游发展初级阶段实现区域联动效应的有效机制。在具体实践中，由于位置关系的不同，贫困农户与景区间存在多种组合关系。对此，应分类采取不同的政策和扶持措施[①]。对于贫困户与景区相融合的区域，由于贫困农户能够获得诸多正向的地理资本，包括共享旅游景区的公共服务设施、更多的就业和接待机会、更多社会资本的获得可能性等，因此，其旅游扶贫开发应更多着眼于扶植并发挥社区精英的带头作用，通过培训提升贫困户参与民族村寨社区旅游发展的能力，统筹、协调好社区旅游经营个体户间的竞合关系等；对于贫困户与景区相比邻的区域，要重点挖掘旅游景区的辐射功能，在拓展和延伸旅游产业链的基础上，实现本土化发展，通过政策干预打破民族村寨狭隘的地域和利益观念，丰富贫困农户参与旅游发展的形式和灵活性，壮大民族村寨旅游扶贫开发的区域影响力和规模效应；对于贫困户与景区相分离的区域，应特别关注贫困农户在区域旅游扶贫开发中的间

---

① 陶少华（2017）根据贫困户距离扶贫旅游景区的距离，将贫困户分为：贫困户与景区融合型、贫困户与景区比邻型、贫困户与景区分离型 3 种类型。认为："比邻型"是贫困户位于景区边缘至距离景区边缘 5 公里的空间范围内，"分离型"是贫困户位于景区边缘 5 公里以外到贫困户能够接收到旅游景区功能间接辐射的范围为止。其类型划分具有很好的借鉴意义，但作者认为，实地距离的划分不宜过于绝对，还应对地形条件、旅游交通、旅游资源的分布与组合、旅游吸引物的特征等进行综合考虑。具体可参见：陶少华.旅游扶贫新视野——以重庆武陵山片区为例［M］.北京：经济科学出版社，2017：181－183.

接收益情况。一方面，加大对贫困农户的培训和就业指导，引导其参与旅游景区的服务接待和旅游土特商品的经营与销售。另一方面，通过政府引导，优先向周边区域购买蔬菜、水果、肉食产品等，通过旅游产业链的延伸，充分发挥景区的空间溢出效应。

（三）加强民族村寨旅游扶贫数据库建设

充分的旅游信息尤其是旅游者信息共享，是实现区域间旅游发展联动的重要前提。这对于旅游交通不发达、服务设施滞后的贫困民族地区而言更加明显。旅游扶贫基础数据库的建设直接关系到滇西边境山区各旅游地间合作的深度和广度，影响旅游扶贫相关政策指定和施行的精准性。对此，可由云南省人民政府层面进行统筹，从文旅项目建设和乡村振兴工作中划拨专项经费，依托省内高校及研究所的科研平台基础，通过地理信息系统、遥感、监测、互联网、实地调查等多种途径获取民族村寨旅游发展的基础资料，建设民族村寨旅游扶贫基础数据库，实现民族地区旅游扶贫与乡村振兴的有效衔接。数据库信息涵盖各村寨尤其是成熟村寨景区旅游流流向、流量、流速，旅游景区、景点的接待规模与数量，旅游交通的通达状态，以及旅游住宿、餐饮、通勤等各类信息，并实时更新，及时为民族村寨旅游者、旅游企业包括政府部门提供旅游相关信息，通过基础数据的共享实现市场共享。与此同时，推动民族村寨旅游管理的信息化，提升社区参与旅游扶贫的水平及效率。以民族村寨旅游产品信息为平台，建设专业的信息网络平台，全方位展示区域旅游形象，同时提供在线旅游线路预订、招商引资和出售旅游商品等服务。通过数据库的建设实现民族村寨旅游扶贫开发的信息化与智能化，为跨区域旅游合作注入活力。

（四）创建民族村寨旅游扶贫示范区

我国旅游扶贫试验区的政策实践已有 20 年的发展历史，但传统旅游扶贫试验区由于空间范围较广，内部旅游业态差异较大，政策红利实施的效果不显著。云南省虽然也专门制定了旅游扶贫示范村的评选办法，但配套政策和措施并不完备。滇西边境山区少数民族人口比例高、贫困人口集中连片、生态环境脆弱、自然及生存条件恶劣、经济社会发展滞后、脱贫成果难以巩固。鉴于其旅游扶贫开发的特殊性，可以由省级层面来统筹、州市推动，以民族自治县为基本空间地域单元，从民族乡镇和特色传统村落中进行遴选样板，创建民族村寨旅游扶贫示范区。以"食、住、行、游、购、娱"六大核心产业要素的培育为重点，在基础设施建设、旅游人才引进、投融资等方面加大政策倾斜力度，探索滇西边境山区民族村寨社区参与旅游扶贫的特色模式和有益经验。与此同时，突出区域重点，结合全省旅游扶贫示范村的评选，充分考虑区域旅游发展的基础和条件，重点打造一批旅游资源禀赋突出、区位条件好的旅游景区和民族村寨社区，培育一个或多个民族村寨旅游增长极核，发挥旅游集聚效应，带动区域旅游相关产业发展，并逐渐向周边区域传导和扩散，通过城乡统筹、要素统筹、产业统筹，实现滇西边境山区旅游扶贫产业结构和空间结构的优化。

四、民族村寨社区参与旅游扶贫的要素协同机制

滇西边境山区贫困面大、贫困程度深，地理资本不足、空间贫困问题突出，且贫困脆弱性特征显著，对于区域产业经济的发展形成限制。旅游业是综合性极强的产业，旅游发展初期涉及人力、物力、财力等诸多要素的投入。其构成滇西边境山区民族村寨社区参与旅游扶贫发展的矛盾关系，并催生出了社区参与旅游扶贫开发过程中的"公地悲剧"、社区公共产品供给不足、旅游扶贫效率低下等问题。旅游扶贫要素协同机制的建设是破解上述矛盾和问题的关键。协同是指构成系统的各要素通过协调合作，达到整体功能大于各个要素功能之和的一种系统结构状态。协同体现为系统内各要素间能够形成一种融洽关系，从而表现出最佳的整体效应[10]。作为一项系统的工程，旅游扶贫既涉及政府、企业、社区居民等不同利益主体的共生，也涉及社会、经济、文化和生态综合效应的协调，还涉及社区与社区、社区及其所在背景区域的空间联动，以及区域旅游发展相关产业要素的协同。只有充分考虑政策、资金、人才、文化等要素的关联互动，才能解决滇西边境山区民族村寨社区参与旅游发展过程中普遍存在的建设资金不足、人才紧缺、扶贫效益不显著、

社区公共产品供给不足等现实问题。

（一）深化民族村寨旅游扶贫土地政策改革

鉴于民族村寨旅游扶贫开发过程中旅游吸引物的公共和共享特征，土地成为社区居民争夺旅游发展话语权和获得旅游扶贫经济收益最直接、有效的一种手段。因此，土地政策改革成为驱动民族村寨社区居民参与旅游扶贫，并实现区域旅游发展要素协同的前提和关键。根据《云南省土地管理条例》"一户一宅"和"搬新拆旧"规定，社区居民通过宅基地参与旅游扶贫的能力和机会无形当中将受到制约。为此，滇西边境山区民族村寨社区参与旅游扶贫要从土地使用政策着手，增强土地使用的灵活性。首先，鼓励各种资本形式在荒山、荒坡进行乡村旅游开发，支持村民在自己承包的果园、林地、田地等地依法依规开展劳作体验、食宿接待等乡村旅游项目的开发建设。创新土地流转方式，在不违反国家法律法规的前提下，大胆采用灵活的农村土地流转方式，通过"土地确权"和"两权分离"的使用方针，实行有偿、有期限流转制度，推进民族村寨旅游用地规模化、集约化发展，完善土地使用流转机制，打破传统的分散经营模式。其次，加强对民族村寨易地扶贫搬迁项目实施过程中腾退宅基地的综合治理[①]，推动精准扶贫与实施乡村振兴战略的有效衔接。一方面，在清产核资的基础上，按所有权、资格权、使用权对已腾退的农村宅基地"三权分置"，针对滇西边境山区扶贫搬迁腾退的宅基地、林地、耕地，结合地方实际，探索土地流转机制创新，通过流转将闲置土地利用与因地制宜培育特色种植业、养殖业和乡村旅游结合起来，增加贫困群众收入，巩固脱贫成效。另一方面，利用好 2015 年年底出台的《中共中央国务院关于打赢脱贫攻坚战的决定》和 2016 年 2 月国土资源部出台的《关于用好用活增减挂钩政策积极支持扶贫开发及易地扶贫搬迁工作的通知》中"利用增减挂钩政策支持易地扶贫搬迁"的政策红利，探索增减挂钩节余指标的流转使用机制，推动农村土地整治、产业发展、美丽乡村建设等工作在民族

---

① 作者结合前期在施甸县大中布朗族村寨的田野调查，撰写了《关于加强对农村腾退宅基地综合治理的建议》，2020 年 4 月提交到九三学社云南省委员会，并于 2020 年 11 月被《九三学社中央信息》采纳，部分论述引自该报告。

村寨社区的整合，解决社区土地利用低效和空间散乱问题。最后，通过住建及文化和旅游部门加强对传统民族村寨中腾退宅基地以及无人居住的废弃老宅的系统普查工作，对于具备旅游开发潜力和条件的民族特色村寨，统筹闲置土地的利用方式，以物权化管理、土地入股分红等形式，预先谋划，整合资金和项目，围绕园林美化和停车场、公共厕所等公共基础设施和休闲设施的建设进行布局，为乡村振兴战略的实施夯实基础、创造条件。

（二）促进民族村寨文化旅游深度融合

对于民族旅游地的发展而言，民俗文化旅游资源的多样性和独特性是其发展旅游最大的优势。然而，正如巴特勒等人强调的："民俗旅游是脆弱的，它本质上具有自我毁灭性"。伴随着旅游业的发展，大量外来旅游流对旅游地的文化带来了深刻的冲击，使当地旅游社区出现"汉化、城市化"等趋同性变异，本民族的文化亦向商品化和浅表化发展[306]。为迎合旅游者需求，壮大旅游扶贫规模效益，在民族地区旅游扶贫开发过程中，区域旅游扶贫经济效应的提升，往往与旅游"场域"中民族文化的"浅表化"和"庸俗化"相伴生。对于民族村寨社区而言，社区旅游扶贫经济效应获得了显著提升，但旅游扶贫的社会文化效应却出现负向漏损。通过民族文化和旅游的深度融合，提升旅游产品的附加值和吸引力可以在一定程度上解决该问题。由于地理位置偏远、闭塞，民族人口聚居规模不大，滇西边境山区少数民族文化表现出了浓厚的"乡土性"特征，建筑、节庆、饮食、歌舞等文化活动均紧紧围绕农业生产展开，在民俗文化的众多元素中，有较强外在视觉、听觉审美特征且旅游者参与体验性明显的显性文化相对贫乏，而口头神话、传说、歌谣、史诗等隐性的非物质文化又特别丰富，使得民俗文化旅游资源的开发缺乏载体，可供开发为旅游产品的显性文化稀缺[307]。因此，首先，要强化民族村寨文化旅游吸引物开发的体验性。在民族村寨的旅游产品开发方面，以民族迁徙、部族征战、商贸生活等为主题，通过主题游戏的形式，串联相关民族文化和地方自然景观，实现民族历史、文化、传说故事的再现，提升旅游者的参与性和体验性[351]。其次，以"社区"为基本单元，推动文化与旅游深度融合，避免"孤点式"开发对民族文化旅游资源的破坏。一方面，打破旅游发展一味强调招商引资和壮大规模的思维定式，强化社区在村寨旅游发展过程中的参与权和话语权，提升民族文化商品化的准入门槛。另一方面，在充分发挥村寨民族文化精英带头作用的前提下，强化其在民族文化传承与保护过程中的责任与义务，以村委会为主体建立必要的监督和利益协调机制。与此同时，加强民族村寨景观管理。在村落保护范围内，严禁修建与景观相冲突的建筑、严格控制建筑布局和建筑密度，控制新建建筑物的高度、体量、色彩等，使新建建筑与传统村落在用地布局和外空间关系上相协调。其次，全面探索民族文化与旅游的融合路径。囿于民族文化特质及地方经济、社会发展条件的限制，可以对多个民族村寨的文化元素进行整合，优选资源和市场条件较好的区域，进行集中式开发，提升民族村寨旅游的空间吸引力。与此同时，推动民族文化开发与地方特色种养相结合，结合农事体验、旅游手工艺品开发、研学教育、康养科考等多种项目形式，将"化石性"的民族文化激活，提升民俗文化旅游产品的附加值。最后，加强对民族村寨社区参与旅游扶贫过程中非物质文化遗产的保护与开发。由地方县级政府部门统筹，乡（镇）文化站具体负责，加强对民族村寨民间文化的收集和整理，发挥省、市、县各级非物质文化遗产传承人的"传帮带"作用，由相应级别的政府部门划拨专项资金，以现代学徒制、研习所、学校特色课程等多种形式促进民族文化的传承。通过景观复制、工艺品生产、旅游商品包装等多种形式推动民族文化的符号化和可视化传达，提升文化影响力。

（三）健全民族村寨旅游扶贫金融体系

建设资金不足是制约民族村寨社区居民参与旅游和滇西边境山区社区旅游整体发展的一大瓶颈。对此，地方政府应积极作为，创造一个良好的投资环境。引导和激励各种力量积极参与投资，不断拓宽融资渠道，形成一个以市场为主体、多元主体参与的多种途径多方式的旅游开发资金筹措体系。第一，依托滇西边境山区作为边境地区、民族自治区、连片特困区、兴边富民示范区等的区域政策红利，以扶贫和乡村振兴为切入点，向国家争取各种发展专项资金，有条件的地方可以依托地方财政设立村寨旅游发展专项基金，重点帮扶旅游资源禀赋高、旅游开发条件优越的贫困村寨。第二，加大地方财政对民族村寨旅游扶贫资金的投入。重点对贫困村村干部、旅游致富带头人和社区居民进行专业培训,增强旅游服务能力。通过以奖代补的方式,对乡村旅游扶贫示范村(镇)、民族旅游商品生产和销售基地、星级农家乐等予以激励。设立旅游发展基金,用于贫困民族村寨对外宣传、旅游地建设、旅游资源保护等,并通过旅游扶贫贴息贷款,支持贫困户发展林果、手工编织、畜牧养殖等特色优势产业。第三,鼓励社会资本参与民族村寨社区旅游扶贫开发。通过独资、合资、合作、承包、购买、租赁、托管、联营、股份合作等多种方式组合,鼓励具备条件的企业、社会团体、个体工商户和社区居民等不同主体参与民族村寨旅游扶贫开发和旅游基础设施建设。第四,扶持发展旅游扶贫小额信贷。依托民族村寨村委会干部、非物质文化传承人、大学生返乡创业者等社区精英力量,通过小额信贷和政府贴息的方式,为民族村寨农家乐、休闲农庄、采摘园、旅游土特商品店等项目的发展提供资金支持。第五,鼓励、支持农户和返乡创业农户以房屋、宅基地、土地承包使用权、劳动力、资金、技术等投入民族村寨旅游项目,减少开发所需直接投资的资金需求,降低发展风险。

(四)创新民族村寨旅游扶贫人才培养机制

鉴于滇西边境山区旅游专业人才供给不足,民族村寨社区青壮年流失严重的现实问题。民族村寨旅游扶贫开发要创新人才培养的机制。首先,要充分发挥民族村寨社区旅游扶贫精英的"孵化"和培育作用。以合作社、党支部、协会等正式和非正式组织的形式,围绕食宿服务、特色商品加工、客栈经营、文艺展演、传承技艺、导游解说等民族村寨旅游发展过程中的专业技能展开交流、研讨,形成良好的社区旅游人才交流和成长氛围。其次,由县级文旅部门统筹,以民族村寨旅游扶贫开发为工作重点,依托政府骨干、旅游企业精英、科研院所等力量,开展旅游智库建设,以解决民族村寨旅游扶贫开发过程中的规划设计、营销宣传、市场调研、贫困人口参与能力建设、旅游资源普查等现实问题为导向,定期开展专题调研论证,为民族村寨社区参与旅游扶贫提供智力支持。再次,依托云南省旅游职业院校和地方本科高校力量,提升民族村寨旅游扶贫专业人才培养的规模和质量。一方面,地方旅游院校、专业要结合区域旅游产业发展的市场需求和人才培养缺口，从人才培养定位、专业方向设置、课程体系建设等方面加大对旅游专业人才培养的力度。另一方面，对于贫困地区少数民族和民族村寨贫困家庭子女接受旅游专业教育（如导游服务、旅游管理、会展经济、酒店管理等）的，通过学费减免、奖助学金补助、就业、产业扶持等方式给予特殊优惠政策，促进旅游扶贫与教育相结合。最后，加强民族村寨旅游扶贫开发过程中就业、创业人员的培训。形成滇西边境山区民族村寨社区居民旅游培训、旅游从业人员提升、旅游领导干部交流的人才培养氛围，以村干部、创业者、社区旅游企业务工人员为重点对象，有针对性地围绕营销宣传、规划开发、经营管理、职业技能等方面内容，通过专家讲座、交流学习、案例研讨、无领导小组讨论、情景模拟等多种方式，构建立体化的民族村寨旅游人才培养机制。

第6章 研究结论与展望

　　我国 14 个集中连片特困区中有 11 个是少数民族聚居区，作为云南省 4 大集中连片特困区之一，滇西边境山区的贫困问题交织着经济、生态、文化、民族等多种因素，其治理需要采取特殊的手段。民族村寨旅游是我国西南地区旅游发展的重要模式选择，而社区参与则构成民族村寨旅游可持续发展和旅游扶贫的重要前提和保障。效应分析是判定旅游扶贫工作成效、改进旅游扶贫工作措施的基础，没有科学严谨的效应分析过程则无从辨别旅游扶贫模式的优劣。国内旅游扶贫问题研究起步较早，但囿于西方 PPT（Pro-Poor Tourism）和 SETP 的理论影响，研究中大多强调旅游发展对贫困人口的微观减贫效应和作用，区域旅游扶贫绩效分析和策略探讨又多围绕县、州（市）、省域宏观层面展开，旅游扶贫的现象认识与理论研究之间存在脱节的情况。对于民族村寨社区参与旅游扶贫的影响缺少必要的总结和理论探讨。本书在理论探讨的基础上，立足云南省 3 个"直过民族"村寨社区参与旅游扶贫的现实素材，通过分析其空间效应，找到效应的制约因素、制约过程和制约机理，进而探讨效应优化的机制。研究不仅对构建具有本土化特色的中国旅游扶贫理论体系具有一定价值，对于新时期脱贫攻坚成果巩固和乡村振兴战略实施背景下社区旅游发展也具有现实意义。

一、主要研究结论与讨论

（一）理论研究结论

1. 关于旅游扶贫空间效应的研究

国内旅游扶贫效应前期研究大多围绕经济效应展开，对旅游扶贫社会文化效应的研究相对薄弱，而指向旅游扶贫空间效应的研究则明显不足。涉及旅游扶贫的宏观效应讨论比较多，而对基于"社区"（或村寨）尺度的旅游扶贫微观效应的研究并不深入。对于旅游扶贫的宏观与微观效应之间的关联研究还比较欠缺。研究大多趋向于从经济、社会、文化和生态 4 个维度来描述旅游扶贫的效应，且大部分量化的绩效评价研究均基于 4 种效应存在一致性关系的前提假设。地理学介入旅游扶贫研究后，关注的焦点也主要在旅游扶贫效应的空间分异和变化，对于其内在过程较少涉足，且忽略旅游扶贫效应研究的空间尺度差异。从研究范式来看，局限于宏观区域尺度的效应尤其是经济效应描述，如何进一步将旅游业的综合影响从区域反贫困系统的诸多影响要素中剥离出来，还有待进一步探讨。整体来看，地理学研究的知识溢出效应还不显著，地理学空间尺度思维、系统综合性思维特征体现不多。

2. 关于社区参与和旅游扶贫

自 20 世纪八九十年代以来，国内外学者均认识到社区参与是旅游可持续发展宏观系统中不可或缺的机制，并纷纷强调从社区角度来思考旅游开发的问题。从国内外将旅游发展作为反贫困实践的经验积累来看，旅游扶贫参与主体不足、发展后劲乏力、旅游扶贫体制僵化、旅游扶贫创新机制不全，以及旅游扶贫中"飞地"和"漏损"等问题莫不与社区参与有着千丝万缕的联系。社区参与是确保民族村寨旅游可持续发展和贫困人口在旅游扶贫开发中切实受益的重要手段。但是，社区参与旅游扶贫系统具有复杂性、动态性和差异性。

3. 关于民族村寨社区参与旅游扶贫的驱动机制

借鉴社会学社区参与发展的相关理论，研究指出民族村寨社区参与旅游扶贫的动力主要来自利益驱动和社会认同两个方面。通过引入"旅游系统"

的概念，分析认为：民族村寨社区参与旅游扶贫系统由旅游扶贫需求系统、旅游扶贫中介系统、旅游扶贫供给系统和旅游扶贫支持系统4个子系统构成，系统发展的动力可归纳为：环境支撑力、市场推动力、中介影响力和资源吸引力4种作用力的综合影响，具体阐释了民族村寨社区参与旅游扶贫的驱动机制。提出：旅游者需求构成社区参与旅游扶贫的核心动力，旅游吸引力构成社区参与旅游扶贫的直接动力，而旅游扶贫政策构成社区参与旅游扶贫的重要支撑力。

4. 关于民族村寨社区参与旅游扶贫的空间效应表现

研究认为，民族村寨社区作为一种"地域共同体"，是社会互动在空间上的一种组织形式。从地理学视角切入，本书将民族村寨社区视为一个开放空间，从不同发展阶段来审视社区与背景区域间的空间相互作用，并从"空间生产""空间关联""空间正义的重构与消解"3个维度重构了民族村寨社区参与旅游扶贫空间效应分析的框架。从民族村寨社区参与旅游扶贫的空间生产效应来看，社区旅游扶贫开发的过程推动了民族村寨社区旅游空间，尤其是吸引物空间的生产和扩展，在此过程中，社区居民空间感知效应也被予以重塑，在与"他者"的互动中形成专属于自己的民族意识和地方感，并由此彰显出旅游扶贫开发的社会和文化效应；从民族村寨社区参与旅游扶贫的空间关联效应来看，社区参与旅游扶贫空间关联效应的实现是旅游资源开发、旅游政策扶持、旅游企业投资和社区居民参与共同互动的结果，旅游者在不同社区及社区间的空间集聚和流动，推动旅游发展相关要素和效应的集散，由此打破民族村寨社区的封闭状态，引发社区及其背景区域的相互作用，提升了民族村寨社区参与旅游扶贫的空间影响力；从民族村寨社区参与旅游扶贫对空间正义的影响来看，借助于旅游开发的契机，贫困民族地区的各种地理资本、文化资本和社会资本得以被激活，并从原生的困境中脱嵌出来转化为经济效益，从根本上改变了不同区域尺度下核心与边缘的社会、经济和文化地理位置，为贫困地区和贫困人口带来了发展契机，建构了一种新的"空间正义"秩序。但就民族村寨社区内部来看，交通、区位、资本等因素的影响往往存在较大差异。旅游开发将社区居民在村落中区位位置的空间差异转化为资源禀赋差异，强化了社区内部就业和发展机会的不平等关系，消解了旅游扶贫的"空间正义"。

5.关于民族村寨社区参与旅游扶贫空间效应的形成机理

民族村寨社区参与旅游扶贫空间效应的形成机理表征为"尺度机理"和"互动机理"。"尺度机理"体现为:在民族村寨社区参与旅游扶贫过程中,"社区"是一个具有一定层次性的复杂系统,而非均质的地域单元。从贫困人口、贫困社区以及贫困社区与背景区域的不同关系视角来考察民族村寨社区参与旅游扶贫的空间效应,均存在差异性。因此,民族村寨社区参与旅游扶贫开发的实践不能就社区而言社区,而需要兼顾贫困人口和贫困区域,同时关注旅游扶贫开发对不同群体、不同类型和空间尺度区域的综合影响。"互动机理"体现为:参与旅游扶贫的"社区"是一个演化的动态系统。在不同利益主体主导、不同旅游资源开发方式选择以及民族村寨社区旅游发展的不同阶段,贫困社区与其背景区域之间呈现出不同的互动关系组合。在具体实践中,区域旅游的发展并不等同于贫困人口受益,而贫困社区整体旅游经济效益提升的事实也并不能掩盖其内部空间正义缺失、多元利益主体博弈矛盾突出以及对背景区域关联带动作用弱等现实问题。

(二)案例研究结论

通过对国内最早开展民族村寨社区参与旅游扶贫的郎德苗寨和雨崩藏族社区的实践案例进行历时性梳理和共时性比较,研究发现以"工分制"为代表的郎德苗寨和以"轮换制"为代表的雨崩藏族社区在参与旅游扶贫开发的过程中均面临诸如旅游扶贫经济效益有限、区域影响力小、公共产品供给不足等问题,且均经历了一个变迁的过程,政府和企业在当地社区的介入有一定必然性。透过两个村寨的案例分析,本书指出:旅游扶贫开发既是一个旅游发展问题,同时也是一个反贫困问题。前者强调效率,而后者指向公平,在实践中,公平和效率需要同时兼顾。虽然不能将旅游扶贫等同于欠发达地区的旅游发展,但贫困人口受益也不应当局限于狭隘的村寨视角,而忽视其在区域旅游经济增长中的整体作用。从地理学的视角切入,在旅游扶贫空间效应的研究中,有必要强调空间尺度的差异以及尺度间的关联。在关注旅游扶贫在特定"节点"(村寨)上对贫困人口影响的同时,更应该进一步强调和探讨其对区域的整体关联和带动作用。社区参与旅游扶贫是一个动态的系统，对于特定少数民族村寨而言，在政府、企业和社区居民等不同利益主体的博弈下，旅游地往往会经历不同阶段的演变，从而演化出不同的旅游扶贫开发模式和策略选择。

以郎德苗寨和雨崩藏族社区的旅游扶贫实践经验为参考、借鉴，本书对云南省 3 个社区旅游发展处于不同阶段的"直过民族"村寨进行考察，综合运用问卷调查、访谈、参与式农村评估（PRA）、量化模型分析等手段，在剖析滇西边境山区旅游扶贫特质性的基础上，结合旅游扶贫空间效应分析的框架对调研一手资料进行整理、分析，研究发现：

在 3 个"直过民族"村寨社区参与旅游扶贫的空间生产效应方面：一方面，民族村寨社区参与旅游空间的生产主要以"旅游吸引物"为核心展开，新建旅游吸引物的形式多指向民族文化，通过"舞台化再现"和"博物馆化"的方式，怒族、佤族和布朗族隐性的文化元素得以实现场景再现，民族特色和风情因此而得以凸显。社区居民为民族文化的符号化呈现提供了各种素材，却鲜有直接参与投资建设。通过社区与地方政府部门间的互动，社区空间生产的路径由此发生演化，由封闭空间走向开放空间、地方空间走向流动空间，社区走向旅游化和景观化。民族村寨社区居民参与旅游扶贫开发的收益渠道也不再局限于单一的旅游者消费。部分农户通过土地出租或出售的方式从旅游设施建设中获得一定收益。另一方面，通过旅游吸引物的开发和景观的包装与设计，民族村寨的文化元素通过图腾、服饰、歌舞、建筑等方式被视觉化呈现与再造。这一过程强化了民族村寨的空间特色，并因旅游开发为社区创造的经济收益而进一步强化了社区居民的族群认同和地方认同意识。与此同时，商品经济和市场观念正潜移默化地影响着当地居民的发展意识和性别意识。原本处于家庭弱势地位的妇女参与到社区旅游空间的再生产，形塑了社区社会网络空间的结构。为了进一步壮大旅游发展的经济收益，维护旅游发展的良好环境，社区居民对于民族村寨空间环境保护的意识也得到了提升。与此同时，3 个"直过民族"村寨社区参与旅游扶贫开发过程中，也表现出社区影响空间生产的手段及其参与旅游扶贫获益的渠道有限的问题。参与经营农家乐、客栈，出售旅游商品和文化演艺成为主要的途径，参与方式的单一在很大程度上制约了民族村寨社区参与旅游扶贫过程中旅游空间生产，尤其是旅游吸引物空间生产的规模，并因此制约了社区旅游扶贫开发综合效益的提升。在此过程中不可避免地出现了"同质化"竞争和"公地悲剧"的问题。与此同时，民族村寨社区居民在社区旅游空间生产博弈过程中也存在明显的核心—边缘结构差异，贫富差距进一步扩大，空间正义缺失，乡土社区传统的邻里关系也开始趋于淡漠和疏离。

在 3 个"直过民族"村寨社区参与旅游扶贫的空间关联效应方面：旅游者的空间流动将社区、目的地与大量的非本地社区联系到一起，使得民族村寨社区居民的生产、生活不断突破相对封闭的社区空间范畴，人地关系的时空边缘不断向外扩展，多种力量介入社区的空间生产之中，这个过程引发社区空间的变革及相关社会关系的重构，并彰显社区参与旅游扶贫的空间效应。从产业链和更为宏观的县域尺度来审视 3 个"直过民族"村寨社区参与旅游扶贫开发过程会发现：一方面，村寨中诸多"景观"和"产业"走向"旅游化"是政府项目资金和政策扶持下的后果，其并非源自旅游市场规律下旅游者消费实践。另一方面，即便是在没有外来资本介入的前提下，民族村寨社区主导的旅游开发过程同样存在严重的"漏损"问题，其效应漏损过程与民族村寨社区内部贫困和旅游发展的"特质性"存在诸多关联，而不能完全归结于外来主体介入。透过 3 个"直过民族"村寨社区的横向比较可以发现，在社区主导下，以社区地域为范围的旅游活动边界拓展十分缓慢，区域关联带动效应不显著。在社区旅游扶贫开发已逾 20 年的老姆登，旅游影响也主要局限于行政村的地域范围。

在 3 个"直过民族"村寨社区参与旅游扶贫的感知效应方面：在社区旅游扶贫开发的不同阶段，社区居民参与的方式、规模及其从中获得的收益有所不同。因此，社区居民对于旅游扶贫开发的综合效应感知也会呈现出差异性。在民族村寨社区参与旅游扶贫开发中，"社区"并不是均质的单元，社区旅游发展层次较高且实际参与旅游经营的社区和社区居民对地方旅游发展在经济、社会、文化和环境方面的正向效应感知较强，相较而言，普通社区居民对于旅游发展的负面效应感知则更为显著。对于身处社区旅游扶贫开发不同阶段、不同参与层次的社区居民而言，旅游扶贫开发的经济、社会、文化和环境效应之间并不存在绝对的一致性。从旅游扶贫空间效应提升和优化的视角出发，在强调社区参与旅游扶贫"正向"经济效应的同时，有必要对其在影响地方文化变迁和拉大贫富差距等方面的负面作用同步予以关注。

结合案例研究，认为：滇西边境山区民族村寨社区参与旅游扶贫实践也是基于"社区贫困人口"的视角，其指向的是农户而非社区整体的参与。在此过程中暴露出诸多的问题和局限，包括社区参与方式单一，经济体量低下，区域带动作用不显著；社区旅游发展过程公共产品供给不足，公共资源过度利用和社区内部同质竞争；社区整体经济效益获得提升但内部"空间正义"缺失，差距扩大；社区旅游发展的经济效益获得了提升，但社会文化和环境效益出现负向漏损等。民族村寨社区参与旅游扶贫空间效应的优化，既要强调社区贫困人群在社区旅游发展中的收益，也要关注社区及其背景区域旅游发展整体规模的壮大。对此，本书从构建民族村寨社区参与旅游扶贫的嵌入机制、多元利益主体共生机制、区域联动机制和要素协同机制 4 个方面着手，提出了滇西边境社区民族村寨社区参与旅游扶贫空间效应优化的具体措施和策略。

（三）研究讨论

在国内外的学术体系中，旅游研究都是十分年轻的一个学科和领域，"长期以来，我国的旅游学术研究主要是对欧美发达国家学术话语体系的单向度输入和简单模仿"[352]。在诸多"旅游问题域"的研究中，"言必称西方"也成为一种影响深远的"传统"。由于国内旅游产业高速发展的实践及国内旅游学术研究的历史性"缺场"，在借鉴国外研究成果时，表现出一种"饥不择食"的倾向，不筛选就盲目移植、嫁接，引介有余而消化吸收不足。中西方不同的社会经济文化背景和旅游消费习惯，决定了西方的旅游理论和方法在移植到国内用于描述和解释相关旅游现象时，都在一定程度上存在着适用性和局限性的问题[221]。梳理国内相关研究成果，无论是"社区参与旅游"还是"旅游扶贫"都存在类似的困惑和迷思。回望国内旅游扶贫的研究历程，事实上，早在 20 世纪 90 年代初，大批国内学者在涉及旅游开发扶贫（或旅游扶贫）的讨论中，已强调要同时关注旅游发展对贫困人口和贫困区域的影响，对于社区组织化、社区精英作用发挥、民族地区文化贫困的特殊性等已有论及。然而，自 PPT 理念引入国内以来，学界研究更多着眼于贫困人口受益的问题，社区参与旅游扶贫中的"社区"也往往被视为"人口"的单元而不关涉"地域"的意义，以至于在不同的研究中，要么通过产业经济学量化模型方法评价和描述旅游扶贫的宏观影响，要么执着于讨论贫困人口在旅游发展中的受益问题。旅游发展是一种产业经济活动，效益和效率优先。而扶贫则是一种民生工程，其特别强调公平性，将旅游与扶贫放到一起必然面临调和的尴尬。在旅游扶贫开发的宏观与微观效应、区域影响与贫困人口影响、经济影响与非经济影响之间需要一种"折中式"的平衡与讨论，以此保证理论的研究能够切合中国本土的实践经验。

　　2020 年是我国脱贫攻坚的决胜之年，2020 年 3 月，云南省的独龙、德昂、基诺、佤、拉祜、布朗、景颇 7 个"直过民族"实现整族脱贫；11 月，傈僳族、怒族实现整族脱贫。自此，云南省 9 个"直过民族"实现历史性告别绝对贫困。伴随着 2020 年 11 月福贡、泸水、兰坪、施甸等 8 个县的脱贫，宣告云南省 88 个国家级贫困县已实现全部脱贫出列。贫困人口及家庭基本实现"两不愁、三保障"，在此背景下，今后"旅游扶贫"研究关注的焦点将更多趋向"相对贫困"的问题。在"相对"意义上，"贫困"无疑是一个动态的概念，自 20 世纪 80 年代以来，我国多次大幅调整贫困线的背后，与之相伴的都是贫困人口数量和比重的明显增加[①]。贫困人口受益和贫困地区发展始终是旅游扶贫应同时予以关注的问题，在国家乡村振兴战略"产业兴旺"的总体要求之下，旅游发展在贫困民族地区和乡村地区的"减贫"作用将进一步凸显。2020 年疫情的暴发使全球旅游业的发展蒙受阴影，也使广大民族地区以务工性和转移性收入为主要来源的脱贫家庭面临返贫的风险，这在贫困面大、贫困程度深、生态环境脆弱、经济基础薄弱的连片特困民族地区表现得更加

---

　　① 1986 年我国首次制定贫困标准，贫困线划定为 206 元，同年全国贫困人口为 1.25 亿，此后贫困线标准逐年上调，但贫困人口逐渐下降，到 2000 年降为 3209 万人，2001 年国家大幅上调扶贫标准至872 元，贫困人口增至 9029 万人，随后逐年递减，至 2010 年为 2688 万人。2011 年 11 月 29 日，中央扶贫开发工作会议召开，决定将农民人均纯收入 2300 元（2010 年不变价）作为新的国家扶贫标准，贫困人口再次增至 1.2 亿。我国历年贫困线及贫困人口数量变化情况可参见：刘志明.中国旅游扶贫发展指数报告 [M].北京：中国社会科学出版社，2017：8-9.

显著。

基层群众自治制度是中国基本的政治制度之一，社区同时构成旅游发展和反贫困治理的基本单位。因此，从地理学视角切入，以"社区"为单元同时考察旅游发展对贫困人口和贫困区域的影响具有现实意义，在乡村振兴战略实施背景下，其研究更是有着广阔的前景。从学科层面回溯旅游学和地理学的发展，二者均一度面临概念体系缺失而研究内容过于宽泛的"哲学贫困"[353-354]。在国内，旅游地理学是琳琅满目的旅游分支学科中实践意义较大、成熟度较高且成果产出较为丰硕的领域。然而，整体来看，地理学介入旅游扶贫问题研究的知识溢出效应并不显著，地理学在旅游扶贫包括反贫困问题研究中更多局限于基础理论和方法的简单借鉴，而地理学时空演变思维、系统综合思维、人地关系思维等研究传统和范式彰显不多。民族村寨旅游是我国西南乃至整个西部地区极为重要的一种产品形态和旅游发展模式，社区参与在民族村寨旅游扶贫开发中的重要性是毋庸置疑的。但是，诸多问题也值得思考。结合全文的研究，提出以下三个问题予以讨论：

1. 关于民族村寨社区参与旅游扶贫的价值判断

在区域旅游扶贫开发，尤其是以民族文化为底蕴的民族村寨旅游开发中，社区参与角色和作用的发挥是旅游可持续发展的重要条件。然而，社区的参与并不等同于社区的完全主导。透过雨崩、郎德和本研究中3个案例地的分析，社区主导下的民族村寨旅游扶贫开发始终面临替代竞争、公地悲剧、公共产品供给不足、空间关联作用弱和整体效益不高等问题。旅游发展和贫困的特殊性在一定程度上也决定了外来力量尤其是政府部门介入的必然性和迫切性。社区参与的过程应更多着眼于协调政府、社区、外来投资主体等的关系，构建一个多元利益主体共生格局。与此同时，社区参与是一个动态的过程，处于不同发展阶段、不同发展模式、不同区域旅游发展要素组合下的社区在参与旅游扶贫开发过程中面临的核心问题也会有所不同，关键在于如何确保社区在面临外来力量且处在不同时期的参与都能持续地拥有一定议价能力，提升社区参与的质量和水平，而社区组织化、社区精英作用的发挥以及地方政府的旅游公共服务体系建设等显得至关重要。应将社区参与旅游扶贫的过程视为一个动态的系统，密切关注并协调解决好社区参与旅游发展不同阶段面临的突出问题。从这个层面来看，并不存在可以一劳永逸地解决社区参与旅游扶贫开发过程中相关问题的策略。

2. 关于民族村寨社区参与旅游扶贫空间效应的认识

从地理学的视角出发，社区是一个开放而非封闭的空间，其需要必然与周边区域发生关联和互动。民族村寨社区参与旅游扶贫的空间效应分析应同时关注于贫困人口和贫困区域的影响，诚然，区域旅游的发展并不必然使贫困人口和家庭受益，但区域旅游的发展却为贫困人口受益提供了更多的机会和可能。从空间影响的视角来看，旅游者的空间集散和消费是旅游效应产生的根源所在，但从贫困人口切实受益的途径来看却并不完全局限于旅游者本身。通过司莫拉佤族村寨和老姆登怒族村寨的横向比较可以发现，区域旅游的发展和关联效应的发挥可以综合作用于民族村寨旅游扶贫空间生产效率的提升、推动市场结构的转型、拓宽社区居民的收入渠道、增加政府的转移支付能力等。在此过程中，民族村寨社区居民直接参与旅游的经营性收益增长虽然有限，但却获得了更多的务工性和地租性收益。对于社区而言，参与旅游扶贫的效果同时取决于旅游开发的红利规模、红利分配和对"挤出效应"的规避3个方面，民族村寨社区参与旅游扶贫问题的认识不能固守于"贫困人口""村寨"这一绝对和封闭的对象，其有违旅游产业发展实践规律。

3. 关于民族村寨社区参与旅游扶贫空间效应分异的认识

一方面，作为一种文化和地域的"共同体"，参与旅游经济活动的民族村寨社区从来就不是均质的。当资本自身通过空间延伸来面对变化的社会经济和文化意义时，常常会加剧不平衡地理的发展。无论从哪一种空间尺度来考察社区，其内部都是充满差异性的。不同社区居民掌握的经济和社会资本、区位和交通条件等各不相同，决定了无论是政府、社区、外来企业还是谁来主导旅游开发，社区居民在民族村寨的旅游发展中必然有着不同的收益，原本具有均质性的地方空间会因旅游活动的介入而产生内部阶层的分异。因此，在将民族村寨社区作为一个整体而强调其"参与"及"增权"的过程中，社区内部的空间正义问题也亟待关注。相较于外来主体的介入，这种基于传统"熟人社会"的社区内部所酝酿的分裂和矛盾对于社区旅游的可持续发展而言甚至更具破坏性。另一方面，即便将社区视为一个整体，从更为微观的区域尺度来审视旅游扶贫的空间效应,在民族村寨社区参与旅游扶贫的不同阶段也是有差异的。正如诸多中外旅游研究者所观察到的,"社区参与仅仅发生在社区旅游发展的初期,旅游发展以后社区却被排斥在外"。(Taylor,2001)在旅游扶贫开发的初期,社区掌控了更多的决策权和经营权,获得了社区旅游发展的全部收益,实现了政治、制度和经济的增权,但这一过程却往往是以牺牲旅游扶贫开发的规模经济效益和环境效益为前提的。旅游扶贫固守于村寨的狭隘边界,这也是所有民族村寨面临的窘境,同时也是社区参与旅游扶贫模式变迁的潜在动因。因此,研究并不能假设旅游扶贫开发必然同时带来经济、社会、文化和生态效应的整体提升,不同效应之间在社区参与旅游发展的不同阶段可能存在内部差异和不一致的情况。这显然不同于旅游扶贫宏观绩效评价中,采用同一套指标体系去同时描述不同区域旅游扶贫绩效的研究方法,其在一定程度上也彰显了地理学研究中时空演变思维的重要性。

二、研究展望

(一)研究创新之处

自20世纪90年代以来,社区参与旅游和旅游扶贫的问题同步引起了国内学者的关注,2013年"精准扶贫"战略的实施更是推动了旅游扶贫研究相关成果呈现井喷式增长,目前国内专门涉及旅游扶贫研究的论著已有近30部,文章更是数以千计。相关探索为本书的研究提供的坚实的理论基础和参考经验。但是,由于国内旅游扶贫研究主要脱胎于早期旅游发展的影响研究,旅游扶贫效应的研究主要为旅游经济学科所关注,而地理学在旅游扶贫问题研究中的积累和探索还比较薄弱,且研究方法和关注问题的视野均显单一。在本研究中,特别强化了"社区"的空间意义及其"演变"特征,案例地以3个"直过民族"村寨为考察的单元,但在具体问题的探讨中,并不囿于"村寨"的地域范围,而是从区域关联的视角来审视社区参与旅游扶贫的空间效应。本书研究特别关注了"社区参与旅游"不同阶段和社区居民内部群体的差异性。通过不同学科定性与定量方法的综合集成,完善地理学对旅游扶贫问题研究的理论与方法。结合地理学尺度—结构分析模式，通过对存在于不同地理类型单元之间的相互作用关系的研究，来发现区域不同地理现象的表现形式及其变化过程。研究的创新之处主要体现在以下三个方面：

其一，构建民族村寨社区参与旅游扶贫空间效应分析的理论框架，并对旅游扶贫绩效评价方法进行创新。国内旅游扶贫效应的研究主要立足于经济、社会、文化和生态（环境）4 个维度，大部分的研究分别指向宏观区域层面的旅游扶贫绩效评价和微观层面的贫困人口受益情况的分析。割裂了旅游扶贫宏观效应与微观效应之间的关联。本书的研究从地理学视角切入，结合空间生产、空间关联、空间正义等概念和理论，不仅探讨了民族村寨社区参与旅游扶贫的空间生产效应，同时从空间关联的视角探讨了社区及其背景区域间的互动关系，将旅游扶贫微观和宏观效应分析有机结合在一起。在探讨民族村寨社区参与旅游扶贫积极影响的同时也关注了其消极效应。与此同时，对旅游扶贫效应分析的方法也进行了一定创新。鉴于旅游活动的关联性，传统的地理学对旅游扶贫绩效评价大多倾向于采用 DEA 数据包络、投入—产出模型、脱钩分析等量化模型方法，而要将旅游业对贫困的影响从区域发展要素系统中单独剥离出来无疑面临诸多困难。这样的研究范式不同程度地忽略了旅游扶贫空间效应在不同区域尺度，以及不同旅游发展模式下的反贫困实践差异。相较而言，本书以微观尺度的"民族村寨社区"为切入点，通过空间关联分析，综合借鉴了民族志、参与式农村评估和产业链分析等多学科方法，将定量与定性、理论与实证研究相结合，是对旅游扶贫绩效评价研究方法的创新。在案例研究层面，分别以 3 个"直过民族"村寨代表社区参与旅游发展的不同阶段，通过"共时性"的比较来建立社区参与旅游扶贫开发"历时性"研究的维度。

其二，将西方社区参与旅游发展理论与本土旅游扶贫实践经验相结合，完善"社区参与旅游"的理论研究。西方社区参与旅游作为旅游可持续发展理论的一种延续，特别强调了社区在旅游发展过程中的参与规划、参与决策和参与开发的作用，相关探讨并不符合国内民族村寨旅游扶贫的实践和发展规律。国内理论研究大多沿袭西方的思路和理论分析框架，真正原创性的、针对中国现实特点的研究还比较欠缺。在实践研究层面，国内社区参与旅游研究大多基于政府、社区和企业主导的 3 种开发模式比较，大部分的研究成果关注于傣族、藏族、苗族、纳西族等民族村寨的社区旅游发展，对于布朗族和怒族村寨的社区旅游研究基本为空白状态，本书对 3 个"直过民族"村寨的案例探讨在一定程度上丰富了国内民族村寨社区参与旅游研究的案例素材。在案例分析的基础上，本书剖析了民族村寨社区参与旅游扶贫存在的局限性，从空间层面强化了社区旅游发展的区域影响，同时关注了"社区"的人群和地域属性，是对社区参与旅游发展理论走向本土化实践的一种积极探索。

其三，揭示民族村寨社区参与旅游扶贫过程中人地关系互动过程，拓展人文地理学的"地方"研究。民族村寨是少数民族在一定的自然地理条件和文化生境基础上，形成的具有经济、社会和文化特征的"人地关系地域系统"。以往的旅游扶贫效应和社区参与旅游问题研究，重点关注贫困人口受益和旅游扶贫开发过程中政府、企业和社区等不同利益主体博弈过程中的利益分配问题，而较少关注社区作为一个"空间"和"整体"，与其背景区域间的关联与互动。本书从地理学人—地关系视角出发，在"人"的层面，重点关注了社区参与旅游扶贫过程中，社区居民之间的互动关系，强调"社区"并不是均质的空间，社区居民内部的差异（如位置、文化和资本等），会造就社区旅游空间生产过程中的"正义"缺失问题，对于不同参与程度和身处社区旅游不同发展阶段的社区居民而言，其对旅游扶贫开发的效应感知会存在显著差异。在"地"的层面，本书剖析了滇西边境山区贫困和旅游发展的特质性，指出地理资本不足和空间贫困问题是滇西边境山区民族村寨社区参与旅游扶贫的基底特征，而旅游资源的同质性和高度的外部市场依赖性在一定程度上限制了当地社区参与旅游扶贫的效应。从"人—地"关系互动立场，研究指出"民族村寨社区"并非孤立、静止的空间，其不断与背景区域之间进行互动，对于滇西边境山区乃至广大连片特困民族地区而言，社区单一力量主导下的旅游扶贫开发存在诸多局限，民族村寨社区参与旅游扶贫空间效应的优化有必要从社区的整体嵌入、多元利益主体共生、区域联动和要素协同的立场予以综合考虑。

研究认为：民族村寨社区参与旅游扶贫的动力同时来自"利益驱动"和"社会认同"。社区居民基于长期的社会互动过程形成了地缘、心理、情感和文化的认同,这种"地方感"是贫困地区民族村寨社区参与旅游扶贫的重要驱动力。滇西边境山区民族村寨社区参与旅游扶贫空间效应内嵌于区域旅游发展和贫困特质性,以及社区参与旅游发展不同阶段和层次的演化情境之中,在社区力量的主导下,旅游介入3个"直过民族"村寨后对"地方"的社会—空间建构产生了复杂影响。一方面,借助于旅游扶贫开发的契机,民族文化被视觉化呈现与再造,并强化了民族村寨的空间特色和地方认同。另一方面,在社区单一力量作用下的空间生产效应也呈现了"异化",并表现出社区内部旅游发展的路径依赖与同质化竞争、社区居民贫富分化,以及民族村寨社会网络空间变迁所带来的邻里关系恶化等问题。本书从动态角度揭示了滇西边境山区3个"直过民族"村寨社区参与旅游扶贫过程中"地方"的结构和功能变迁,是对人文地理学"地方"研究的一种实证和拓展,能够为广大连片特困民族地区旅游产业发展影响研究和社区参与旅游问题研究提供参考和借鉴。

(二)研究不足与展望

旅游扶贫问题的研究既是一个旅游发展问题,同时也属于反贫困问题,须要兼顾效率与公平。旅游扶贫空间效应的研究既涉及旅游扶贫开发的过程与机理,也涉及旅游发展的影响分析,而旅游现象的综合性尤其是旅游经济现象的产业集群特征又在很大程度上制约了相关学科介入旅游后的研究深度。在国内,以学科知识为基础,不同学科纷纷介入旅游研究,旅游学科的综合性变成相关学科的简单集合,跨学科或边缘学科变成各学科内容的直接裁剪、拼接[355]。不同学科在介入旅游研究时大多是本学科相关的"旅游问题",作为整体的旅游现象被不同学科知识随意切分,各分支学科各抒己见,很难达成共识。但是,旅游从来都不是一种均质的现象,旅游扶贫也并非单一的经济或社会问题,不同国家、不同民族、不同发展阶段的旅游现象均会存在一定差异。从这层意义上来说,对于旅游现象的讨论必须依托"区域"才可有能形成研究的基点并达成共识。学术研究是一个借助于科学理论与方法进行反复推理和求证的过程,鉴于旅游影响结果和旅游扶贫开发过程的复杂性,本书使用了"效应"而非"绩效"一词,对于3个"直过民族"村寨社区参与旅游扶贫的正面和负面、经济和社会文化乃至空间的影响均予以关注，同时也尝试对多学科的理论与方法予以借鉴，但是囿于各种因素的限制，研究难免存在疏漏之处，以下几个方面的不足是需要强调的。

其一，民族村寨社区参与旅游扶贫空间效应的理论阐释仍需深化。本书虽然尝试对滇西边境山区旅游发展和贫困的特质性，以及民族村寨社区参与旅游扶贫的作用机制进行了分析，并从地理学空间生产、空间关联和空间正义的视角建构民族村寨社区参与旅游扶贫空间效应分析的框架。但是，由于社区参与和旅游扶贫在旅游学和地理学的研究中均是极为年轻的研究领域，本书对于多学科理论的借鉴难免有不成熟和流于表象的局限，研究对于解决和反哺国内当前社区参与旅游和旅游扶贫理论体系研究不足的支撑作用还有待进一步深化和论证。

其二，研究数据和方法仍需完善。旅游扶贫效应是十分综合的一个概念，从表现形式来看，效应既有长期效应也有短期效应，既有隐性效应也有显性效应，既有经济效应也有社会、文化和生态环境的效应。从效应影响的对象来看，也同时涉及了对贫困个体、家庭、社区乃至更为宏大的区域尺度的考察。因此，旅游扶贫空间效应的研究亟须借助多元数据资料的搜集和多学科的方法。然而，现有的研究模型方法大多指向了宏观区域层面，而在各级政府部门的官方数据统计中，基本都是以省、市（州）、县和乡（镇）为地域单元展开的。本书以小区域尺度的"民族村寨社区"为研究范围，研究主要借助于问卷调查和访谈的方法收集具有一定经验性的数据资料，由于统计指标和口径的差异，数据的权威性有所不足。由于"社区"的空间尺度较小，虽然尝试借鉴了多学科方法，但地理学用于描述地理现象空间分异和时间序列演变的莫兰指数分析、空间杜宾模型等经典方法在本书研究未能运用。由于时间和经费限制，对3个"直过民族"村寨问卷调查的样本量尤其是社区普通居民的样本量并不大，旅游扶贫空间效应的分析也仅限于旅游发展前后的"断面"比较，有待于通过更长时段的历时性跟踪来予以深化。

其三，民族村寨社区参与旅游扶贫的阶段划分和产业链分析的严密性仍需提升。正如同巴特勒的"旅游目的地生命周期理论"在国内旅游研究中饱受诟病一样。国内外诸多学者对社区参与旅游的不同阶段及其表现进行了梳理和划分（Petty，1995；Tuson，2000；郑向敏，2002；卞显红，2005），本书参照相关研究对民族村寨社区参与旅游扶贫进行了初级、中级和高级 3 个阶段的划分。但是，相关讨论也仅仅只能作为描述社区旅游发展不同阶段现象差异的一种经验证据，具有相对性且带有一定主观性色彩。社区参与旅游的程度究竟以多少人、多大规模或什么样的标准为依据，这是很难界定的。分别以大中布朗族村寨、司莫拉佤族村寨和老姆登怒族村寨来代表社区参与旅游扶贫的初、中、高阶段也就可以商榷了。从历时性的更为严格的意义上讲，大中布朗族村寨当下的社区参与或许就不能算是真正的旅游参与，而对于司莫拉和老姆登而言，更高层次的社区参与存在于未来社区与政府和外来企业的博弈之中，其远没有"尽头"。

　　此外，对于如何描述 3 个"直过民族"村寨旅游扶贫开发过程中，社区及其背景区域的空间关联与互动关系也是本书研究的薄弱之处。经济联系强度分析虽然是学界普遍采用的一种方法，但其指标体系无疑还显单一，本书虽然提出了从"社区边界"的拓展层面来描述这种关系，但定性的描述无疑深度有限，而需要诉诸量化的模型与方法，并通过区域尺度转换，将更多旅游扶贫开发影响因子纳入分析的框架。产业链的分析方法虽然提供了分析民族村寨社区单元旅游扶贫产业结构的一种可能，却也面临局限性。扶贫效应的显现是诸多要素干扰和作用的结果，旅游仅仅只是传统农业区域中的干扰因素之一。相较于有着更高人力资本要求的其他产业活动，参与旅游发展具有"低门槛"特征，滇西边境山区优越的旅游资源禀赋条件为社区参与旅游扶贫提供了保障，旅游发展成为该类区域反贫困的重要手段。然而，发展旅游并非催生社区扶贫效应的唯一因素。如何厘定"旅游"这一变量在社区扶贫效应中的干扰边界仍面临挑战。本书研究中，即便是以"民族村寨"这样的微观地域范围来考察其旅游扶贫的产业结构，要想框限其旅游扶贫"产业"的边界仍然是十分困难的。无论是大中村的烤酒、特色种养还是老姆登的茶叶、漆树、中草药种植等，事实上都是在其"消费"而非"生产"的环节与"旅游"发生联系的，因旅游消费或是与旅游者活动关联，地方传统农业才得以嵌入旅游扶贫效应讨论的范围，这一过程天然地与社区旅游发展的规模、水平和状态联系在一起。这就为"旅游扶贫产业链"的剥离提出了挑战，试想在旅游不发达的大中村和疫情影响下的老姆登，当地出产的茶叶、漆油、石斛、土鸡等农产品也只是以普通农产品的方式在流通的，正是旅游者的到来和购买使其"摇身一变"。本书对此虽然有所考量，并在访谈、问卷调查和资料分析的过程中对"参与旅游活动"的主体角色尽量予以区分，但是无论以哪一种方式、在什么样的程度上进行界定似乎都是可以商榷的。这也是当下国内旅游统计和旅游产业研究所普遍面临的尴尬处境。

参考文献

［1］朱玉福.中国扶持人口较少民族发展的理论与政策时间研究［M］.
北京：民族出版社，2015.

［2］梁留科.乡村旅游扶贫理论与实践［M］.北京：科学出版社，2018.

［3］陈志永.少数民族村寨社区参与旅游发展研究［M］.北京：中国社
会科学出版社，2015.

［4］杨德进.旅游扶贫——国际经验与中国实践［M］.北京：中国旅游
出版社，2015.

［5］赵磊，张晨.旅游业与贫困减缓：基于国外经济学文献的述评［J］.
旅游科学，2018，32（4）：31-46.

［6］朱竑，钱俊希，陈晓亮.地方与认同：欧美人文地理学对地方的再认
识［J］.人文地理，2010，25（6）：1-6.

［7］何莽，李靖雯.景区内的贫困：旅游扶贫的权力视角与解释［J］.旅
游学刊，2019，34（8）：97-107.

［8］周尚意，唐顺英，戴俊骋.“地方”概念对人文地理学各分支意义的
辨识［J］.人文地理，2011，26（6）：10-13.

［9］汪三贵，等.扶贫开发与区域发展：我国特困地区的贫困与扶贫策略
研究［M］.北京：经济科学出版社，2017.

［10］吴晓东，陈一君，谢天慧，等.民族地区旅游扶贫的长效机制研
究［M］.北京：北京理工大学出版社，2015.

［11］张志远.多民族聚居地区贫困治理的社会政策视角——以布朗山布
朗族为例［M］.北京：中国社会科学出版社，2015.

［12］郭佩霞，朱明熙．西南民族地区脆弱性贫困研究［M］．成都：西南财经大学出版社，2017.

［13］哈特向．地理学性质的透视［M］．黎樵，译．北京：商务印书馆：1963.

［14］美国国家研究院地学、环境与资源委员会，地球科学与资源局重新发现地理学委员会．重新发现地理学与科学和社会的新关联［M］．黄润华，译．北京：学苑出版社，2002.

［15］中国地理学会．地理学发展战略和理论建设——世纪之初的回顾与展望［M］．北京：商务印书馆，2004.

［16］贾林瑞，刘彦随，刘继来，等．中国集中连片特困地区贫困户致贫原因诊断及其帮扶需求分析［J］．人文地理，2018，33（1）：85-93

［17］王志章，王静．基于可持续发展的少数民族地区旅游扶贫绩效评价研究［J］．云南民族大学学报（哲学社会科学版），2018，35（5）：89-97.

［18］李培林，魏后凯．中国扶贫开发报告（2016）［M］．北京：社会科学文献出版社，2016.

［19］Deloitte，Touche. Sustainable Tourism and Poverty Elimination Study：A report for the Department of International Development，1999.

［20］Ashley C，Boyd C，Goodwin H. Pro-Poor Tourism：Putting Poverty at the Heart of the Tourism Agenda［Z］. Natural Resource Perspectives，Overseas Development Institute，2000.

［21］王芳礼，王云星．略论布依族地区旅游扶贫开发问题［C］．贵州省布依学会．布依学研究（之五）——贵州省布依学会第五次学术讨论会论文集，1995：99-103.

［22］邓祝仁，程道品．旅游扶贫亟须解决的若干问题［J］．旅游科学，1998（1）：3-5.

［23］周歆红．关注旅游扶贫的核心问题［J］．旅游学刊，2000，17（1）：17-21.

［24］Ashley C，Roe D，Goodwin H. Pro-poor Tourism Strategies：Making Tourism Work for the Poor：A Review of Experience［M］. London：ODI，

IIED，CRT，2001.

［25］Taylor J E. Tourism to the Cook Islands retrospective prospective［J］. Cornell Hotel and Restaurant Administration Quarterly，2001（2）：70–81.

［26］Deller S. Rural poverty，tourism and spatial heterogeneity［J］.Annals of Tourism Research，2010，37（1）：180–205.

［27］杨建春，肖小虹.贵州旅游扶贫效应动态分析［J］.商业研究，2011（7）：212–216.

［28］刘筱筱.旅游扶贫的经济风险及应对策略探析［J］.商业经济，2006（12）：96–97.

［29］邓小海.旅游精准扶贫研究［D］.云南大学，2015.

［30］王英，单德朋，郑长德.旅游需求波动、风险管理与非线性减贫效应研究［J］.中国人口·资源与环境，2016，26（6）：160–168.

［31］郭鲁芳，李如友.旅游减贫效应的门槛特征分析及实证检验——基于中国省际面板数据的研究［J］.商业经济与管理，2016（6）：81–91.

［32］李刚，徐虹.影响我国可持续旅游扶贫效益的因子分析［J］.旅游学刊，2006（9）：64–69.

［33］张海燕.基于贫困人口感知的乡村旅游扶贫绩效评价研究——以湘西自治州为例［J］.商学研究，2017，24（4）：111–119.

［34］孙九霞.社区参与旅游对民族传统文化保护的正效应［J］.广西民族学院学报（哲学社会科学版），2005（4）：35–39.

［35］李佳，钟林生，成升魁.民族贫困地区居民对旅游扶贫效应的感知和参与行为研究——以青海省三江源地区为例［J］.旅游学刊，2009，24（8）：71–76.

［36］Leslie D. Tourism and economic development：Western European experiences［J］.Service Industries Journal，1992，12（4）：587–588.

［37］Eugenio-Martin J L，Martin M N，Scarpa R. Tourism and Economic Growth in Latin American Countries：A Panel Data App-roach［R］. Fondazione Eni Enrico Mattei，Working Papers，2004：26.

［38］曾本祥.中国旅游扶贫研究综述［J］.旅游学刊，2006（2）：89–

94.

［39］李清娥.5·12震后旅游扶贫的实践效应——北川羌族自治县旅游开发模式分析［J］.西南民族大学学报（人文社会科学版），2012，33（5）：128-132.

［40］保继刚，孟凯，章倩滢.旅游引导的乡村城市化——以阳朔历村为例［J］.地理研究，2015，34（8）：1422-1434.

［41］叶俊.大别山试验区旅游扶贫效应评估——以麻城龟峰山风景区为例［J］.湖北农业科学，2014，53（13）：3187-3190.

［42］张伟，张建春，魏鸿雁.基于贫困人口发展的旅游扶贫效应评估——以安徽省铜锣寨风景区为例［J］.旅游学刊，2005（5）：43-49.

［43］李佳，田里，王磊.连片特困民族地区旅游精准扶贫机制研究——以四川藏区为例［J］.西南民族大学学报（人文社科版），2017，38（6）：116-121.

［44］Mayer M，Müller M，Woltering M，et al. The economic impact of tourism in six German national parks［J］. Landscape and Urban Planning，2010，97（2）：73-82.

［45］Wattanakuljarus A，Coxhead I. Is Tourism-Based Development Good for the Poor? A General Equilibrium Analysis for Thailand［J］. Staff Paper，2006.

［46］Habibov N，Fan L D. Comparing and contrasting poverty reduction performance of social welfare programs across juris dictions in Canada using Data Envelopment Analysis（DEA）：An exploratory study of the era of devolution［J］.Evaluation and Program Planning，2010，33（4）：457-467.

［47］Mitchell J. Value chain approaches to assessing the impact of tourism on low-income households in developing countries［J］. Journal of Sustainable Tourism，2012（5）：457-475.

［48］Blake A，Arbache J S，Sinclair M T，et al. Tourism and poverty relief［J］. Annals of Tourism Research，2008，35（1）：107-126.

［49］Njoya E T，Seetaram N. Tourism contribution to poverty alleviation in Kenya：A dynamic computable general equilibrium analysis［J］. Journal of Travel Research，2018，57（4）：513–524.

［50］Kim N，Song H J，Pyun J H. The relationship among tourism，poverty，and economic development in developing countries：A panel data regression analysis［J］. Tourism Economics，2016，22（6）：1174–1190.

［51］Truong V D，Hall C M，Garry T. Tourism and poverty alleviation：Perceptions and experiences of poor people in Sapa，Vietnam［J］. Journal of Sustainable Tourism，2014，22（7）：1071–1089.

［52］黎洁，韩飞.基于可计算一般均衡模型（CGE）的江苏入境旅游需求变化对地区经济的影响分析［J］.旅游学刊，2009（12）：23–30.

［53］李定珍，张琰飞，鲁明勇.武陵山片区旅游扶贫发展报告［M］.北京：经济科学出版社，2018.

［54］马颖，王立华.政府行为视角下旅游扶贫的绩效评价与对策研究——以贵州省为例［J］.中南林业科技大学学报（社会科学版），2019，13（4）：38–45.

［55］邓小海，曾亮，云建辉.贵州乌蒙山片区所属区域旅游扶贫效应分析［J］.新疆农垦经济，2015（5）：48–53.

［56］向延平.基于CVM法的凤凰古城旅游扶贫生态绩效评价［J］.贵州农业科学，2010（10）：234–236.

［57］向延平.基于WTP法的旅游扶贫社会绩效评价研究——以德夯苗寨为例［J］.郑州航空工业管理学院学报，2011（1）：71–73.

［58］龙祖坤，杜倩文，周婷.武陵山区旅游扶贫效率的时间演进与空间分异［J］.经济地理，2015，35（10）：210–217.

［59］曹妍雪，马蓝.基于三阶段DEA的我国民族地区旅游扶贫效率评价［J］.华东经济管理，2017，31（9）：91–97.

［60］黄渊基.连片特困地区旅游扶贫效率评价及时空分异——以武陵山湖南片区20个县（市、区）为例［J］.经济地理，2017，37（11）：229–235.

［61］冯斐，唐睿，冯学钢.西部地区旅游扶贫效率及其影响因素研

究——以甘肃省平凉市为例［J］.地域研究与开发，2020，39（2）：105-110.

［62］李佳.少数民族连片特困区域旅游精准扶贫机制研究［M］.北京：经济科学出版社，2017.

［63］王小林.贫困测量：理论与方法［M］.2版.北京：社会科学文献出版社，2017.

［64］刘志明.中国旅游扶贫发展指数报告［M］.北京：中国社会科学出版社，2017.

［65］郭舒.基于产业链视角的旅游扶贫效应研究方法［J］.旅游学刊，2015，30（11）：31-39.

［66］王琦，李金叶，谢霞.基于价值链的旅游扶贫感知效应差异研究——以喀什手工业为例［J］.新疆大学学报（哲学.人文社会科学版），2019，47（6）：15-22.

［67］李东.旅游扶贫模式、机制与效益测评研究——以南疆地区为例［M］成都：西南财经大学出版社，2020.

［68］陈龙.武陵山集中连片特困区旅游扶贫效应评价［J］.中国农业资源与区划，2019，40（7）：246-250.

［69］向延平.武陵源世界自然遗产地旅游扶贫绩效模糊评价［J］.中南林业科技大学学报：社会科学版，2012（6）：5-7.

［70］赵小芸.旅游投资在西部旅游扶贫中的效用分析［J］.旅游学刊，2004（1）：16-20.

［71］王凯，甘畅，王梦晗，朱芳书，邓楚雄.湖北省旅游扶贫效率时空格局及其影响因素［J］.长江流域资源与环境，2019，28（4）：863-871.

［72］何静，汪侠，刘丹丽，孙鑫，段志勇.国家级贫困县旅游发展与多维贫困的脱钩关系研究——以西南地区为例［J］.地理研究，2019，38（5）：1189-1207.

［73］王凯，朱芳书，甘畅.武陵山片区旅游发展水平与多维贫困的耦合关系研究［J］.重庆社会科学，2020（2）：66-78.

［74］陈艳红，唐业喜，周盛芳.基于熵权法的张家界旅游扶贫绩效时空

演进分析［J］.湖南农业科学，2019（3）：89-93.

［75］罗盛锋，黄燕玲.滇桂黔石漠化生态旅游景区扶贫绩效评价［J］.社会科学家，2015（9）：97-101.

［76］向延平.湘鄂渝黔边区旅游扶贫绩效评价感知调查研究——以德夯苗寨为例［J］.资源开发与市场，2009，25（7）：655-657.

［77］谢双玉，李琳，冯娟，乔花芳.贫困与非贫困户旅游扶贫政策绩效感知差异研究——以恩施为例［J］.旅游学刊，2020，35（2）：80-92.

［78］耿宝江，庄天慧，彭良琴.四川藏区旅游精准扶贫驱动机制与微观机理［J］.贵州民族研究，2016，37（4）：157-160.

［79］何星，覃建雄.ST-EP模式视阈下的旅游精准扶贫驱动机制——以秦巴山区为研究对象［J］.农村经济，2017（10）：86-90.

［80］张春美，黄红娣，曾一.乡村旅游精准扶贫运行机制、现实困境与破解路径［J］.农林经济管理学报，2016，15（6）：625-631.

［81］罗章，王烁.精准扶贫视阈下乡村旅游内生脱贫机制——以重庆市"木根模式"为例［J］.农村经济，2018（1）：51-55.

［82］宋慧娟，蹇莉，陶恒.景区带动型乡村旅游精准扶贫的机制及路径［J］.农村经济，2018（5）：46-51.

［83］王永莉.旅游扶贫中贫困人口的受益机制研究——以四川民族地区为例［J］.经济体制改革，2007（4）：92-96.

［84］李莉.基于贫困人口受益的旅游开发与旅游扶贫协同机制构建［J］.商业经济研究，2015（19）：103-104.

［85］邓小海，曾亮.基于机制设计理论的我国旅游扶贫机制调适［J］.当代经济管理，2015，37（2）：73-77.

［86］吴忠军，曹宏丽，侯玉霞，韦俊峰.旅游精准扶贫机制调适与路径研究［J］.中南林业科技大学学报（社会科学版），2017，11（3）：40-46.

［87］辛纪元，曹务坤，勾清芸.贵州民族村寨旅游扶贫链接机制完善研究［J］.贵州民族研究，2015，36（8）：189-192.

［88］张群，刘荆州.民族地区可持续旅游扶贫困境与驱动机制研究——以湖南永顺县为例［J］.中南林业科技大学学报（社会科学版），2019，13

（5）：107–114.

［89］Butler R W. The Concept of a Tourist Area Cycle of Evolution：Implications for Management of Resources［J］. Canadian Geographer，1980（24）：5–12.

［90］Murphy P E. Tourism：A Community Approach［M］. New York：Methuen，1985：155–176.

［91］保继刚，孙九霞. 社区参与旅游发展的中西差异［J］. 地理学报，2006（4）：401–413.

［92］唐顺铁. 旅游目的地的社区化及社区旅游研究［J］. 地理研究，1998（2）：3–5.

［93］周玉翠. 欠发达地区社区旅游研究——以湖南省邵阳市为例［J］. 地域研究与开发，1999（3）：3–5.

［94］刘纬华. 关于社区参与旅游发展的若干理论思考［J］. 旅游学刊，2000（1）：47–52.

［95］吴晓萍，何彪. 民族地区旅游开发与民族社区的可持续发展［J］. 贵州民族学院学报（哲学社会科学版），2000（1）：77–84.

［96］孙九霞，保继刚. 从缺失到凸显：社区参与旅游发展研究脉络［J］. 旅游学刊，2006（7）：63–68.

［97］左冰，保继刚. 从"社区参与"走向"社区增权"——西方"旅游增权"理论研究述评［J］. 旅游学刊，2008（4）：58–63.

［98］Blank U. The community tourism industry imperative：The necessity，the opportunities，its potential［M］.State College，PA：Venture，1989.

［99］Hamzah A，Mohamad N. The sustainability of community based ecotourism surrounding protected areas in the lower Kinabatangan Wildlife Sanctuary：critical success factors［J］.The Malaysian Forester，2011（74）：1–21.

［100］王兆峰，向秋霜. 基于MOA模型的武陵山区社区居民参与旅游扶贫研究［J］. 中央民族大学学报（哲学社会科学版），2017，44（6）：94–102.

［101］卞显红，沙润，邹丽敏.旅游与社区一体化发展研究［J］.地域开发与研究，2005，（5）：71-76.

［102］孙九霞.守土与乡村社区旅游参与——农民在社区旅游中的参与状态及成因［J］.思想战线，2006，（5）：59-64.

［103］漆明亮.社区参与旅游扶贫及模式研究［D］.西南财经大学，2006.

［104］黄芳.传统民居旅游开发中居民参与问题思考［J］.旅游学刊，2002（5）：54-57.

［105］潘秋玲，李九全.社区参与和旅游社区一体化研究［J］.人文地理，2002（4）：38-41.

［106］孙九霞，保继刚.社区参与的旅游人类学研究——以西双版纳傣族园为例［J］.广西民族学院学报（哲学社会科学版），2004（6）：128-136.

［107］杨兴柱，陆林，王群.农户参与旅游决策行为结构模型及应用［J］.地理学报，2005（6）：50-62.

［108］王浪.民族社区参与旅游发展的动力机制研究［D］.湘潭大学，2008.

［109］邱云美，封建林.少数民族地区社区参与旅游的影响因素与措施［J］.黑龙江民族丛刊，2005（6）：48-51.

［110］保继刚，孙九霞.雨崩村社区旅游：社区参与方式及其增权意义［J］.旅游论坛，2008（4）：58-65.

［111］罗永常.民族村寨社区参与旅游开发的利益保障机制［J］.旅游学刊，2006（10）：45-48.

［112］杜宗斌，苏勤.乡村旅游的社区参与、居民旅游影响感知与社区归属感的关系研究——以浙江安吉乡村旅游地为例［J］.旅游学刊，2011，26（11）：65-70.

［113］陈飙.乡村旅游管理制度与旅游社会文化影响研究——基于梅里雪山雨崩村的调查［D］.云南大学，2008.

［114］孙云超.恩施大峡谷生态旅游中社区参与的影响因素研究［D］.广西大学，2015.

［115］刘静艳，韦玉春，刘春媚，徐颂军，陈旭军，肖悦.南岭国家森林公园旅游企业主导的社区参与模式研究［J］.旅游学刊，2008（6）：80-86.

［116］曾瑜皙.民族社区旅游参与行为系统的评价与优化研究［D］.西南大学，2015.

［117］张春丽，闫万山，佟连军.农户参与湿地旅游意愿的影响因素分析——以黑龙江省三江国家级自然保护区为例［J］.湿地科学，2009，7（4）：363-367.

［118］王姝杰.海南省不同地区社区参与度对区域乡村旅游发展的影响［D］.海南师范大学，2016.

［119］侯国林，黄震方.旅游地社区参与度熵权层次分析评价模型与应用［J］.地理研究，2010，29（10）：1802-1813.

［120］张耀一.乡村旅游社区参与开发模式与利益分配机制研究［J］.农业经济，2017（3）：65-66.

［121］路幸福，陆林.乡村旅游发展的居民社区参与影响因素研究［J］.资源开发与市场，2011，27（11）：1054-1056.

［122］Pratiwi S. Understanding Local Community Participation in Ecotourism Development：A Critical Analysis of Select Published Literature［D］. Michigan State University，2000.

［123］Dehra Dun. Tourism for Local Community Development：A Report on Case Studies in Kinnaur District H.P. and the Badrinath Tourist Zone［Z］.AME：Academy for Mountain Environics Mountain，1995.

［124］Wilkinson P.F；Pratiwi W. Gender and tourism in an Indonesian village［J］.Annals of Tourism Research，1995，22（2）：283-299.

［125］Spenceley A，Goodwin H . Nature-Based Tourism and Poverty Alleviation：Impacts of Private Sector and Parastatal Enterprises In and Around Kruger National Park，South Africa［J］. Current Issues in Tourism，2007，10（2-3）：255-277.

［126］Zapata，María José，Hall C M，Lindo P，et al. Can community-based tourism contribute to development and poverty alleviation? Lessons from

Nicaragua［J］．Current Issues in Tourism，2011，14（8）：725-749.

［127］丁焕峰．国内旅游扶贫研究述评［J］．旅游学刊，2004（3）：32-36.

［128］邱云美．社区参与是实现旅游扶贫目标的有效途径［J］．农村经济，2004（12）：43-45.

［129］饶勇，黄福才，魏敏．旅游扶贫、社区参与和习俗惯例的变迁——博弈论视角下的可持续旅游扶贫模式研究［J］．社会科学家，2008（3）：88-92.

［130］刘俊清．基于社区参与的旅游扶贫研究［J］．内蒙古财经大学学报，2017，15（5）：44-47.

［131］王华．广西旅游扶贫试验区建设的相关问题思考［J］．东南亚纵横，2004（7）：74-77.

［132］陈丽华，董恒年．乡村旅游发展中社区参与的必要性与主要障碍及解决方案研究［J］．重庆科技学院学报（社会科学版），2008（6）：73-74.

［133］曹务坤，辛纪元，吴大华．民族村寨社区参与旅游扶贫的法律机制完善［J］．云南社会科学，2014（6）：130-133.

［134］李菁．少数民族民族社区农户参与旅游发展问题的研究［D］．云南师范大学，2006.

［135］何玲姬，李庆雷，明庆忠．旅游扶贫与社区协同发展模式研究——以云南罗平多依河景区为例［J］．热带地理，2007（4）：375-378.

［136］杨阿莉，把多勋．民族地区社区参与式旅游扶贫机制的构建——以甘肃省甘南藏族自治州为例［J］．内蒙古社会科学（汉文版），2012，33（5）：131-136.

［137］叶俊．基于社区参与的大别山旅游扶贫开发模式研究［J］．湖北农业科学，2015，54（7）：1766-1769.

［138］冯伟林，冉龙权．基于社区参与的西南民族地区旅游扶贫机制构建——以重庆武陵山片区为例［J］．江苏农业科学，2017，45（16）：304-307.

［139］王兆峰，向秋霜.基于MOA模型的雪峰山区社区居民参与旅游扶贫机制［J］.吉首大学学报（自然科学版），2019，40（3）：56-66.

［140］黄梅芳，于春玉.民族旅游扶贫绩效评价指标体系及其实证研究［J］.桂林理工大学学报，2014，34（2）：406-410.

［141］陆军，韦达，张燕，王林，等.广西集中连片特困民族地区旅游扶贫效益评估［N］.中国民族报，2016-01-22（06）.

［142］李佳，田里.连片特困民族地区旅游扶贫效应差异研究——基于四川藏区调查的实证分析［J］.云南民族大学学报（哲学社会科学版），2016，33（6）：96-102.

［143］张海燕，向媛.民族贫困地区乡村旅游扶贫绩效评价实证分析——以湘西土家族苗族自治州为例［J］.湖南文理学院学报（自然科学版），2016，28（4）：16-20.

［144］冯伟林，陶聪冲.西南民族地区旅游扶贫绩效评价研究——以重庆武陵山片区为调查对象［J］.中国农业资源与区划，2017，38（6）：157-163.

［145］王超，王志章.少数民族连片特困乡村包容性旅游发展模式的探索——来自贵州六盘水山区布依族补雨村的经验数据［J］.西南民族大学学报（人文社会科学版），2013，34（7）：139-143.

［146］杨霞.少数民族连片特困地区旅游与城镇化协同发展研究［J］.贵州民族研究，2018，39（6）：152-155.

［147］向从武，谢正发.武陵山片区民族特色村镇旅游扶贫与协同发展研究——以渝湘交界地洪安镇和茶洞镇为例［J］.云南民族大学学报（哲学社会科学版），2019，36（4）：79-83.

［148］张力丹.集中连片特困地区旅游交通可达性测度及其与旅游发展水平的空间耦合研究［D］.昆明理工大学，2017.

［149］冯万荣.滇西边境少数民族连片贫困山区旅游精准扶贫的有效路径研究［J］.改革与开放，2019（13）：1-6.

［150］廖洪亮.效率演化视角下滇西边境集中连片特困区县域旅游减贫效应研究［D］.云南师范大学，2019.

[151] 穆学青，郭向阳，明庆忠．多维贫困视角下县域旅游扶贫效率时空演化及影响机理——以云南 25 个边境县（市）为例［J］．经济地理，2020，40（12）：199-210.

[152] 杨光明，陈旭川．基于村寨特色旅游的西南少数民族地区精准扶贫实践研究［J］．中国发展，2017，17（5）：63-67.

[153] 董银丽．保山市乡村旅游扶贫效应差异的实证对比研究［D］．云南师范大学，2019.

[154] 杨艳．"一带一路"语境下滇西北边境少数民族旅游扶贫研究［J］．中央民族大学学报（哲学社会科学版），2018，45（2）：65-74.

[155] 胡志美，刘嘉纬．旅游扶贫对少数民族村寨的影响研究——以怒江州下片马村为例［J］．农村经济与科技，2020，31（5）：100-102.

[156] 崔淑丽．参与式农村评估（PRA）在现代农村（业）综合开发项目中的应用［J］．宁夏农林科技，2001（6）：39-42.

[157] 席建超，王首琨，张瑞英．旅游乡村聚落"生产—生活—生态"空间重构与优化——河北野三坡旅游区苟各庄村的案例实证［J］．自然资源学报，2016，31（3）：425-435.

[158] 高苹，席建超．旅游地乡村聚落产业集聚的时空演化及其驱动机制研究——野三坡旅游地苟各庄村案例实证［J］．资源科学，2017，39（8）：1535-1544.

[159] 刘小珉．贫困的复杂途径与反贫困的多元路径［M］．北京：社会科学文献出版社，2017.

[160] 王恩涌，赵荣，张小林，等．人文地理学［M］．北京：高等教育出版社，2000.

[161] 费孝通．江村经济［M］．北京：北京大学出版社，2017.

[162] 王汝辉．民族村寨社区参与旅游制度与传统文化保护比较研究［M］．北京：人民出版社，2012.

[163] 卢丽娟，曹务坤，辛纪元．民族村寨社区参与旅游扶贫开发的财产制度瓶颈与破解［J］．贵州民族研究，2014，35（5）：116-119.

[164] 斐迪南·滕尼斯．共同体与社会［M］．林荣远，译．北京：商务

印书馆, 1999.

［165］李雪萍.社区参与在路上［M］.北京：中国社会科学出版社, 2015.

［166］Midgley J. Community participation：History, concepts and Controversies［M］. Midgley J et al（ed）. Community participation, Social Development and State, London：Methune, 1986.

［167］Paul S. Community participation in development Projects：The World Bank Experience［M］.Washington：The World Bank, 1987.

［168］Inskeep E. Tourism Planning：An Integrated and Sustainable Approach［M］.The Hugne：Van Nostrand Reinnold, 1991.

［169］Tosun C. Limits to Community Participation in the Tourism Development Process in Developing Countries［J］.TourismManagement, 2000（6）：613-633.

［170］斯蒂芬·威廉斯, 刘德龄.旅游地理学：地域、空间和体验的批判性解读［M］.3 版.张凌云, 译.北京：商务印书馆, 2018.

［171］Goodwin H. Pro-poor Tourism：Principles, Methodologies and Main streaming［M］.University Technology Malaysia, 2005.

［172］Ashley C. How Pro-poor is tourism? New Practices Can Reduce Poverty［J］.Insights, 2006（6）：1-6.

［173］Harrison D. Pro-poor Tourism：a critique［J］.Third World Quarterly, 2008, 29（5）：851-868.

［174］Akrong K K. Pro-Poor Tourism：Critical Perspective and Implications for Future Research［J］.Journal of Tourism and Hospitality Management, 2019, 7（1）：23-35.

［175］吴忠军.论旅游扶贫［J］.广西师范大学学报（哲学社会科学版）, 1996（4）：18-21.

［176］高舜礼.对旅游扶贫的初步探讨［J］.中国行政管理, 1997（7）：22-24.

［177］蔡雄, 等.旅游扶贫：功能、条件、模式、经验［M］.北京：中

国旅游出版社，1999.

［178］李永文，陈玉英.旅游扶贫及其对策研究［J］.北京第二外国语学院学报，2002（4）：74-76.

［179］魏小安，李劲松.试论旅游扶贫［J］.宏观经济，2009（1）：98-99.

［180］普荣.少数民族地区旅游精准扶贫策略——以滇西北为例［J］.开发研究，2018（6）：85-90.

［181］刘益，陈烈.旅游扶贫及其开发模式研究［J］.热带地理，2004（4）：396-400.

［182］丁焕峰.农村贫困社区参与旅游发展与旅游扶贫［J］.农村经济，2006（9）：49-52.

［183］黎克双.湘西自治州旅游扶贫开发探讨［J］.吉首大学学报（社会科学版），2008（6）：112-115.

［184］邱新艳，等.云南少数民族地区的旅游扶贫优势分析［J］.商业经济，2013（2）：67-68.

［185］黄萍.尴尬与出路：旅游扶贫视角下西南民族村寨文化遗产管理研究［J］.青海民族研究，2015，26（1）：14-19.

［186］黄渊基.少数民族地区旅游扶贫研究［D］.湖南农业大学，2017.

［187］漆明亮，李春艳.旅游扶贫中的社区参与及其意义［J］.中国水运（学术版），2007（6）：212-213.

［188］吴应香.少数民族社区参与旅游扶贫研究［D］.云南大学，2010.

［189］冯伟林，向从武，毛娟.西南民族地区旅游扶贫理论与实践［M］.成都：西南交通大学出版社，2017.

［190］罗镜秋，黄平芳.民族旅游村寨空间生产的动力机制与影响效应——基于湘西L寨的个案研究［J］.青海民族大学学报（社会科学版），2018，44（3）：81-92.

［191］Rowntree S.Poverty：A study of town life［M］.London：Routledge，1997.

［192］世界银行.1980年世界发展报告［M］.北京：中国财政经济出版

社，1980.

　　［193］世界银行 .2000/2001 年世界发展报告［M］.北京：中国财政经济出版社，2001.

　　［194］王小林，Sabina Alkire. 中国多维贫困测量：估计和政策含义［J］.中国农村经济，2009（12）：4-10.

　　［195］阿马蒂亚·森 . 以自由看待发展［M］. 任赜，于真，译 . 北京：中国人民大学出版社，2002.

　　［196］李瑞华 . 贫困与反贫困的经济学学研究［M］. 北京：中央编译出版社，2014.

　　［197］托达罗 . 经济发展与第三世界［M］. 北京：中国经济出版社，1992.

　　［198］Jalan J，Ravallion M . Spatial poverty traps?［J］.Policy Research Working Paper Series，1997.

　　［199］Ravallion M，Wodon Q . Poor areas，or only poor people?［J］.Policy Research Working Paper Series，1997，39（4）：689-711.

　　［200］Lewis O. Five families：Mexican case study in the culture of poverty［M］.New York：Basic Books，1959.

　　［201］Zimmerman M A. Taking aim on empowerment research：On the distinction between psychological and individual conceptions［J］.American Journal of community psychology，1990（18）：169- 177.

　　［202］陈志永，李乐京，李天翼 . 郎德苗寨社区旅游：组织演进、制度建构及其增权意义［J］. 旅游学刊，2013，28（6）：75-86.

　　［203］石崧，宁越敏 . 人文地理学"空间"内涵的演进［J］. 地理科学，2005（3）：3340-3345.

　　［204］王兴中，刘永刚 . 人文地理学研究方法论的进展与"文化转向"以来的流派［J］. 人文地理，2007（3）：1-6.

　　［205］苏贾 . 后现代地理学［M］. 王文斌，译 . 北京：商务印书馆，2004.

　　［206］Harvey D. Social Justice And the City［M］. London：Edward

Arnold, 1973: 13-14.

[207] Aase T H. Symbolic space: Representations of space in geography and anthropology [J]. Human Geography, 1994, 76 (1): 51-58.

[208] 章锦河.基于旅游场理论的区域旅游空间竞争研究 [J].地理学报, 2005, 25 (2): 248-256.

[209] 布迪厄, 华康德.实践与反思——反思社会学导引 [M].李猛, 等, 译.北京: 中央编译出版社, 2004.

[210] 何蓉.场域视角中的虚拟社区: 一个典型的 "游戏空间" [J].西南民族大学学报 (人文社会科学版), 2011, 32 (11): 171-175.

[211] 布迪厄.社会空间与象征权力 [M] // 包亚明.后现代性与地理学的政治, 上海: 上海教育出版社, 2001: 300-303.

[212] 郭文, 黄震方.基于场域理论的文化遗产旅游地多维空间生产研究——以江南水乡周庄古镇为例 [J].人文地理, 2013, 28 (2): 117-124.

[213] 董培海, 李伟.旅游流空间场效应演变中的竞合关系分析——以滇西北生态旅游区为例 [J].北京第二外国语学院学报, 2012, 34 (1): 15-24.

[214] Bramwell B, Sharman A. Collaboration in local tourism policy making [J].Annals of Tourism Research, 1999, 26 (2): 392-415.

[215] Muhanna E. The contribution of sustainable tourism development in poverty alleviation of local communities in South Africa [J]. Journal of Human Resource in Hospitality & Tourism, 2007, 6 (1): 37-67.

[216] Shah R, Batley R. Private-sector investment in infrastructure: Rationale and causality for pro-poor impacts [J].Development Policy Review, 2009, 27 (4): 397-417.

[217] 张娅莉.旅游人类学视野下社区参与旅游扶贫实证研究 [D].四川师范大学, 2013.

[218] 何彪, 朱连心, 李会琴.多主体参与旅游精准扶贫行为逻辑和参与模式——基于价值共创视角 [J].社会科学家, 2019 (6): 90-96.

［219］刘旺，柳红波，蒋敬.现代性与乡土性的博弈：民族社区旅游发展困境的理论透视［M］.北京：科学出版社，2018.

［220］桑德斯.社区论［M］.徐震，译.台北：黎明文化事业股份有限公司，1982.

［221］董培海，李伟.国内当前旅游学术研究中的"问题意识"缺失之我见［J］.北京第二外国语学院学报，2013，35（5）：7-14.

［222］Pretty，J. The many interpretations of participation［J］. Focus，1995，（16）：4-5.

［223］郑向敏，刘静.论旅游业发展中社区参与的三个层次［J］.华侨大学学报（哲学社会科学版），2002（4）：12-18.

［224］胡志毅，张兆干.社区参与和旅游业可持续发展［J］.人文地理，2002（2）：38-41.

［225］卞显红，沙润，邹丽敏，黄震方.旅游与社区一体化发展研究［J］.地域研究与开发，2005（5）：71-76.

［226］李炳宽.试分析社区参与旅游发展的类型和层次［J］.林业经济问题，2008（4）：363-366.

［227］陶东明，陈明明.当代中国公民参与［M］.杭州：浙江人民出版社，1998.

［228］孙璐.利益、认同、制度安排——论城市居民社区参与的影响因素［J］.云南社会科学，2006（5）：70-73.

［229］李九全，张中华，王兴中.场所理论应用于社区研究的思考［J］.国际城市规划，2007（6）：85-90.

［230］迈克.克朗.文化地理学［M］.杨淑华，宋慧敏，译.南京：南京大学出版社，2003.

［231］Gregory D，Johnston R，Pratt G，et al. The Dictionary of Human Geography（5th Edition）［M］. Oxford：John Wiley & Sons Ltd，2007：539-541.

［232］周尚意，杨鸿雁，孔翔.地方性形成机制的结构主义与人文主义分析——以798和M50两个艺术区在城市地方性塑造中的作用为例［J］.地理

研究，2011，30（9）：1566–1576.

［233］Tuan Y F. Topophilia：A Study of Environmental Perception, Attitudes and Values［M］. New Jersey：Prentice– Hall Inc.，1974：23–27.

［234］周尚意，戴俊骋.文化地理学概念、理论的逻辑关系之分析——以"学科树"分析近年中国大陆文化地理学进展［J］.地理学报，2014，69（10）：1521–1532

［235］朱竑，钱俊希，陈晓亮.地方与认同：欧美人文地理学对地方的再认识［J］.人文地理，2010，25（6）：1–6.

［236］王雨田.控制论、信息论、系统科学与哲学［M］.北京：中国人民大学出版社，1987.

［237］Leiper N. The framework of tourism：Towards a definition of tourism, tourist，and the tourist industry［J］. Annals ofTourism Research，1979，6（1）：390– 407.

［238］王宁，刘丹萍.旅游社会学［M］.天津：南开大学出版社，2008.

［239］冈恩，等.旅游规划：理论与案例［M］.4版.吴必虎，吴冬青，党宁，译.大连：东北财经大学出版社，2005.

［240］董培海，李庆雷，李伟.大众旅游现象研究综述与诠释［J］.旅游学刊，2019，34（6）：135–144.

［241］董培海，李庆雷，李伟.旅游吸引物的符号化研究［J］.广西民族研究，2016（6）：162–169.

［242］兰雄现，蔡雄.发展旅游业加速了少数民族脱贫——龙胜各族自治县旅游扶贫的调查［J］.广西物价，1996（12）：35–38.

［243］蔡雄，连漪，程道品，白丁，蓝雄现.旅游扶贫的乘数效应与对策研究［J］.社会科学家，1997（3）：4–16.

［244］Saayman M，Rossouw R，Krugell W.The impact of tourism on poverty in South Africa［J］.Development Southern Africa，2012，29（3）：462–487.

［245］Mbaiwa J E. Enclave tourism and its socio–economic impacts in the Okavango Delta，Botswana［J］.Tourism Management，2005，26（2）：157–

172.

[246] Jiang M, De Lacy T, Mkiramweni N P, et al.Some evidence for tourism alleviating poverty [J].Annals of Tourism Research, 2011, 38 (3): 1181-1184.

[247] 粟娟.武陵源旅游扶贫效益测评及其优化 [J].商业研究, 2009 (9): 205-208.

[248] Lepp A. Residents' attitudes towards tourism in Bigodi Village, Uganda [J].Tourism Management, 2007, 28 (3): 876-885.

[249] Kwaramba H M, Lovett J C, Louw L, et al. Emotional confidence levels and success of tourism development for poverty reduction: The South African Kwame Makana home-stay project [J].Tourism Management, 2012, 33 (4): 885-894.

[250] Wall G. Perspectives on Tourism in Selected Balinese Villages [J]. Annals of Tourism Research, 1996: 23 (1): 123-137.

[251] Nicholson T. Culture, Tourism and Local Strategies Towards Development: Case Studies in the Philippines and Vietnam [Z].Research Report (R6578) submitted to ESCOR, London: DIFD, 1997.

[252] Ashey C, Roe D. Making tourism work for the poor: Strategies and challenges in southern Africa [J]. Development Southern Africa, 2002, 19 (1): 62-81.

[253] Anderson W. Cultural tourism and poverty alleviation in rural Kilimanjaro, Tanzania [J]. Journal of Tourism and Cultural Change, 2015, 13 (3): 208-224.

[254] Zurick D N. Adventure Travel and Sustainable Tourism in the Peripheral Economy of Nepal [J]. Annals of the Association of American Geographers, 1992: 82 (4): 608-628.

[255] 常慧丽.生态经济脆弱区旅游开发扶贫效应感知分析: 以甘肃甘南藏族自治州为例 [J]. 干旱区资源与环境, 2007, 21 (10): 125-130.

[256] 李会琴, 李晓琴, 侯林春.黄土高原生态环境脆弱区旅游扶贫效

应感知研究：以陕西省洛川县谷咀村为例［J］.旅游研究，2012，4（3）：1-6.

［257］Gurung H. Environmental Management of Mountain Tourism in Nepal［Z］.Report on study conducted for Econom ic Social Commission for the Asia and the Pacific（ESCAP），Bangkok，New York：United Nations，1991.

［258］郑度，陈述彭.地理学研究进展与前沿领域［J］.地球科学进展，2001（5）：599-606.

［259］Lefebvre A. The production of space［M］.Basic Blackwell：Oxford UK and Cambridge USA，1991.

［260］叶超.作为中国人文地理学鉴镜的段义孚思想［J］.人文地理，2014，129（4）：3-12.

［261］郭文.西方社会文化地理学新范式的缘由、内涵及意义［J］.地理研究，2020，39（3）：508-526.

［262］丁志铭.农村社区空间变迁研究［J］.南京师大学报（社会科学版），1996（4）：23-28.

［263］翁时秀，杨继荣.领域化理论视角下的乡村旅游社区社会空间变迁——以丹霞山青湖塘村为例［J］.地理科学进展，2020，39（7）：1149-1159.

［264］孙九霞，张士琴.民族旅游社区的社会空间生产研究——以海南三亚回族旅游社区为例［J］.民族研究，2015（2）：68-77.

［265］包亚明.现代性与空间生产［M］.上海：上海教育出版社，2003.

［266］龚伟，赵中华.乡村旅游社区景观空间演化研究［J］.世界地理研究，2014，23（3）：140-148.

［267］胡大平.旅游空间的正义之维［J］.旅游学刊，2017，32（3）：4-5.

［268］郭文.差异地理之旅游塑造与空间生产权能［J］.旅游学刊，2017，32（3）：1-4.

［269］塞缪尔·亨廷顿.我们是谁：美国国民特性面临的挑战［M］.程克雄，译.北京：新华出版社，2005.

［270］郭文.空间意义的叠写与地方认同——中国最后一个原始部落翁丁案例［J］.地理研究，2020，39（11）：2449-2465.

［271］袁方成，汪婷婷.空间正义视角下的社区治理［J］.探索，2017（1）：134-139.

［272］王铮，武巍，刘丽.中国各省区经济增长溢出分析［J］.地理研究，2005（2）：243-252.

［273］周波，杨陞.景区溢出效应：基于动态空间计量模型的估计［J］.厦门大学学报（哲学社会科学版），2018（2）：106-116.

［274］Tobler W R.A Computer Movie Simulating Urban Growth in the Detroit Region［J］.Economic Geography，1970（1）：234-240.

［275］王成，李颢颖.乡村生产空间系统的概念性认知及其研究框架［J］.地理科学进展，2017，36（8）：913-923.

［276］王松茂，何昭丽，郭英之，郭安禧.旅游减贫具有空间溢出效应吗？［J］.经济管理，2020，42（5）：103-119.

［277］任平.空间的正义——当代中国可持续城市化的基本走向［J］.城市发展研究，2006（5）：1-4.

［278］陈全功，程蹊.空间贫困理论视野下的民族地区扶贫问题［J］.中南民族大学学报（人文社会科学版），2011，31（1）：58-63.

［279］庄淑蓉，杜芳娟，叶仕安.多维贫困视角下的旅游扶贫与空间正义研究——以贵州施秉喀斯特世界遗产地社区为例［J］.人文地理，2020，35（2）：32-38.

［280］陈志永，杨桂华，陈继军，李乐京.少数民族村寨社区居民对旅游增权感知的空间分异研究——以贵州西江千户苗寨为例［J］.热带地理，2011，31（2）：216-222.

［281］盖媛瑾，陈志永，况志国.天龙屯堡与郎德苗寨乡村旅游社区经济增权比较研究［J］.贵州农业科学，2009，37（10）：212-217.

［282］Murphy，等.旅游社区战略管理：弥合旅游差距［M］.陶犁，邓衡，张兵，译.天津：南开大学出版社，2006.

［283］普雷斯顿·詹姆斯.地理学思想史［M］.李旭旦，译.北京：商

务印书馆，1982.

［284］Framke W. The destination as a concept: A discussion of the business-related perspective versus the socio-cultural approach in tourism theory［J］. Scandinavian Journal of Hospitality and Tourism，2002，2（2）：92-108.

［285］Ittelson W H. Environment perception and contemporary perceptual theory［J］. Environment & Cognition，1973：1-19.

［286］董培海，李庆雷，李伟. 中国旅游流研究的现状、问题及展望［J］. 世界地理研究，2015，24（4）：152-162.

［287］李铁立. 边界效应与跨边界次区域经济合作研究［M］. 北京：中国金融出版社，2005.

［288］汤建中. 边界效应与跨国界经济合作的地域模式：以东亚地区为例［J］. 人文地理，2002，17（1）：8-12.

［289］费孝通. 乡土中国［M］. 上海：上海世纪出版集团，2007.

［290］龚晓宽. 贵州经济社会发展60年研究［M］. 北京：中央文献出版社，2009.

［291］兰雄现，蔡雄. 发展旅游致富了少数民族——龙胜各族自治县旅游扶贫的调查［J］. 桂林旅游高等专科学校学报，1998（1）：3-5.

［292］李辅敏，赵春波. 旅游开发视域下民族地区经济状况变迁研究——以贵州省黔东南苗族侗族自治州郎德上寨为例［J］. 贵州民族研究，2014，35（12）：165-167.

［293］赵世钊，吕宛青. 民族地区旅游扶贫机制的协同学分析——以贵州省郎德苗寨为例［J］. 贵州民族研究，2015，36（1）：152-155.

［294］何嵩昱. 贵州民族村寨旅游发展模式研究——以郎德上寨和镇山村为例［J］. 贵州民族研究，2013，34（3）：90-93.

［295］余达忠. 上郎德模式：民族社区参与旅游发展的实践与思考［J］. 凯里学院学报，2008（5）：1-5.

［296］田敏. 论民族旅游开发与民族特色村寨建设——以黔东南郎德苗寨为例［J］. 中南民族大学学报（人文社会科学版），2016，36（1）：86-91.

［297］孙九霞，刘相军. 生计方式变迁对民族旅游村寨自然环境的影

响——以雨崩村为例［J］. 广西民族大学学报（哲学社会科学版），2015，37（3）：78-85.

［298］陈飙，杨桂华. 梅里雪山雨崩村旅游社区参与的组织形式与分配制度［J］. 思想战线，2008（3）：127-128.

［299］刘相军，杨桂华. 传统文化视角下的社区参与旅游收益分配制度变迁机理研究——以梅里雪山雨崩藏族村为例［J］. 旅游论坛，2009，2（3）：366-369.

［300］孙九霞，丁幂. 背包旅游者与梅里雪山目的地的互动研究［J］. 广西民族大学学报（哲学社会科学版），2016，38（4）：83-90.

［301］刘相军，孙九霞. 民族旅游社区居民生计方式转型与传统文化适应：基于个人建构理论视角［J］. 旅游学刊，2019，34（2）：16-28.

［302］邓娜. 雨崩村社会转型中的经济活动变迁研究［D］. 宁夏大学，2017.

［303］杨子江，杨桂华. 旅游对梅里雪山雨崩村自然资源利用传统影响研究［J］. 思想战线，2009，35（3）：137-138.

［304］云南省政府研究室. 云南经济年鉴（2011）［M］. 昆明：云南人民出版社，2011.

［305］彭新万，程贤敏. 脆弱性与农村长期贫困的形成及其破解［J］. 江西社会科学，2015，35（9）：205-210.

［306］李伟. 民族旅游地文化变迁与发展研究［M］. 北京：民族出版社，2005.

［307］董培海. 怒江大峡谷民俗文化旅游资源的开发模式研究［J］. 昆明理工大学学报（社会科学版），2012，12（5）：102-108.

［308］杨军. 民族地区旅游精准扶贫研究［J］. 云南民族大学学报（哲学社会科学版），2017，34（2）：116-120.

［309］董培海，李伟. 滇西北区域旅游竞争视角下的怒江州旅游产品创新设计研究［J］. 云南地理环境研究，2010，22（1）：100-104.

［310］郭文. "空间的生产"内涵、逻辑体系及对中国新型城镇化实践的思考［J］. 经济地理，2014，34（6）：33-39.

［311］孙九霞，周一．日常生活视野中的旅游社区空间再生产研究——基于列斐伏尔与德塞图的理论视角［J］.地理学报，2014，69（10）：1575-1589.

［312］邓智团.空间正义、社区赋权与城市更新范式的社会形塑［J］.城市发展研究，2015，22（8）：61-66.

［313］Soaj.第三空间：去往洛杉矶和其他真实和想象地方的旅程［M］.陆扬，译.上海：上海教育出版社，2005：146-147.

［314］方亚琴，夏建中.社区、居住空间与社会资本——社会空间视角下对社区社会资本的考察［J］.学习与实践，2014（11）：83-91.

［315］高舜礼.旅游开发扶贫的经验、问题及对策［J］.旅游学刊，1997（4）：7-10.

［316］郭文.中国旅游发展笔谈——旅游空间正义的伦理与实践反思（一）［J］.旅游学刊，2017，32（3）：1.

［317］Lundgren J. Geographical concepts and the development to research in Canada［J］.Geo Journal，1984，9（1）：17-25.

［318］李振亭，马耀峰，李君轶，刘宏盈.基于空间集聚和中转指数的我国入境旅游省际功能研究［J］.软科学，2008（9）：13-17.

［319］Stewart S I，Vogt C A.Multi-destination trip patterns［J］.Annals of Tourism Research，1997，24（2）：458-461.

［320］吴必虎.区域旅游规划原理［M］.北京：中国旅游出版社，2001.

［321］保继刚.旅游地理学［M］.3版.北京：高等教育出版社，2012.

［322］龙祖坤，李绪茂.社会网络视角下县域旅游扶贫效率评价与分析——基于湖南省数据［J］.农林经济管理学报，2017，16（5）：683-691.

［323］刘宏盈，马耀峰.入境旅游流的空间转移与省域旅游经济联系强度耦合分析——以上海入境旅游流西向扩散为例［J］.资源科学，2008，30（8）：1162-1168.

［324］杨国良，钟亚秋，等.四川省旅游流空间扩散方向及路径［J］.地理科学进展，2008，27（1）：56-62.

［325］周尚意.社会文化地理学中小区域研究的意义［J］.世界地理研究，

2007（4）：41-46.

[326] 王淑娟，李国庆.环京津贫困带旅游扶贫困境分析——基于旅游产业链的视角 [J].河北经贸大学学报，2015，36（6）：121-124.

[327] 李倩.旅游精准扶贫效应分析——以产业链条跟踪法为视角 [J].社会科学家，2018（8）：76-79.

[328] 邢慧斌.国内旅游扶贫绩效评估理论及方法研究述评 [J].经济问题探索，2017（7）：47-53.

[329] 张伟，张建春.国外旅游与消除贫困问题研究评述 [J].旅游学刊，2005（1）：90-96.

[330] 李莉，陈雪钧.民族地区居民感知旅游扶贫价值概念模型与实证研究 [J].社会科学家，2019（9）：76-81.

[331] Allen L R，Long P T，Perdue R R，S Kieselbach. The Impact of Tourism Development on Residents' Perceptions of Community Life [J]. Journal of Travel Research，1988，26（1）：16- 21.

[332] 蒋莉，黄静波.罗霄山区旅游扶贫效应的居民感知与态度研究——以湖南汝城国家森林公园九龙江地区为例 [J].地域研究与开发，2015，34（4）：99-104.

[333] 李燕琴.旅游扶贫中社区居民态度的分异与主要矛盾——以中俄边境村落室韦为例 [J].地理研究，2011，30（11）：2030-2042.

[334] 杨继荣，朱海彬.旅游社区参与中的权力——空间关系 [J].旅游论坛，2019，12（4）：42-49.

[335] 托马斯·海贝勒，君特·舒耕德.从群众到公民——中国德政治参与 [M].张文红，译.北京：中央编译出版社，2009.

[336] 王汝辉.巴泽尔产权模型在少数民族村寨资源开发中的应用研究——以四川理县桃坪羌寨为例 [J].旅游学刊，2009，24（5）：31-35.

[337] 左冰，保继刚.旅游吸引物权再考察 [J].旅游学刊，2016，31（7）：13-23.

[338] 张文宏.社会资本：理论争辩与经验研究 [J].社会学研究，2003（4）：23-35.

［339］曹兴平.民族村寨旅游社区参与的内生动力研究［M］.成都：西南财经大学出版社，2015.

［340］雷蒙德·弗思.人文类型［M］.费孝通，译.北京：华夏出版社，2001.

［341］张静.基层政权：乡村制度诸问题［M］.杭州：浙江人民出版社，2000.

［342］马林诺斯基.文化论［M］.费孝通，等，译.北京：中国民间文艺出版社，1987.

［343］奥斯特罗姆，帕克特，惠特克.公共服务的制度建设［M］.毛寿龙，译.上海：上海三联书店，1999.

［344］理查德·C.博克斯.公民治理：引领21世纪的美国社区［M］.孙柏瑛，译.北京：中国人民大学出版社，2005.

［345］董培海，李伟.关于"旅游公共服务体系"的解读——兼评我国旅游公共服务体系建设［J］.旅游研究，2010，2（4）：86-90.

［346］许峰，秦晓楠，李秋成.资源系统支撑下的乡村旅游地多中心治理研究［J］.旅游科学，2010，24（2）：18-25.

［347］陶伟，戴光全.区域旅游发展的"竞合模式"探索：以苏南三镇为例［J］.人文地理，2002，17（4）：29-33.

［348］窦文章，杨开忠，杨新军.区域旅游竞争研究进展［J］.人文地理，2000，15（3）：22-27.

［349］Mason P. Tourism Impacts, Planning and Management［M］. Butterworth-Heinemann, 2004.

［350］何景明.旅游扶贫的理论及其实践发展——来自贵州的案例［M］.北京：经济科学出版社，2016.

［351］李伟.文化边缘地带旅游业的发展选择［J］.民族研究，2004（2）：86-94.

［352］戴斌，周晓歌，夏少颜.论当代旅游发展理论的构建：理论、框架与要点［J］.旅游学刊，2012，27（3）：11-17.

［353］白光润.地理学的哲学贫困［J］.地理学报，1995（3）：279-287.

［354］董培海，李伟．建构与批判：国内旅游研究中的哲学视角反思［J］．旅游科学，2019，33（4）：1-12.

［355］肖洪根．谈对旅游学科理论体系研究的几点认识［J］．旅游学刊，1998（6）：41-45.

附录 A 调查问卷表

滇西边境山区民族村寨社区参与旅游扶贫效应调查问卷 1
（普通社区居民）

尊敬的先生 / 女士：

您好！我们是云南师范大学和保山学院"云南连片特困民族地区旅游扶贫绩效调研"课题组的科研人员，为顺利完成项目，冒昧打扰，向您请教几个问题，希望您能抽出宝贵的时间填写这份问卷。您的见解将对我们的研究和云南民族地区的旅游扶贫发展起到关键性作用。

下列问题是为科学研究而设计的，回答没有正误之分，请在各栏目中根据您的实际情况和意愿选择合适的选项并打"√"，您的回答是匿名并严格保密的，本问卷也仅作学术研究之用，不会给您带来任何不便，再次感谢您的参与！

一、个人基本信息

1. 您的性别是：①男　　②女

2. 您的民族是：

①怒族　　　　②佤族　　　　　③布朗族　　　　④傈僳族

⑤独龙族　　　　⑥汉族　　　　　⑦其他：_____

3. 您的年龄是：

① 18 岁以下　　② 18~25 岁　　③ 26~40 岁　　④ 41~60 岁

⑤ 61 岁及以上

4. 您的文化程度是：

①小学及以下　　②初中　　③中专或高中　　④大专及以上

5. 您的个人月收入大概为：

① 500 元以下　　　　　　② 500~1000 元

③ 1001~2000 元　　　　　④ 2001~3000 元

⑤ 3001 元及以上

6. 您的职业是：

①本地务农　　　　　　　②本地务工

③外来务工　　　　　　　④政府及事业单位工作人员

⑤村委会工作人员　　　　⑥私营业主

⑦其他 _____

7. 您家现在有几口人：

① 1 人　　　　② 2 人　　　③ 3 人　　　④ 4 人

⑤ 5 人及以上

8. 2019 年扣除必要的生活开支，您家的毛收入大概有：

① 5000 元以下　　　　　② 5000~10000 元

③ 10001~20000 元　　　 ④ 20001~30000 元

⑤ 30001 元及以上

9. 您认为目前参与本地旅游发展的障碍有哪些？（可多选）

①缺乏资金

②本地旅游发展氛围不好，从业风险大

③缺乏组织领导

④没有社会关系，无法参与

⑤从业技能水平不够，经营困难

⑥政策支持力度小

⑦其他 _____

10. 如果有机会参与旅游，您希望从事哪些方面的工作？（可多选）

①经营农家乐　　　　　　　　②景区内小商店经营者

③景区保安、保洁工作　　　　④提供旅游交通服务

⑤景区管理者　　　　　　　　⑥经营小摊贩

⑦其他 _____

11. 本地旅游发展后您希望在哪些方面改善您的生活？（可多选）

①增加就业机会　　　　　　　②增加家庭收入

③改善公共基础设施　　　　　④改善居住环境和条件

⑤其他方面 _____

12. 目前，您或家人中是否已经有人参与到本地与旅游相关的活动或工作中：

①有　　　　　　　　②没有

若"没有"可跳过第二部分"居民参与旅游及相关产业情况"的问题。

二、居民参与旅游及相关产业情况

家庭参与旅游的时间	年	
家庭参与旅游的人数	人	
家庭参与旅游的方式	①到本地的餐馆、饭店打工　　②经营农家乐 ③提供日用品、土特产品　　④旅游景区工作人员（保安、卫生保洁） ⑤提供旅游交通（马车、出租车、轮船等）　　⑥旅行社打工 ⑦其他 _____	
家庭收入来源	参与旅游活动前	参与旅游活动后
	①种植业　　②养殖业　　③跑运输 ④外地打工　　⑤开商店　　⑥开餐馆 ⑦本地打工　　⑧农家乐　　⑨办企业 ⑩公务员　　其他 _____	①种植业　　②养殖业　　③跑运输 ④外地打工　　⑤开商店　　⑥开餐馆 ⑦本地打工　　⑧农家乐　　⑨办企业 ⑩公务员　　其他 _____

续表

家庭总收入	① 5000 元以下　② 5000~10000 元 ③ 10001~20000 元　④ 20001~40000 元 ⑤ 40001 元及以上	① 5000 元以下　② 5000~10000 元 ③ 10001~20000 元　④ 20001~40000 元 ⑤ 40001 元及以上
旅游收入占家庭收入的比例	①没有　②20% 以下 ③ 20%~40%　④ 41%~60% ⑤ 61%~80%　⑥ 81% 及以上	①没有　②20% 以下 ③ 20%~40%　④ 41%~60% ⑤ 61%~80%　⑥ 81% 及以上

三、居民对旅游扶贫的感知态度

您对以下各项因素的认同程度如何，请在最能代表您看法的选项上画"√"。

	考虑因素	非常不同意	不同意	一般	同意	非常同意
1	旅游能促进本地经济发展					
2	旅游能带动居民就业					
3	旅游提高了居民的生活质量					
4	旅游能增加居民收入来源					
5	旅游提高了本地的知名度					
6	旅游使民族文化得到保护和复兴					
7	旅游开发改善了本地的基础设施环境和社会保障					
8	旅游更新了本地人的思想观念					
9	旅游使农产品比过去畅销					
10	旅游发展减少了本地贫困户的数量					
11	旅游提高了本地居民的从业技能和水平					
12	旅游使传统生活方式受到冲击					
13	旅游加剧了本地的贫富差距					
14	旅游干扰了本地居民的生活					

续表

	考虑因素	非常不同意	不同意	一般	同意	非常同意
15	旅游破坏了本地风俗					
16	旅游加重了环境污染、生态破坏					
17	旅游发展占用了地方大量耕地					
18	旅游使社会不良现象增加					
19	旅游开发促使本地物价上涨					
20	我非常支持本地发展旅游					

再次感谢您的合作与支持，祝您生活愉快，万事如意！

滇西边境山区民族村寨社区参与旅游扶贫效应调查问卷2
（旅游个体经营者）

尊敬的先生/女士：

您好！我们是云南师范大学和保山学院"云南连片特困民族地区旅游扶贫绩效调研"课题组的科研人员，为顺利完成项目，冒昧打扰，向您请教几个问题，希望您能抽出宝贵的时间填写这份问卷。您的见解将对我们的研究和云南民族地区的旅游扶贫发展起到关键性作用。

下列问题是为科学研究而设计的,回答没有正误之分,请您根据实际情况填写下表,并根据您的意愿选择合适的选项并打"√",您的回答是匿名并严格保密的,本问卷也仅作学术研究之用,不会给您带来任何不便,再次感谢您的参与!

1. 您加入本地旅游发展是在 ＿＿＿＿＿ 年，您家每年接待的游客数量大概有 ＿＿＿＿＿ 人，他们带来的毛收入大概有 ＿＿＿＿＿ 万元。

2. 您家平时雇用的员工有 ＿＿＿＿＿ 人，吸纳本地劳动力就业有 ＿＿＿＿＿ 人，给本地务工人员的工资平均为 ＿＿＿＿＿ 元/月。

3. 就您目前了解的情况，政府对本地旅游发展采取了哪些措施？（可多选）

①筹集资金及投资　　　　　②制定相关有利政策和法规

③宣传本地的特色和资源　　④建设旅游基础设施

⑤保护环境和文化　　　　　⑥补给村民一定费用

⑦帮助村民参与旅游就业　　⑧进行旅游从业人员培训

⑨其他 ＿＿＿＿＿

4. 自从参与了本地的旅游发展以后，给您及您的家人带来了哪些变化？（可多选）

①没有什么实质性的影响　　　　②家庭收入有了明显的增加

③获得了更多了解外来信息的渠道　④提高了生活的质量

⑤获得了更多的发展机会　　　　⑥生产和生活观念发生了变化

5. 在参与本地旅游发展的过程中，您享受过哪些政府提供的优惠政策？

①没有　　　②项目扶持　　　③资金补助　　④技术、技能培训

⑤税收减免　　⑥创业指导　　⑦场地无偿使用　⑧其他 _____

6. 您家参与旅游发展获得的收入占家庭收入的比例大概是？

① 20% 以下　　② 20%~40%　　③ 41%~60%　　④ 61%~80%

⑤ 81% 及以上

7. 您对本乡及其周边旅游发展的情况是否了解？

①非常了解　　　②了解　　　③知道一点　　④不了解

⑤非常不了解

8. 您对目前本地旅游发展的状况是否满意：

①非常满意　　　②满意　　　③无所谓　　　④不满意

⑤非常不满意

9. 在您看来参与本地旅游发展的障碍有哪些？（可多选）

①不懂管理，经营困难

②没有社会关系，难以参与

③缺乏资金

④政策扶持的力度太小

⑤本地旅游发展氛围不浓，经营风险太大

⑥缺乏政府部门的组织和领导

⑦其他 _____

10. 如果政府部门深入进行旅游扶持开发，您最希望得到以下哪些方面的支持？（可多选）

①加强道路基础设施建设　　　②加大宣传力度，吸引更多游客

③给予一定的资金扶持　　　　④加强经营管理的培训

⑤其他方面 _____

您对以下各项因素的认同程度如何，请在最能代表您看法的选项上画

"√"。

	考虑因素	非常不同意	不同意	一般	同意	非常同意
1	旅游能促进本地经济发展					
2	旅游能带动居民就业					
3	旅游提高了居民的生活质量					
4	旅游能增加居民收入来源					
5	旅游提高了本地的知名度					
6	旅游使民族文化得到保护和复兴					
7	旅游开发改善了本地的基础设施环境和社会保障					
8	旅游更新了本地人的思想观念					
9	旅游使农产品比过去畅销					
10	旅游发展减少了本地贫困户的数量					
11	旅游提高了本地居民的从业技能和水平					
12	旅游使传统生活方式受到冲击					
13	旅游加剧了本地的贫富差距					
14	旅游干扰了本地居民的生活					
15	旅游破坏了本地风俗					
16	旅游加重了环境污染、生态破坏					
17	旅游发展占用了地方大量耕地					
18	旅游使社会不良现象增加					

续表

	考虑因素	非常不同意	不同意	一般	同意	非常同意
19	旅游开发促使本地物价上涨					
20	我非常支持本地发展旅游					

再次感谢您的合作与支持，祝您生活愉快，万事如意！

附录 B　深度访谈对象基本情况

大中布朗族村寨访谈人员信息表

编号	访谈对象	职业身份	性别	访谈内容	访谈时间	访谈时长
DZ01	ZBL	摆榔乡党委委员（分管文化和旅游）	女	摆榔乡及大中村乡村旅游发展概况	2020.07.23	40 分钟
DZ02	LXZ	大中村前任村干部	男	大中村扶贫工作及乡村旅游发展状况	2020.07.23	30 分钟
DZ03	LYQ	摆榔乡退休干部（大中村）	男	产业发展及扶贫工作状况	2020.07.23	40 分钟
DZ04	ZHB	家庭农场经营者	男	家庭农场经营状况	2020.07.24	40 分钟
DZ05	ZXG	布朗族教师	男	乡村旅游扶贫发展状况	2020.07.25	20 分钟
DZ06	LGQ	金布朗风情小镇农家乐经营者	男	农家乐经营状况	2020.07.25	30 分钟
DZ07	LHD	个体经营户（烤酒）	男	家庭酒坊经营状况	2020.07.25	30 分钟
DZ08	LYY	个体经营户（烤酒）	女	家庭酒坊经营状况	2020.07.25	30 分钟
DZ09	ZXC	茶厂经营（兼民宿）	男	参与旅游扶贫状况	2020.07.25	20 分钟
DZ10	ZHF	家庭民宿接待	女	家庭民宿经营状况	2020.07.25	30 分钟

续表

编号	访谈对象	职业身份	性别	访谈内容	访谈时间	访谈时长
DZ011	WKH	施甸县文旅局局长	男	施甸县及大中村旅游发展情况	2020.12.20	50分钟
DZ012	CWS	施甸县副县长（分管文化和旅游）	女	施甸县旅游扶贫概况	2020.12.20	20分钟

说明："访谈对象"为被访谈者姓名首字母编号。

司莫拉佤族村寨访谈人员信息表

编号	访谈对象	职业身份	性别	访谈内容	访谈时间	访谈时长
SML01	ZJQ	中寨司莫拉佤族村村干部	男	社区参与旅游扶贫情况	2020.7.29	30分钟
SML02	YZZ	司莫拉旅游景区综合开发项目办公室工作人员	男	司莫拉旅游发展规划	2020.7.29	40分钟
SML03	ZHT	农家乐经营者	女	社区参与旅游扶贫情况	2020.7.29	30分钟
SML04	LDJ	旅游商品经营	女	家庭参与旅游发展情况	2020.7.30	20分钟
SML05	LFS	旅游商品经营	男	家庭参与旅游发展情况	2020.7.30	20分钟
SML06	ZJH	爱心超市经营	男	家庭参与旅游发展情况	2020.7.30	30分钟
SML07	MHZ	退休教师	男	社区参与旅游扶贫情况	2020.8.15	40分钟
SML08	ZXL	旅游商品经营	男	家庭参与旅游发展情况	2020.8.15	20分钟
SML09	ZXZ	农家乐经营	男	家庭参与旅游发展情况	2020.8.15	20分钟
SML10	MXM	景区导游	女	社区参与旅游扶贫情况	2020.8.15	15分钟

说明："访谈对象"为被访谈者姓名首字母编号。

老姆登怒族村寨访谈人员信息表

编号	访谈对象	职业身份	性别	访谈内容	访谈时间	访谈时长
LMD01	CLJ	福贡县文旅局副局长	男	福贡县及老姆登村旅游发展情况	2020.9.1	40分钟
LMD02	WF	福贡县文旅局工作人员	女	福贡县及老姆登村旅游发展	2020.9.1	40分钟
LMD03	LJW	老姆登村村党支部书记	男	老姆登村旅游扶贫情况	2020.9.1	20分钟
LMD04	YWL	老姆登村非物质文化遗产传承人（省级）	男	怒族文化旅游开发情况	2020.9.1	40分钟
LMD05	YZ	客栈经营	女	参与乡村旅游扶贫开发情况	2020.9.2	20分钟
LMD06	SY	客栈经营	女	客栈经营情况	2020.9.2	30分钟
LMD07	HDL	茶叶种植农业合作社负责人	男	参与社区旅游扶贫情况	2020.9.2	40分钟
LMD08	LH	茶叶经营户	男	参与社区旅游扶贫情况	2020.9.2	40分钟
LMD09	HYC	农家乐经营	女	农家乐经营情况	2020.9.2	30分钟
LMD010	AX	客栈经营（建档立卡户）	女	客栈经营情况	2020.9.4	30分钟
LMD011	LJ	旅游商品销售	女	家庭参与旅游发展情况	2020.9.4	20分钟
LMD012	YHM	旅游商品销售	女	家庭参与旅游发展情况	2020.9.4	20分钟
LMD013	YSY	扶贫驻村工作队员	女	社区扶贫工作情况	2020.9.4	40分钟
LMD014	YZF	务农	男	社区旅游发展情况	2020.9.4	30分钟

说明："访谈对象"为被访谈者姓名首字母编号。

项目策划：段向民
责任编辑：张芸艳
责任印制：钱　宬
封面设计：武爱听

图书在版编目（ＣＩＰ）数据

滇西边境山区民族村寨社区参与旅游扶贫的空间效应
研究 / 董培海著 . -- 北京：中国旅游出版社，2023.12
ISBN 978-7-5032-7241-7

Ⅰ．①滇… Ⅱ．①董… Ⅲ．①山区－民族地区－乡村
旅游－扶贫－研究－云南 Ⅳ．① F592.774② F127.74

中国国家版本馆 CIP 数据核字（2023）第 235639 号

书　　名：滇西边境山区民族村寨社区参与旅游扶贫的空间效应研究

作　　者：董培海
出版发行：中国旅游出版社
　　　　　（北京静安东里6号　邮编：100028）
　　　　　http://www.cttp.net.cn　E-mail:cttp@mct.gov.cn
　　　　　营销中心电话：010－57377103，010－57377106
　　　　　读者服务部电话：010－57377107
排　　版：北京旅教文化传播有限公司
经　　销：全国各地新华书店
印　　刷：北京明恒达印务有限公司
版　　次：2023年12月第1版　2023年12月第1次印刷
开　　本：720毫米×970毫米　1/16
印　　张：17.75
字　　数：276千
定　　价：59.80元
Ｉ Ｓ Ｂ Ｎ　978－7－5032－7241－7